中国旅游业普通高等教育应用型规划教材

旅行社管理

主　编　马　瑛　　张志伟

副主编　黄　宇　　鞠　萍　　郭婷婷

中国旅游出版社

序

自20世纪80年代以来，随着改革开放的不断深入，中国旅行社业经历了长达40年的高速发展黄金期。近几年来，随着线上技术的快速发展以及资本不断大量地涌入，旅行社业精彩纷呈。一方面，旅行社不断兼并组合，头部的大型旅游集团初现；另一方面，通过融资、上市，旅行社业开始借助资本的力量实现了质的飞越。同时，还有一些旅行社开始向航空、免税店、景区、酒店等相关产业延展。如果用简练的语言来总结近年来旅行社业的发展趋势，那就是"集团化""全产业链化"和"线上化"。

旅行社行业的发展，需要大批的、源源不断的专业人才来支撑和推动。然而，与行业发展速度相比，有关旅行社管理类的专业教材、书籍的更新和发展却显得相当滞后。从我所在企业的经验来看，往往从院校旅游专业毕业的学生进入工作岗位后都感到非常茫然和困难，主要原因是所学专业内容与旅行社实际工作相比较脱节。因此，一名刚毕业的旅游专业学生一般要经过较长时间的培训才会逐渐适应，并走上岗位。多年来，我一直期待有识之士能完成一部既具有扎实理论基础，又具有大量旅行社行业、企业实际经验的，且能跟得上行业发展步伐的有关旅行社管理方面的著作。

波及全球的新冠疫情打乱了人们的生活，包括旅行社在内的旅游业按下了暂停键，它加速了旅游产品与服务更新换代的步伐，催生了一系列符合疫情防控需要的旅游新业态和新模式，促进了旅行社业多样化创新发展。许多旅游企业都利用这一时机苦练内功、加强学习、进行培训。我非常高兴地看到，北京石油化工学院人文社科学院的马瑛老师抓住时机，克服困难，与其他专家、从业者共同完成了一部多年来我一直期盼的著作，亦是一本不错的旅游教材。回想起2008年，在朋友介绍下，我有幸结识马瑛老师。她热爱旅游业，虽然人在院校，但特别关注行业的发展趋势，也非常善于与企业交流、沟通，具有很强的学习精神，多年来，她已成为既具有丰富实践经验，又具备坚实理论基础的专家。

本书是马瑛老师多年来理论与实践的积累以及对旅行社行业系统性的分析和阐述。本书的出版，为在疫情下提高行业相关人员素质提供了非常有力的帮助，对旅行社疫情后的发展也起到积极的促进作用，面对未来，从旅行社产品到服务都需要提升，我们共同努力，踔厉奋发。

北京春秋旅行社有限公司总经理

北京市旅行社协会副会长

北京市导游协会副会长

杨洋

2022 年 1 月

前　言

　　随着我国经济的不断发展和人民生活水平的日益提高，旅游已经成为人们不可缺少的一种休闲放松形式，而在旅游行业内部，也发生了翻天覆地的变革，无论从产业结构调整，还是从旅游行业运营方式上都进行着悄然的变革。尤其互联网在我国高速发展以来，其对于各行各业的改变与赋能，让中国更好地利用了互联网速度，也让世界更好地见证了中国速度。而"互联网＋"这种新的经济运营模式在将互联网与传统行业有机地结合起来的同时，也为旅游行业带来了更多的机遇与价值。

　　伴随着互联网对旅游市场的作用与用户决策顺序发生改变，旅行社业"线上与线下"不断融合，新零售带来的思维与模式创新正在不断打破渠道边界，线上线下的界限也更加模糊。整体行业对于消费升级的洞察、资源整合的调整、产品的创新与升级、服务流程再造与标准化的调整，包括营销推广上的创新都将促进旅行社业进一步完善和发展。受新冠肺炎疫情的重创，全球旅行社业目前仍处于疫情后的停滞和调整期，国内国际的旅游业承受着重大的疫情防控压力，复工复产的脚步还未全面开启。本书在这一特殊时期出版，以期对旅行社业的发展历程和趋势方向做出系统化梳理和呈现。

　　本书力求博采众长、兼收并蓄、实践落地，既有理论综述，也有实操落地，从而增强了本书对于旅行社实际经营管理的指导和参考。尤其是面对新冠疫情的严峻形势，在后疫情时期展望旅行社发展趋势和方向，并对于旅行社的危机管理给出一定的参考价值和借鉴意义。

　　本书是集体创作的成果，参与本书的编写人员有来自旅行社企业的职业经理人，也有院校教师，本书的编写组进行了多次商议讨论，力求达成共识，多次开会研讨，头脑风暴，克服困难，竭尽全力。本书由北京石油化工学院马瑛和中青旅遨游网张志伟负责框架与大纲的策划、统稿和审定工作。具体编写人员及分工如下：马瑛编写了前言、第一章、第二章和第五章，中青旅遨游国际有限公司客户服务部执行总经理张志伟编写了第四章、第八章，座头鲸文旅集团副总裁黄宇编写了第三章、第四章，北京新媒体技师学院鞠萍编写了第七章，北京市昌平职业学校郭婷婷编写了第六章。另外，北京石油化工学院人文社科学院旅游管理专业19级贾革新、姜淑凤同学参与了编写，为本书的撰写做了不少实质性工作。

　　本书在编写过程中，得到了众多学者和朋友的帮助与指导，感谢北京石油化工学院陈丽萍老师、李祗辉老师，北京春秋国际旅行社杨洋总经理，书中凝结着大家的心血和智慧，在此一并致谢！由于时间紧张，能力有限，本书在写作的过程中，难免存在一定的纰漏、失误和不足，诚挚地希望广大读者提出中肯的批评和指正，我们将持续修改，优化进步。

马瑛

2022 年 1 月

目 录

第一章　绪　论···1

　第一节　旅行社的产生和发展···2

　　一、旅行社的产生···2

　　二、旅行社的发展···6

　第二节　旅行社的职能和类型···9

　　一、旅行社的定义···9

　　二、旅行社的职能···10

　　三、旅行社的类型···11

第二章　旅行社的设立和经营···16

　第一节　旅行社的设立···17

　　一、设立旅行社的条件···17

　　二、设立旅行社的程序···18

　　三、申请设立旅行社应提交的材料···21

　　四、分支旅行社的设立···22

　　五、外商投资旅行社的设立···22

　　六、外商控股、外商独资旅行社的设立···23

　第二节　旅行社的行业组织···24

　　一、国际上旅行社的行业组织···24

　　二、我国旅行社的行业组织···26

　第三节　旅行社的经营···27

　　一、旅行社的经营理念···27

二、旅行社的经营范围 ································· 29

三、旅行社的主要业务内容 ··························· 31

第三章　旅行社产品管理 ·························· 37

第一节　旅行社产品的概念 ··························· 38

一、旅行社产品的定义 ······························· 38

二、旅行社产品的构成 ······························· 38

三、旅行社产品的特征 ······························· 39

四、旅行社产品的类型 ······························· 42

第二节　旅行社产品的研发 ··························· 45

一、旅行社产品研发的基本原则 ····················· 45

二、旅行社的产品研发 ······························· 49

第四章　旅行社市场营销管理 ···················· 56

第一节　旅行社市场细分与定位 ····················· 57

一、旅行社市场细分内涵 ····························· 57

二、旅行社市场细分的常见标准 ····················· 58

第二节　旅行社目标人群购买行为决策 ··············· 61

一、目标人群的定义 ································· 61

二、旅行社目标人群 ································· 62

三、旅游市场客户画像 ······························· 64

第三节　旅行社产品定价策略 ························· 68

一、什么是旅游产品定价 ····························· 68

二、旅游产品定价的目标 ····························· 68

三、旅游产品定价的影响因素 ························· 71

四、旅游产品定价的步骤 ····························· 73

第四节　旅行社销售渠道运营 ························· 74

一、旅游销售渠道定义 ······························· 74

二、旅行社销售渠道职能 ····························· 75

三、旅行社销售渠道类型 ····························· 75

第五节　旅行社品牌运营 ····························· 80

一、品牌营销的相关概念 ····························· 80

二、旅行社品牌运营的重要性 ························· 80

三、旅行社企业品牌的建设与维护 ·· 81

第五章　旅行社的服务管理 ··· 85

　第一节　服务的相关概述 ··· 86

　　一、服务的定义 ··· 86

　　二、服务的特性 ··· 87

　　三、服务的种类 ··· 88

　第二节　旅行社服务质量管理 ··· 88

　　一、旅行社服务质量的内涵 ··· 88

　　二、旅行社服务质量的评价要素及方法 ··· 89

　　三、旅行社服务质量的差距 ··· 93

　　四、旅行社服务质量管理的主要内容 ··· 94

　　五、旅行社的服务质量管理体系 ··· 96

　第三节　旅行社售前服务管理 ··· 99

　　一、旅行社门市工作人员的岗位要求 ··· 100

　　二、旅行社门市工作的业务流程 ··· 103

　第四节　旅行社接待服务管理 ··· 106

　　一、团队旅游接待服务 ··· 106

　　二、散客旅游接待服务 ··· 108

　第五节　旅行社售后服务管理 ··· 112

　　一、旅行社售后服务的方法 ··· 112

　　二、投诉的处理流程及管理技巧 ··· 113

第六章　旅行社人力资源管理 ··· 118

　第一节　旅行社人力资源管理概述 ··· 119

　　一、旅行社人力资源 ··· 119

　　二、旅行社人力资源管理 ··· 120

　第二节　旅行社人力资源管理的内容 ··· 121

　　一、人力资源规划 ··· 121

　　二、招聘管理 ··· 123

　　三、培训管理 ··· 125

　　四、绩效管理 ··· 127

　　五、薪酬管理 ··· 129

　　六、劳动关系管理 ……………………………………………… 130

第七章　旅行社信息技术管理 ……………………………… 136

　第一节　信息技术对旅游业的影响 ………………………………… 137

　　一、信息技术与旅游信息化 …………………………………… 137

　　二、信息技术对旅游业的影响 ………………………………… 139

　第二节　旅游信息化在旅游业中的体现 ………………………… 141

　　一、旅游信息化的主要内容 …………………………………… 141

　　二、旅游电子商务的概念与优势 ……………………………… 142

　　三、旅游电子商务的分类与模式 ……………………………… 143

　第三节　旅行社的信息技术管理 ………………………………… 147

　　一、旅行社的信息化定义 ……………………………………… 147

　　二、旅行社信息化建设的重要性 ……………………………… 148

　　三、中国的旅行社信息化建设的历程 ………………………… 148

　　四、旅行社信息化建设的战略方向 …………………………… 150

　　五、信息化技术在旅行社中的具体应用 ……………………… 154

第八章　旅行社业发展趋势与危机管理 ……………… 159

　第一节　旅行社业发展趋势 ……………………………………… 159

　　一、旅行社业互联网化发展趋势 ……………………………… 160

　　二、互联网作用下的新零售 …………………………………… 162

　　三、传统旅行社集团化发展趋势 ……………………………… 163

　　四、行业其他发展趋势 ………………………………………… 167

　　五、不断健全的规范化与旅游文明推进进程 ………………… 171

　第二节　旅行社风险管理 ………………………………………… 172

　　一、人力资源的管理 …………………………………………… 173

　　二、企业现金流体系的管理 …………………………………… 178

　　三、企业运营生态圈搭建管理 ………………………………… 179

　　四、企业异业拓展的管理 ……………………………………… 182

第一章
绪　论

🔍 【案例导入】

两年之内，旅行社行业的大变化

2018 年 12 月 24 日，中国国旅股份有限公司（以下简称"中国国旅"）发布公告称，中国国旅拟以非公开协议转让方式将下属全资子公司中国国际旅行社总社有限公司（以下简称"国旅总社"）100% 股权转让给中国旅游集团有限公司（以下简称"中国旅游集团"），转让价格为 18.31 亿元。中国国旅转让旗下旅行社业务后，实际上已经成了名副其实的免税店上市公司，与旅行社业脱离了关系，也宣告中国三大旅行社集团（国旅、中旅、中青旅）之一的中国国旅已经抛弃了原有主流业务。

2019 年 9 月 23 日，全球历史最悠久的旅游公司英国托马斯库克集团宣布破产清算。这意味着全球第一家旅行社、曾经全球最大的传统旅行社企业宣告破产，而拖累它的就是两大项业务，一项是旅行社业务，另一项是航空业务。托马斯库克集团的倒下，意味着旅行社辉煌时代的彻底终结，它带给业界的震动更强劲。

国内外两大旅行社巨头在不到一年的时间内，要么退出旅行社业，要么直接以破产出局结束，这给整个旅行社业蒙上了阴影，让人不禁发问：

发展至今，旅行社，要消亡了吗？

要回答这个问题，就必须回到旅行社业的产生和发展，了解旅行社的职能和类型。

（资料来源：https://m.traveldaily.cn/article/132007.）

案例点评：旅行社不会消亡。旅行社的产生和发展，经历了阶段性和社会性变革，旅行社的职能、性质和类型也随之而变，与时俱进。当今的旅行社经营发展不仅仅是中介和纽带，而且还承载一定的社会职能，履行一定的社会责任，未来旅行社的经营发展势必面临严峻的竞争和挑战，小型化、品牌化、专业化、主题化、精细化、深度游、私人定制等方面业务的旅行社将会兴起。旅行社的本质是提供服务与产品，服务是根本，体验是结果，产品是核心。旅行社的商业模式本质就是将"出行要素"的碎片化信息整合，提升消费者出行效率与体验的服务性中间商。

第一节　旅行社的产生和发展

一、旅行社的产生

旅行社是人类社会经济、社会、科技和社会分工发展的结果，同时也是旅游活动和旅游者行为需求的必然产物。

英国工业革命始于 18 世纪 60 年代，以棉纺织业的技术革新为始，以瓦特蒸汽机的改良和广泛使用为枢纽，以 19 世纪三四十年代"机器制造业机械化"的实现为基本完成的标志，这场工业革命使整个世界的经济和社会结构发生了巨大的变化，同时也推动了世界范围内旅游活动的发展。

首先，人们具备了外出旅游的经济条件。随着生产力水平的不断提高和迅速发展、社会财富的急剧增加、有产阶级的规模日趋扩大，越来越多的人具备了外出旅游的条件。工业革命以前，只有地主和贵族才有金钱进行消遣旅游活动，工业革命使得财富大量流向新兴的工业资产阶级，使他们也具有了从事旅游的经济条件，从而使外出旅游的人数增加。

其次，人们具备了外出旅游的交通条件。工业革命促进了科学技术的进步，特别是交通运输的大力发展，提高了运输能力，缩短了运输时间，使大规模的人员流动成为可能。1769 年，瓦特改良的蒸汽机技术很快应用于新的交通工具的制造，到 18 世纪末，蒸汽机轮船就已问世。但对于近代旅游的诞生，影响最大和最直接的还是铁路运输技术的发展。1825 年，在英国享有"铁路之父"之称的乔治·史蒂文森（George Stevens）所建造的斯托克顿至达林顿的铁路正式投入运营，此后各地的铁路开始建设起来，并向更远的地区延伸。

再次，人们具备了外出旅游的时间条件。工业革命改变了工作的性质并提高了效率，为广大劳动者节约出来了一定的时间，可以追求田园式休闲生活，为外出旅游创造了时间条件。

最后，人们具备了外出旅游的内在意愿。工业革命加速了城市化的进程，改变了人们的工作性质，随着大量人口涌入城市，原本随农时变化而忙闲有序的多样性农业劳动开始变为单调重复、枯燥单一的大机器工业劳动，人们拥有了强烈的休闲度假内在意愿，愿意回归自然、放松自我，产生了强烈的旅游需求和内在动机。

总之，工业革命为人们外出旅游创造了时间、金钱和意愿的动机，正是在这样的历史背景下，托马斯·库克成为世界上第一位专职的旅行代理商。1845年，他在莱斯特正式成立了托马斯·库克旅行社，开始专门从事旅行代理业务。

20世纪20年代，中国开始进入早期资本主义化进程，交通运输业和新式旅馆等设施也随之发展，为人们的出行提供了便利条件。经济的发展必然促进外出人群的流动，客观上需要专门的旅行机构为其提供服务，我国近代旅行社业就是在这样的背景下产生和发展起来的。

爱国民族资本家、上海商业储蓄银行创始人陈光甫先生因在外资旅行代理机构购买船票受到冷遇，因而立志创办一家中国人自己的旅行服务机构。除了爱国和维护民族尊严之外，陈光甫创办旅行社的目的还在于让"国人及各国人士了解中国古老悠久的文化和名胜古迹""辅助工商"和"服务社会"。1923年8月15日，我国第一家民族旅行社——上海商业储蓄银行旅行部正式成立。1927年年初，旅行部与银行分立，改组为中国旅行社，成为独立的旅行商业机构。其经营范围从1923年旅行部设立之初的代售国内外火车、轮船客票及旅行咨询，逐步扩大到车站、码头接送和转送、行李提取和代运、发行旅行支票、为国人办理出国及留学事宜，以及观光游览等业务，还创办了深具影响力的旅游刊物《旅行杂志》。1927—1937年，中国旅行社在客运服务的基础上又开辟了货运服务和招待所业务，分、支社增加到49处，形成了覆盖全国并延伸到境外的服务网络。上海解放后，陈光甫先生离开内地去了中国香港，中国旅行社的重心也随之转移到中国香港。1954年7月1日，以香港中国旅行社为名向中国香港英国当局申请注册，后发展成为香港中旅集团公司。

中国旅行社的产生，对我国近代旅行社业的发展具有极大的带动和示范作用，各地相继出现了一些地方旅行社及类似的旅游组织，但均规模较小，且适逢乱世，在历史上没有留下太大影响，大多在战乱中消亡了。只有中国旅行社作为我国近代旅行社业的典型代表，以其不凡的经营理念和管理思想，为我国旅行社业的发展提供了宝贵的经验和借鉴。

📢))) 【相关阅读】

托马斯·库克

1808年11月22日，托马斯·库克出生于英格兰德比郡墨尔本镇。他自幼家境贫寒，三岁丧父，母亲改嫁。迫于生计，托马斯·库克10岁时不得不辍学从业，先在一家蔬菜花木店当帮工，每周的工钱仅为6个便士，后又当木工学徒，17岁时进入拉特兰浸礼教会做诵经人。

1826年，库克成为一名传教士，云游四方，散发浸礼教会的小册子，宣传教

义。这使得托马斯·库克游历了英格兰的许多地方，对旅游产生了兴趣。另外，出于宗教信仰的原因，他后来成为一位积极的禁酒工作者。

1841年7月5日，托马斯·库克租下了一列火车，将多达570人的游行者从英国中部地区的莱斯特送往拉巴夫勒参加禁酒大会。往返行程11英里，团体收费每人一先令，免费提供带火腿肉的午餐及小吃，还有一个唱赞美诗的乐队跟随。这次活动在旅游发展史上占有重要的地位，托马斯·库克组织的这次活动被公认为世界上第一次商业性旅游活动，因此，他本人也就成为旅行社代理业务的创始人。这是人类第一次利用火车组织的团体旅游，也是近代旅游活动的开端。

1845年，托马斯·库克放弃了木工的工作，开始尝试从事具有商业性的旅游组团业务代理，成为世界上第一位专职的旅行代理商。同年夏，他首次出于商业营利目的，组织了一次真正意义上的团体消遣旅游。这次团体旅游是从莱斯特出发，途中经过若干地点停留访问，最终目的地是英格兰西部的海港城市利物浦。全程历时一周，共350人参加，并编发了导游手册——《利物浦之行手册》，分发给旅游者，这是世界上第一本旅游指南。由于当时人们对外出旅游的需求已趋成熟，加之托马斯·库克此前组织旅游活动的成功为其带来的名声，所以有关组织这次团体旅游的海报告示一经张贴，报名者极其踊跃。为了确保这次组团旅行的成功，托马斯·库克不得不决定将组团规模控制在350人以内。很多人前来报名时，都因名额已满而未能如愿。在已办好预订手续的人中，甚至有些人乘机高价转手倒卖名额。这次旅游的组织方式更具现代包价旅游的特点，体现了现代旅行社的基本特征，开创了旅行社业务的基本模式。

1846年，托马斯·库克亲自带领一个旅行团乘火车和轮船到苏格兰旅行，为每个成员发了一份活动日程表，还为旅行团配置了向导。同年，他编写了《苏格兰之行手册》。此后，他每年都要组织大约5000多人在英伦三岛之间旅行。每次他本人都亲自陪同，并编印《旅游指南》。他成功地把铁路、水路和地上交通设施紧紧联系在一起，旅行社业务得到较大发展。

1851年5月，为了展示英国工业革命成果，在伦敦建造的"伦敦水晶宫"举办了一次大展览，此为第一届世界博览会。托马斯·库克决心抓住这个机会扩大旅行业务。在展览开幕前，他遍访英格兰中部和北部的主要城市，组织各地旅客赴伦敦参观展览。为此，他还创办名为《观光者》的月刊杂志，专门介绍各地风光和旅游者的见闻。这一年，他组织了165000多人到伦敦参观展览。此后，他又成功地组织了旅客参观1853年的都柏林展览和1857年的曼彻斯特展览。

1855年，库克组织了从英国莱斯特前往法国巴黎参观第二届世界博览会的团体旅游，这次旅游活动在巴黎停留游览4天，全程采用一次性包价，其中包括在巴黎的住宿和往返旅费，总计36先令。当时（1855年8月6日）的《曼彻斯特卫报》称此举是"铁路旅游史上的创举"。事实上，这也是世界上组织出国包价旅游的开端。

到1864年，经托马斯·库克组织的旅游人数已累计达100多万人次。

1865年，他开办了一家旅游用品商店，同年，为了进一步扩展旅行社业务，托马斯·库克与儿子约翰·梅森·库克（John mason cook）成立托马斯父子公司（即通济隆旅游公司），迁址于伦敦，并在美洲、亚洲、非洲设立分公司。此后，托马斯·库克又组织了到法国等地的旅游活动。

1872年9月，已经64岁的库克从莱斯特出发，开始了他为期8个月的环球之旅——这一天，他从埃及旅行到中国的梦想终于得以实现——托马斯·库克和他的伙伴们坐蒸汽船横跨大西洋，乘坐火车越过北美大陆，航行至日本，到达中国，之后又一路游览了新加坡、锡兰（今斯里兰卡）和印度。离开孟买后，他们又穿过印度洋和红海，途经开罗，最终返回伦敦。库克还独自前往巴勒斯坦，穿越土耳其、希腊、意大利和法国，用222天的时间完成了这次令人惊叹的环球旅行。

1878年，托马斯·库克退休，业务由其子约翰·梅森·库克（Johrl Masoll Cook）主持。1939年，通济隆旅行社在世界各地设立了350余处分社。到20世纪初，英国托马斯·库克旅游公司、美国运通公司、比利时铁路卧车公司，被称为世界旅行代理业的三大公司。

1892年，托马斯·库克创办了最早的旅行支票，可在世界各大城市通行，凡持有旅行支票的国际旅游者可在旅游目的地兑换等价的当地货币，更加方便了旅游者进行跨国和洲际旅游。通济隆旅行社还编印了世界最早的旅行杂志，曾被译成7国文字，再版达17次之多。同年7月，年满84岁的托马斯·库克离开人世，长眠于英格兰萨里郡泰晤士河畔的瓦尔顿城。

（资料来源：http://baike.baidu.com.）

二、旅行社的发展

（一）国外旅行社发展历程

1. 起步阶段

19 世纪后期至 20 世纪初期，是国外旅行社发展的起步阶段。随着旅游业的发展，其他旅游活动的组织者也先后建立了自己的机构，美国第一家旅行社是美国运通公司的一个分支机构，其业务最早是发行旅行支票。在 20 世纪初期，旅行社业务得到了明显的发展。

2. 大发展阶段

旅行社业真正意义上的大发展开始于 20 世纪 50 年代。"二战"结束后，世界经济迅速恢复并发展，在经济较为发达的国家分化出了中产阶级人群，具有购买能力的潜在旅游者人数迅速增加，同时，20 世纪 50 年代航空运输技术取得了重大进步，喷气式飞机的产生使得飞机成为大众化交通工具，大大缩减了人们旅途中的时间，随着世界旅游市场人数迅速增加，旅行社业也随之蓬勃发展起来。

3. 平稳阶段

欧美地区旅行社的前身多为航空公司、铁路和轮船公司的分销代理商，在产业链条中处于零售环节，随着旅行社职能的展现和平稳发展，一些旅行社从零售环节独立出来，专门组合包价旅游线路，分化成"旅游批发商"或"旅游运营商"，旅行社的发展也趋于平稳阶段。

4. 重大变化阶段

21 世纪，世界旅行社业迎来了重大变化阶段。一是由于旅行社企业之间发生了大量并购，欧美多数国家的旅行社企业出现了"集团化""品牌化"发展趋势；二是人们出行方式的需求改变，越来越多的人选择行程安排更加人性化、自由化和个性化，"去中介""去中间化"的需求使得人们降低了对旅行社企业的业务需求和依赖；三是信息技术及互联网的迅速发展对旅行社行业的职能、运营和组织方式产生了重大影响，旅游电子商务的快速崛起，在一定程度上取代了传统旅行社。

（二）国内旅行社发展历程

我国旅行社业起步较晚。1923 年，爱国人士陈光甫先生在上海商业储蓄银行设立旅行部，1927 年该部独立并更名为中国旅行社，是香港中国旅行社股份有限公司的前身；于 1949 年 12 月在厦门成立华侨旅行社，这便是中国旅行社的前身；此后，于 1954 年在北京成立中国国际旅行社，于 1980 年在北京创办中国青年旅行社。在经历了长期的闭关锁国后，中国于 1978 年开始实施对外开放和改革发展，旅行社业也随之逐步发展起来。总之，到目前为止我国旅行社业经历了以下五个阶段的发展历程。

1. 初步形成阶段（1978—1989 年）

我国于 1978 年开始实施对外开放政策，旅游业随之发展起来。在这一阶段有两件重要的事情发生：一是 1884 年旅游外联权的下放，它是我国旅行社行业迅速发展的重要原因；二是 1985 年《旅行社管理暂行条例》的颁布，它标志着国家开始对旅行社实施相对独立的行业管理。就旅行社业而言，1978 年以前，全国只有中国国际旅行社总社、中国旅行社总社以及分支机构。

从这一阶段的发展可以得出结论，旅行社行业以国有资产旅行社为主，由于终端资源与消费者信息不畅，市场透明度较低，行业信息逆差较大，经营品类不丰富，盈利组合空间较大。虽中后期私营企业逐渐开放，但整体资源环境与市场环境并未发生本质变革。实际上旅行社行业本质仍然处于一个抢占资源的阶段。

2. 快速发展阶段（1990—1994 年）

随着国家基础建设和经济的高速发展，旅游行业迎来了快速发展阶段，我国政府开始允许中国公民出国探亲和旅游，这是我国旅游业发展中的又一重大突破，另外，私营企业依靠渠道优势快速发展，一部分曾经的组团社、地接社以及资源供应方进行了身份调换，并实现资本积累、资源升级和延展转型。根据国家旅游局提供的资料，1994 年中国公民出境人数达 373.36 万人次，其中因公出境人数 209.13 万人次，因私出境人数 164.23 万人次。对旅行社来说，这不仅仅意味着更广阔的客源市场，更主要的是它改变了我国旅行社在国际旅游合作中的地位，有利于我国旅行社与旅游客源产生地旅行社合作关系的巩固和发展。

3. 平稳有序阶段（1995—2008 年）

国家旅游局自 1995 年 1 月 1 日起，开始依照国际惯例实行旅行社质量保证金制度，先后颁布并实施了《旅行社质量保证金暂行规定》《旅行社质量保证金暂行规定实施细则》《旅行社质量保证金赔偿暂行办法》与《旅行社质量保证金赔偿试行标准》。根据《旅行社质量保证金暂行规定》，旅行社质量保证金是用于保障旅游者权益的专用款项，标志着国家旅游局对旅行社实行行业管理秩序化和标准化。在法规和旅游行政主导下，中国旅行社业进入平稳有序发展阶段，进一步调整了结构。

这一阶段，旅游电商处于萌芽阶段，互联网的日益信息化使得行业信息逆差逐渐被打破，客户端的服务逐步建立，旅行社盈利空间结构发生质变，与此同时传统国有资产企业出现了一定程度的停滞。

4. 竞争调整阶段（2009—2016 年）

2009 年 1 月 21 日，《旅行社条例》由国务院第 47 次常务会议通过，自 2009 年 5

月 1 日起施行，该条例是按照市场经济原则和我国旅行社业发展的客观需要，全面总结 30 年来我国旅行社业发展、经营服务、监督管理的经验，对我国旅行社体系结构、经营服务和监督管理等制度所进行的一次全面调整改革。2013 年 10 月 1 日起，正式实施《旅游法》，法律条文和行业法规的施行，促使旅行社业在行业结构和企业经营两个方面发生重大变化，市场日趋成熟，随着互联网和旅游电子商务的兴起与发展，目前旅行社业逐渐走向成熟，并迎来了炽热竞争和重大调整的阶段。

5. 市场变革阶段（2017 年至今）

这一阶段旅游市场进入相对混沌时期，以门店为代表的传统线下与新兴的互联网线上相互觊觎对方增量市场，线下与线上逐渐趋于融合，市场信息透明度越来越高，原盈利模式及持续长久的相对低效生存关系将很难持续生存。无论线下线上，发展第二赢利点至关重要。在未来 3~5 年的市场变革中，可能会彻底颠覆过去三四十年沉淀的市场格局，甚至商业模式。这一阶段的市场变革主要集中在以下三个方面：

（1）随着互联网线上旅游经营方式与消费模式趋于成熟，人们收获信息的触达快，产品内容及价格相对丰富透明，为市场培养出单项要素化的购买行为习惯，但同时便捷交互与购买方式也会暴露出产品制造能力不足的先天缺陷，过多依赖于供应商，需要旅游者更多的自助能力。

（2）由于传统的销售模式更加注重客户的体验，以及旅游产品越来越呈精细化、复杂化和细碎化的特征，使得旅游者对于旅游产品及旅游目的地的获知能力与认知上存在短板，基于客户人群的区分，传统线下客户群体也多为中老年人群，这一部分人群多数由于电脑操作的不畅和对于线上营销的排斥，反而使得旅行社的线下运营存在一定的优势。

（3）获客渠道的单一、不断走高的房屋租金、旅行社线上运营流量成本的逐年走高，这些都给旅行社线下运营和发展带来了一定的难度。未来的 3~5 年时间中，旅行社的线下运营模式将有可能迎来较大的变革，更趋向于渠道化、平台化。

【知识链接】

中国的第一家旅行社

中国的第一家旅行社是在 20 世纪 20 年代由爱国民族资本家和金融家陈光甫先生创办的。陈光甫先生创办旅行机构的最初目的并不是以营利为主，而是为了维护民族的尊严，以爱国之心服务大众、便利通行，在自己的国土上与洋人竞争。

1923 年 4 月，上海商业储蓄银行向交通部申请批准在银行内部设立专门机构代理销售火车客票和办理旅行事宜，5月30日交通部正式批准，8月15日筹备就绪，旅行部宣告成立。

（资料来源：李宏，杜江.旅行社经营与管理［M］.天津：南开大学出版社，2011.）

《中国入境旅游发展报告 2019》显示我国入境旅游进入稳步增长通道

2019 年 11 月 27 日，中国旅游研究院在京发布《中国入境旅游发展报告 2019》（以下简称《报告》）。《报告》指出，我国入境旅游进入稳步增长通道，入境旅游市场规模保持稳步增长，市场结构继续走向优化，入境旅游服务品质得到游客认可。

《报告》提出，我国入境旅游市场规模保持小幅上升。2018 年，中国接待入境游客 1.41 亿人次，同比增长 1.2%。与此同时，入境过夜市场和外国人入境市场规模同样保持稳步扩大，2018 年，中国接待入境过夜游客 6290 万人次，其中外国人入境游客 3054 万人次，分别增长 3.6% 和 4.7%，明显高于入境旅游总人数的增速。2018 年，中国入境旅游收入达 1271 亿美元，同比增长 3.0%。根据初步测算，2019 年入境旅游收入同样将继续保持增长，有望突破 1300 亿美元。

《报告》认为，入境旅游发展环境持续优化。中央和地方政府持续在签证、购物退税、证件便利化应用等方面发力。文旅融合发展为入境旅游产品开发、目的地营销及复合型人才培养等工作注入新动力。城市作为入境旅游市场的关键支撑，正在积极参与并创新海外营销推广的活动内容和方式。《报告》建议，将入境旅游振兴与国家战略更紧密地结合；进一步释放文旅融合发展带来的新动力；从系统角度全面优化入境旅游发展的政策环境；创新体制机制，实现目的地营销工作的闭环管理；重视城市在国家入境旅游体系中的支撑作用；为市场主体营造良好的经营环境。

（资料来源：《中国入境旅游发展报告 2019》）

第二节　旅行社的职能和类型

一、旅行社的定义

旅行社（Travel Agency），世界旅游组织给出的定义为"零售代理机构向公众提供关于可能的旅行、居住和相关服务，包括服务酬金和条件的信息。旅行组织者或者批发商在旅游需求提出前，以组织交通运输，预订不同的住宿和提出所有其他服务为旅行和旅居做准备"的行业机构。

根据 2009 年 2 月国务院颁布的《旅行社条例》解释：旅行社是指从事招徕、组织、接待旅游者等活动，为旅游者提供相关旅游服务，开展国内旅游业务、入境旅游业务或者出境旅游业务的企业法人。其中旅游业务是指为旅游者代办出境、入境和签证手续，招徕、接待旅游者，为旅游者安排食宿等有偿服务的经营活动。旅行社的营运项目通常包括各种交通运输票券（如机票、巴士票与船票），套装行程，旅行保险，旅行书籍等的销售，与国际旅行所需的证照（如护照、签证）的咨询代办。从旅行社衍生的职业有：领队、导游、票务员、签证专员、计调员（旅游操作）等，经营旅行社必须持有当局发出的有效牌照，并且必须是某指定旅行社商会的会员才能经营旅行团，进行带团旅行。2013 年 10 月 1 日施行的《旅游法》中，也明确指出，"设立旅行社，招徕、组织、接待旅游者，为其提供旅游服务，应当具备五个条件（详见本书第二章第一节），取得旅游主管部门的许可，依法办理工商登记。

【知识链接】

欧洲是现代意义的旅行社的发源地

在欧洲人看来，旅行社是一个以持久营利为目标，为旅客和游客提供有关旅行及居留服务的企业。这些服务主要是出售和发放运输票证；租用公共车辆，如出租车、公共汽车；办理行李托运和车辆托运；提供旅馆服务、预订房间，发放旅馆凭证或牌证；组织参观游览、提供导游、翻译和陪同服务以及提供邮递服务。它还提供租用剧场、影剧院服务；出售体育盛会、商业集会、艺术表演等活动的入场券；提供旅客在旅行逗留期间的保险服务；代表其他驻国外旅行社或旅游组织者提供服务。

（资料来源：［法］罗贝尔·朗加尔.国际旅游［M］.北京：商务印书馆，1998：50.）

二、旅行社的职能

（一）生产加工职能

旅行社的生产加工职能是指旅行社设计、开发和组合旅游产品的功能。在我国，旅行社大多以低于市场的价格向饭店、旅游交通和其他相关部门批量购买旅游者所需的各种服务项目，然后进行组装加工，并融入旅行社自身的服务内容，进而形成具有自己特色的旅游产品，而非组成旅游产品的零散部件。旅行社的产品是旅游者一次出游体验的经历，在旅游行为开始之前旅行社考察、组合、生产专项旅游线路和产品，就这个意义而言，旅行社具备了生产加工的职能。

（二）代理销售职能

旅游产品的不可储存性和无形性、旅游服务的流程性使得旅游产品的销售比较复杂，如果没有畅通的销售渠道，旅游者需要花费大量的时间和精力去收集出游前的资料，尤其是出境和入境旅游活动中，因此旅行社作为平台和纽带的作用出现在商业活动中，无疑履行了销售和代理的职能。

（三）协调分配职能

旅游活动及行为涉及食、住、行、游、购、娱六大方面，旅行社产品的质量对企业及相关企业、部门的产品质量依赖程度很高，旅行社要保障旅游活动的顺利进行就离不开旅游业各部门和其他相关行业的合作与支持，而旅游业各部门之间以及旅游业与其他行业之间存在的都是一种相互依存、互利互惠的合作关系，旅行社作为其中的一个组成部分，并不具备对其他部门的管辖指挥权。因此，旅行社要想确保旅游活动的顺利进行，就必须进行大量的协调工作，在确保合作各方实现各自利益的前提下，协同旅游业各有关部门和其他相关行业，保障旅游者在旅游活动过程中各个环节的衔接与落实，履行协调分配职能。

（四）信息提供职能

旅游行业的本质是资源的时效性匹配，以及信息不对称造成的服务必要性。旅行社作为旅游产品重要的销售渠道，始终处于市场交易的最前端，熟知客户需求的变动和市场的行情，为其他旅游企业和消费者之间提供直接的信息交流，与此同时，旅行社需要给旅游者及潜在旅游者提供实时信息和资料，帮助旅游者便捷出行，提升服务的体验度和价值感。

（五）接待服务职能

旅行社接待服务职能包括团体旅游接待和散客旅游接待，旅行社通过接待服务实现价值转移和创造新价值，其接待服务水平决定了旅游者对旅游产品的整体印象，也决定了旅行社总体的经营水平，接待部、销售部和计调部并称为旅行社三大核心业务和部门。

三、旅行社的类型

我国旅行社的类型，经历了以下几个阶段的变革：

（一）三类社划分

我国旅行社行业发展迅速，为加强对旅行社行业的管理，国务院于 1985 年颁布了《旅行社管理暂行条例》，这是我国旅行社行业的第一部管理法规。《旅行社管理暂行条例》按照业务范围将我国的旅行社划分为以下三类。

（1）经营对外招徕并接待外国人、华侨、港澳同胞、台湾同胞来中国、归国或回内地旅游业务的旅行社。

（2）不对外招徕，只经营接待第一类旅行社或其他涉外部门组织的外国人、华侨、港澳同胞、台湾同胞来中国、归国或回内地旅游业务的旅行社。

（3）经营中国公民国内旅游业务的旅行社。

根据这一划分标准，在 1989 年全国拥有一类旅行社 61 家，二类旅行社 834 家，其余 722 家为三类旅行社。

（二）国际和国内旅行社

根据国务院 1996 年颁布的《旅行社管理条例》，我国的旅行社按照经营的业务范围可划分为国际旅行社和国内旅行社两种类型。

（1）国际旅行社。经营范围包括入境旅游业务、出境旅游业务和国内旅游业务。

（2）国内旅行社。经营范围仅限于国内旅游业务。

另外，我国加入 WTO 以后，出现了外商投资旅行社，包括中外合资旅行社、中外合作旅行社和外商独资旅行社，外商投资旅行社的经营范围包括入境旅游业务和国内旅游业务，出境旅游业务没有向外商投资旅行社开放。

（三）有无出境旅游经营权的分类

自 2000 年以来，中国的旅行社分为有出境权和无出境权两类，旅行社取得经营许可满两年，且未因侵害旅游者合法权益受到行政机关罚款以上处罚的，可以申请经营出境旅游业务。

（四）以经营业务来分类

以旅行社经营业务的种类来分类，可以分为组团社、办事处（也可以称为批发商、分销商、代理商、同行）、地接社。

（1）组团社：是指在出发地并与客人签订旅游合同的旅行社。

（2）地接社：是指旅游目的地接待出发地组团社游客的旅行社。

（3）办事处：是指地接社设在出发地城市的办事机构或者代理，此类办事机构并没有独立经营权。

【相关阅读】

文旅部三批次共取消、注销 41 家旅行社相关业务

2019 年 4 月 10 日，文化和旅游部发布《关于取消旅行社经营出境旅游业务、注销旅行社业务的公告（第三批）》（以下简称《公告》）。取消 7 家旅行社的出境旅游业务，注销 3 家旅行社的旅行社业务。

《公告》显示，根据《旅行社条例》和《中国公民出国旅游管理办法》，自 2019 年 4 月 4 日起，取消山西千朝国际旅行社有限公司、内蒙古星之海国际旅行社有限公司、新建美森国际旅行社（有限公司）、广西途游国际旅行社有限公司、深圳机场国际旅行社有限公司、北京云天国际旅行社有限公司、北京爱力国际旅行社有限公司 7 家旅行社的出境旅游业务，注销新疆额河西部风情国际旅行社有限责任公司、珠海活商国际旅行社有限公司、上海柏景国际旅行社有限公司 3 家旅行社的旅行社业务。

此前，文化和旅游部已发布两次《公告》，自 2019 年 2 月 28 日起，取消湖州康辉国际旅行社有限公司等 16 家旅行社的出境旅游业务，注销洛阳新绎国际旅行社有限公司等 4 家旅行社的旅行社业务；自 2019 年 3 月 6 日起，取消唐源国际旅行社（北京）有限公司等 7 家旅行社的出境旅游业务，注销浙江银桥旅业有限公司等 4 家旅行社的旅行社业务。截至目前，共取消 30 家旅行社的出境游业务，注销 11 家旅行社的旅行社业务。

（资料来源：中国网 伍策 桑桑https：//www.traveldaily.cn/article/128527.）

案例 1-1　　　　　　　　　　　　　　　　　　　　　 >>

日本旅游集团 JTB 收购 Kuoni 旗下团队游业务

日本旅游巨头 JTB 集团近日和欧洲的团队旅游服务及 DMC（目的地管理公司）Kuoni Global Travel Services（以下简称 GTS）签署了协议，JTB 全资收购了 GTS。

该交易将增强 JTB 亚洲客源赴欧的入境游业务。

GTS 原是总部位于瑞士的 Kuoni Reisen Holding AG（瑞士旅业集团）的子公司。

GTS 提供目的地旅游服务，包含住宿、交通、目的地旅游与活动、会务场地和活动管理。

Kuoni Global Travel Services 和 JTB 集团强强联手，有望成为全球第一大的目的地管理公司。通过更丰富的当地产品供应以及全球 MICE 服务体系优势互补，此次合作为快速增长的市场注入了巨大活力！

Kuoni Global Travel Services 的 CEO　Reto Wilhelm 先生表示："JTB 是业内规模

最大和最受敬重的公司之一。加入 JTB 将有助于我们更好地发挥 Kuoni Global Travel Services 的优势。我们将通过扩大规模和提高效率，进一步加强为客户提供优质服务和产品的能力。"

JTB 欧洲总部总裁兼 CEO Eijiro Yamakita 先生表示："Kuoni Global Travel Services 是一家全球领先的旅游公司，在亚洲市场的欧洲休闲和公务旅游业务中占主导地位。此次收购通过资源整合和运营管理分享，为全球用户持续提供高附加价值的服务与更细致的旅行体验。"

双方目前达成协议，暂不透露更多有关收购价格和合同的细节。此次收购须经反垄断机构的批准，并符合其他适用的当地法律规定。一旦完成上述所有的批准和法律规定，双方即可完成交易。目前公司结构不会发生任何变化，在过渡期内，公司实体将继续各自的业务，独立经营。

（资料来源：https://www.traveldaily.cn/article/115043.）

案例评析：随着旅游电子商务的发展，传统旅行社的竞争日趋激烈和白热化，寻求发展势必要走一条收购、兼并和整合之路，通过资源重组和运营管理，为旅游者提供高附加值的服务和产品，关注客户体验价值，通过扩大规模和提高效率，更便捷地为客户提供精准服务。

案例 1-2　　　　　　　　　　　　　　　　　　　》

2020，旅游行业的翻牌与重启

旅游行业为全球贡献了超过 10% 的 GDP；仅仅在中国单一市场，旅游都是个万亿元市场（2019 年中国居民旅游消费总额达 6.5 万亿元）。可以说，在玩乐领域，旅游是非必需品中的刚需。吊诡的是，我们对于旅游这个"玩乐"典型代表的研究，相比"吃喝"，实在少太多。

确实，经历 OTA 大战之后，旅游市场就相对平静，不像吃喝带动的生鲜、餐饮、食品大战那么热闹，最近几年，旅游行业也没有出现太多让人耳目一新的变化。

我们重新研究旅游行业的起点，非常好奇的是：

为什么旅游业的发展革新速度没有跟上其他消费领域，旅游行业为什么没有出现类似出行大战、外卖大战、新零售大战同等规模的较量？

可见的旅行的年轻化和渠道的线上化，将给旅游行业带来哪些长期变化？这些变化又将如何促进旅游供应链升级进化？而这又是谁的机会？

受疫情影响，旅游行业从往年同期的旺季突然冻至冰点。我们目睹很多从业者经历困难，读到有公司关停启动清算的新闻，也看到巨头携程通过预售来自救。伴随着疫情在世界范围内扩散，旅游从业者期待的报复性增长，可能会比很多人的预期来得迟一些。

（资料来源：https://baijiahao.baidu.com/s?id=1660743217068779358.）

案例评析： 2020 年，全球的旅游行业受到了新冠肺炎疫情的影响，脆弱性和敏感性暴露无遗，疫情过后，会看到人们旅行方式和需求都会呈现出不同的变化，不扎堆、个性化的自助游和定制游会迎来新的一波的关注和增长，这些也促使旅行社的经营模式和业务类型发生变化。不管环境如何变化，旅行社的功能本质不会有太大变革，始终会对接资源的时效性匹配，以及信息不对称造成的服务必要性，因此能够把握全链条效率、重视服务的品牌供应商，以及为传统线下门店提供供应链赋能的旅行社才可以在竞争中立于不败之地。

本章小结

本章简要论述了旅行社业的产生和发展、内涵定义、价值作用及应遵循的原则，使读者对旅行社业产生相对清晰的认知，为后面的学习奠定基础。

思考练习

1. 旅行社业在什么情况下产生并发展起来？
2. 旅行社的职能是什么？
3. 简要说明目前我国旅行社的分类。

参考文献

1. 戴斌，杜江.旅行社管理［M］.北京：高等教育出版社，2002.
2. 陈小春.旅行社管理学［M］.北京：中国旅游出版社，2003.
3. 吴敏良，杨强.旅行社经营管理［M］.北京：科学出版社，2007.
4. 叶娅丽，王瑷琳.旅行社经营与管理［M］.北京：北京理工大学出版社，2010.
5. 李宏，杜江.旅行社经营与管理［M］.天津：南开大学出版社，2011.
6. 方增福.旅行社管理［M］.北京：科学出版社，2011.
7. 苏英，陈书星.旅行社经营与管理［M］.北京：化学工业出版社，2011.
8. 吕佳颖，胡亮，黄欢.国际旅游业［M］.北京：清华大学出版社，2017.

第二章
旅行社的设立和经营

在京外商独资旅行社可试点经营出境游

2019 年 2 月，中国政府网发布《国务院关于全面推进北京市服务业扩大开放综合试点工作方案的批复》，同意在北京市继续开展和全面推进服务业扩大开放综合试点，期限为自批复之日起 3 年。根据方案，在"立足文化中心建设，提升文化软实力和国际影响力"方面，要大力发展文化贸易，积极建设国家文化出口基地、国家对外文化贸易基地（北京）、中医药文化旅游示范基地等。

在"推进京津冀协同发展，构筑区域协同开放新格局"方面，要服务保障河北雄安新区建设发展，发挥 144 小时过境免签政策优势，支持雄安新区在国际商务、旅游等方面扩大开放。

在"加强北京城市副中心政策集成，打造服务业扩大开放综合试点先导区"方面，要聚焦文化和旅游，稳妥推进文化服务扩大开放措施，允许在京设立的外商独资经营旅行社试点经营中国公民出境旅游业务（赴中国台湾地区除外）。

在"提升生活性服务业品质，服务国际一流和谐宜居之都建设"方面，要优化服务供给，引导各类资本进入文化、旅游等领域。积极发展中医药服务贸易，以中医养生保健等为重点，培育康复、健身、养生与休闲旅游融合发展新业态。

（资料来源：https://www.sohu.com/a/296458149_114988.）

案例点评：旅行社业是许可经营的行业，设立旅行社，招徕、组织、接待旅游者，为其提供旅游服务，必须遵从一定的条件和程序，取得旅游主管部门的许可，依法依规进行经营。经营出境游是一项涉外性质很强的旅行社业务，尤其是外商投资旅行社在我国境内应循序渐进、合法合规地开展业务。

第一节　旅行社的设立

一、设立旅行社的条件

依据《中华人民共和国旅游法》(2018 修正)第四章第二十八条的规定,设立旅行社,招徕、组织、接待旅游者,为其提供旅游服务,应当具备下列条件,取得旅游主管部门的许可,依法办理工商登记。

(一)有固定的经营场所

即固定的办公地点或营业场所,申请者拥有产权的营业用房,或者申请者租用的、租期不少于 1 年的营业用房;营业用房应当满足申请者业务经营的需要;拟设立旅行社的经营场所应当与注册地址一致。

对于营业场所的选择说法不一,但最好出入方便,交通便捷,紧邻繁华商业街区、企事业单位和中层收入家庭集中聚居区。

(二)有必要的营业设施

申请者拥有 2 部以上的直线固定电话、传真机、复印机,具备与旅游行政管理部门以及其他旅游经营者联网条件的计算机。

(三)有符合规定的注册资本

1. 注册资本

经营国内旅游业务和入境旅游业务的旅行社,注册资本不得少于 30 万元人民币,经营国际旅游业务的旅行社,注册资本不得少于 150 万元人民币。

2. 质量保证金

经营境内和入境旅游业务的旅行社,质量保证金不少于 20 万元;每设立一个分社,应当向分社质量保证金账户存入 5 万元。经营出境旅游业务的旅行社,质量保证金不少于 140 万元;每设立一个分社,应当向分社质量保证金账户存入 35 万元。经营边境旅游业务的旅行社,质量保证金不少于 50 万元;每设立一个分社,应当向分社质量保证金账户增存 10 万元。

质量保证金的利息属于旅行社所有。

（四）有必要的经营管理人员和导游

"必要的经营管理人员"是指具有旅行社从业经历或者相关专业经历的经理人员和计调人员；"必要的导游"是指有不低于旅行社在职员工总数20%且不少于3名、与旅行社签订固定期限或者无固定期限劳动合同的持有导游证的导游（导游员应完成电子导游证换发，注册单位为本市旅行社或旅游行业组织）。

（五）法律、行政法规规定的其他条件

旅行社是在特定的社会环境中生存的，理应遵守国家和地方法律规定的约束，设立旅行社和经营业务都应仔细研究相关政策和法规，在法律许可的范围内行事，而相关部门也会依据政策法规对旅行社的设立进行管理。

二、设立旅行社的程序

（一）申请设立

国家工商局在1992年《关于改进企业登记管理工作，促进改革和经济发展的若干意见》中将旅游业列为特许经营的行业，即旅游企业申请开业登记，应首先按照国家有关规定报请旅游行政管理部门审批，然后再向工商行政管理部门办理登记注册。

《旅行社条例》（2009年国务院令第550号，2016年2月6日予以修改）第七条：申请经营国内旅游业务和入境旅游业务的，应当向所在地省、自治区、直辖市旅游行政管理部门或者其委托的设区的市级旅游行政管理部门提出申请，并提交符合本条例第六条规定的相关证明文件。

《中华人民共和国旅游法》（2013年4月25日主席令第3号）第二十八条：设立旅行社，招徕、组织、接待旅游者，为其提供旅游服务，应当具备必备的条件，取得旅游主管部门的许可。

（二）部门审核

申请取得《旅行社业务经营许可证》前应当先向工商行政管理部门申请取得《企业法人营业执照》，经营范围应包括"境内旅游业务"和"入境旅游业务"，不得包含"出境旅游业务"。

（三）领取《旅行社业务经营许可证》

申请经营国内旅游业务和入境旅游业务的，应当向所在地省、自治区、直辖市旅游行政管理部门或者其委托的设区的市级旅游行政管理部门提出申请，并提交符合《旅行社管理条例》规定的相关证明文件。受理申请的旅游行政管理部门应当自受理申请之日起 20 个工作日内做出许可或者不予许可的决定。予以许可的，向申请人颁发旅行社业务经营许可证；不予许可的，书面通知申请人并说明理由。

旅行社取得经营许可满两年，且未因侵害旅游者合法权益受到行政机关罚款以上处罚的，可以申请经营出境旅游业务。

申请经营出境旅游业务的，应当向国务院旅游行政主管部门或者其委托的省、自治区、直辖市旅游行政管理部门提出申请，受理申请的旅游行政管理部门应当自受理申请之日起 20 个工作日内做出许可或者不予许可的决定。予以许可的，向申请人换发旅行社业务经营许可证；不予许可的，书面通知申请人并说明理由。

（四）工商行政管理部门注册登记

旅行社持《旅行社业务经营许可证》到工商行政管理部门申请办理登记注册，工商行政管理部门按照有关规定办理注册登记，对无《经营许可证》申请办理旅行社的，工商行政管理部门不予受理。

（五）办理税务登记

税务登记是指税务机关根据税法规定，对纳税人的生产经营活动进行登记管理的一项基本制度。它的意义在于有利于税务机关了解纳税人的基本情况，掌握税源，加强征收与管理，防止漏管漏征，建立税务机关与纳税人之间正常的工作联系，强化税收政策和法规的宣传，增强纳税意识等。

旅行社持工商营业执照、公章、业务经营许可证、有关合同、章程、协议书、组织机构统一代码证书及主管税务机关要求提供的其他有关证件、资料，自领取工商营业执照之日起 30 日内申报办理设立税务登记。

旅行社经营境内旅游业务和入境旅游业务许可流程如图 2.1 所示。

```
┌─────────────────────────────────────┐
│ 在工商行政管理部门申请取得企业法人营业执照。 │
└─────────────────────────────────────┘
                    │
┌─────────────────────────────────────┐
│              网上申请                 │
│   登录本地旅游行业管理平台选择"设立      │
│ 旅行社"功能，按系统提示在线提出申请。    │
└─────────────────────────────────────┘
                    │
┌──────────────┐  不予受理  ┌─────────────────────────────────────┐
│ 向不予受理的旅 │◄────────│              初审                    │
│ 行社告知不予受理│          │   行政审批服务人员对申请材料进行        │
│ 的原因。企业补正│          │ 初审，材料真实准确，形式符合要求的，    │
│ 材料后再次申请。│          │ 予以受理；材料有误的不予受理。          │
└──────────────┘           └─────────────────────────────────────┘
                               │ 受理
┌──────────────┐  不通过   ┌─────────────────────────────────────┐
│ 向复审不予通过的│◄────────│              审查                    │
│ 旅行社告知不予通过│        │   相关负责人对申请材料进行综合         │
│ 的原因。需补正材 │         │ 审查。                               │
│ 料的，补正后再行 │         └─────────────────────────────────────┘
│ 申请。         │             │ 通过
└──────────────┘           ┌─────────────────────────────────────┐
                           │            决定并告知                 │
                           │   审批通过后，审批系统为企业生成批复文件， │
                           │ 短信通知企业使用网上审批系统打印此批复。  │
                           └─────────────────────────────────────┘
                                        │
                           ┌─────────────────────────────────────┐
                           │         交存保证金及投保责任险         │
                           │   企业持打印的批复文件和银行、保险公司要  │
                           │ 求的其他文件办理交存旅游服务质量保证金（20│
                           │ 万元）并投保旅行社责任险的相关手续。办理完 │
                           │ 成后按系统要求上传相关材料并在线提交备案  │
                           │ 申请。                               │
                           └─────────────────────────────────────┘
                                        │
                  ┌──────────────────┐      ┌──────────────────┐
                  │       领证        │─────►│     导游转入       │
                  │  备案申请审核通过后，工作│      │  将不少于员工      │
                  │ 人员携带交存旅游服务质量保证│    │ 总数20%且至少不    │
                  │ 金的存款协议、存款凭证、保险│    │ 少于3名的导游员    │
                  │ 单等相关资料，前往审批服务窗│    │ 注册关系调入新设    │
                  │ 口领取旅行社业务经营许可证。│    │ 立的旅行社中。      │
                  └──────────────────┘      └──────────────────┘
```

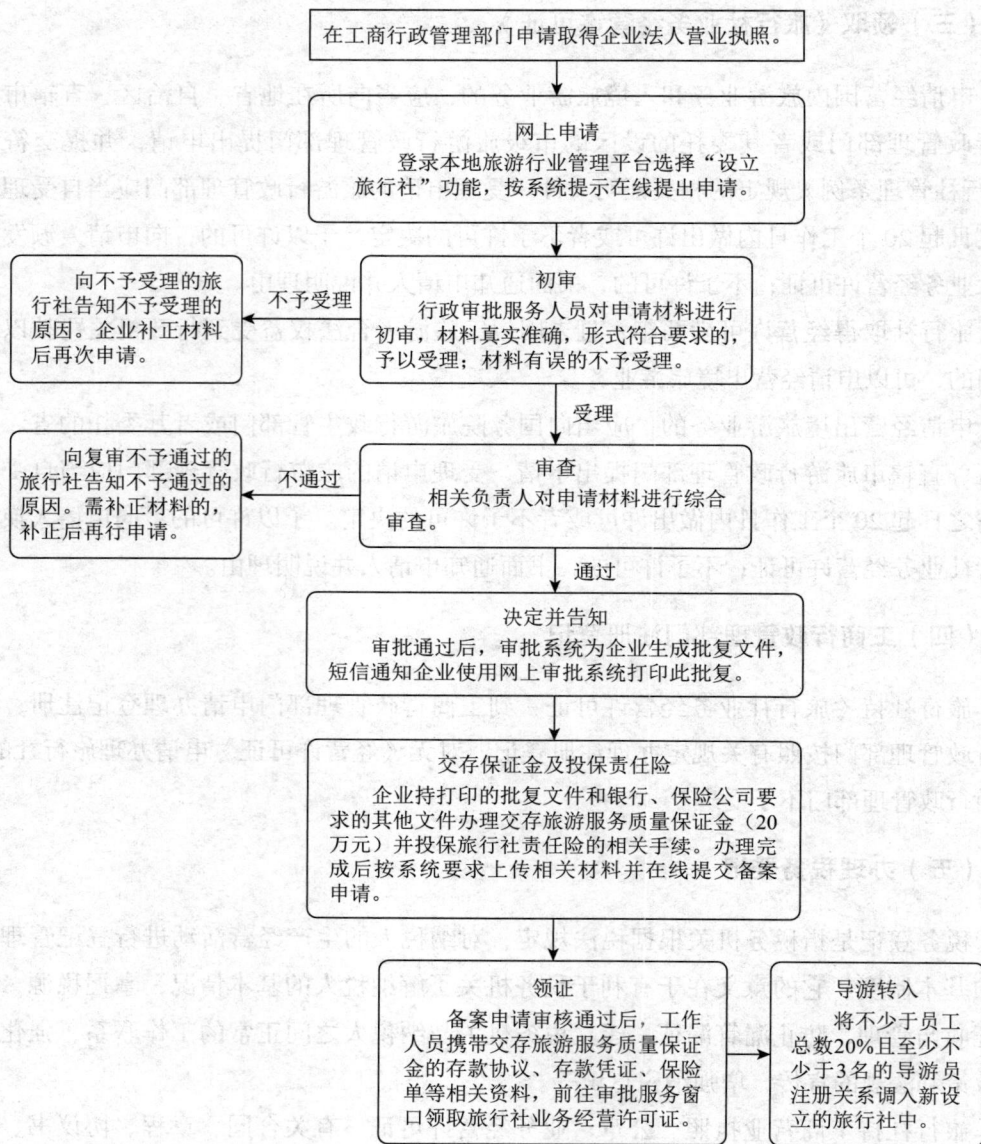

图 2.1　旅行社经营境内旅游业务和入境旅游业务许可流程

案例 2-1　　　　　　　　　　　　　　　　　　　　　　　　　　　》

文化和旅游部 2019 年许可 36 家旅行社经营出境游业务

　　截至 2019 年年底，文化和旅游部共许可了 36 家旅行社经营出境游业务，其中，有 13 家旅行社来自广东省，7 家旅行社来自北京市，5 家旅行社来自上海市。

　　文化和旅游部发布关于许可旅行社经营出境游业务的公告称，按照《中华人民共

和国旅游法》《旅行社条例》《中国公民出国旅游管理办法》，2019 年，文化和旅游部已经先后发布十批公告，公布了总计 36 家允许经营出境游业务的旅行社名单，许可了北京诚程国际旅行社有限公司、西游（上海）国际旅行社有限公司、嘉兴天奥国际旅游有限公司、深圳市风光国际旅行社有限公司、北京境界之旅国际旅游有限公司、深圳市微笑假期国际旅行社有限公司等 35 家旅行社经营出境游业务。

据统计，在 2019 年被许可经营出境游业务的 36 家旅行社中，有 13 家旅行社来自广东省，7 家旅行社来自北京市，5 家旅行社来自上海市，浙江省、江苏省、山西省、云南省、河南省、辽宁省、福建省、山东省、天津市、贵州省、陕西省各有 1 家旅行社。

（资料来源：新京报网，http://www.bjnews.com.cn/detail/157864118715600.html.）

案例评析：

申请取得《旅行社业务经营许可证》前应当先向工商行政管理部门申请取得《企业法人营业执照》，经营范围应包括"境内旅游业务"和"入境旅游业务"，不得包含"出境旅游业务"。

旅行社取得经营许可证满两年，且未因侵害旅游者合法权益受到行政机关罚款以上处罚的，可以申请经营出境旅游业务。申请经营出境旅游业务的，应当向国务院旅游行政主管部门或者其委托的省、自治区、直辖市旅游行政管理部门提出申请，受理申请的旅游行政管理部门应当自受理申请之日起 20 个工作日内做出许可或者不予许可的决定。本案例中，文化和旅游部许可了 36 家旅行社可以经营出境游业务，予以公告并向申请人换发旅行社业务经营许可证。

三、申请设立旅行社应提交的材料

（一）旅行社名称确立

企业名称应当由以下部分依次组成：字号（或者商号）、行业或者经营特点、组织形式。企业申请设立旅行社应将名称中"行业或者经营特点"表述为"旅游"或"旅行社"。

（二）设立申请书

内容包括：申请设立旅行社的类别、中英文名称和设立地；企业形式、投资者、投资额和出资方式；申请人、受理申请部门的全称、申请报告名称和呈报申请的时间。

（三）设立旅行社可行性研究报告

内容包括：设立旅行社的市场条件，设立旅行社的资金条件，设立旅行社的人员条件，受理申请的旅游行政部门认为需要补充说明的其他问题。

（四）企业法人营业执照、企业章程和承诺书

内容包括：旅行社的名称、地址和联络方法；经济性质；宗旨和目的；企业法人；业务经营范围；注册资本金额及资金来源；组织机构；财务管理制度；对旅游者承担的责任；其他应说明的问题。

（五）企业法人、总经理和经营管理人员相应的资质证明

内容包括：旅行社法定代表人身份证、履历表；总经理身份证；经营管理人员身份证、工作经历和承诺书；法定代表人、总经理和经营管理人员证件照。

（六）经营场所证明

提供企业经营场所租赁协议或房屋产权证。

（七）经营设备情况证明

内容包括：旅行社设立所具备的必要办公设备的相应照片。

四、分支旅行社的设立

旅行社设立分社的，应当向分社所在地的工商行政管理部门办理设立登记，并自设立登记之日起 3 个工作日内向分社所在地的旅游行政管理部门备案。旅行社分社的设立不受地域限制。分社的经营范围不得超出设立分社旅行社的经营范围。

旅行社设立专门招徕旅游者、提供旅游咨询的服务网点（以下简称旅行社服务网点）应当依法向工商行政管理部门办理设立登记手续，并向所在地的旅游行政管理部门备案。旅行社服务网点应当接受旅行社的统一管理，不得从事招徕、咨询以外的活动。

五、外商投资旅行社的设立

外商投资旅行社，包括中外合资经营旅行社、中外合作经营旅行社和外资旅行社。

依据《旅行社管理条例》第三章第二十一条至第二十三条，外商投资旅行社的设立应遵从以下规定：

（1）外商投资企业申请经营旅行社业务，应当向所在地省、自治区、直辖市旅游行政管理部门提出申请，并提交符合《旅行社管理条例》第六条规定条件的相关证明文件（申请经营国内旅游业务和入境旅游业务的，应当取得企业法人资格，并且注册资本不少于30万元）。省、自治区、直辖市旅游行政管理部门应当自受理申请之日起30个工作日内审查完毕。予以许可的，颁发旅行社业务经营许可证；不予许可的，书面通知申请人并说明理由。

（2）设立外商投资旅行社，还应当遵守有关外商投资的法律、法规。

（3）外商投资旅行社不得经营中国内地居民出国旅游业务以及赴香港特别行政区、澳门特别行政区和台湾地区旅游的业务，但是国务院决定或者我国签署的自由贸易协定和内地与香港、澳门关于建立更紧密经贸关系的安排另有规定的除外。

六、外商控股、外商独资旅行社的设立

依据《设立外商控股、外商独资旅行社暂行规定》，设立外商控股旅行社的境外投资方，应符合下列条件：

（1）是旅行社或者是主要从事旅游经营业务的企业；

（2）年旅游经营总额4000万美元以上；

（3）是本国（地区）旅游行业协会的会员；

（4）具有良好的国际信誉和先进的旅行社管理经验；

（5）遵守中国法律及中国旅游业的有关法规。

设立外商独资旅行社的境外投资方，除应符合以上规定的条件外，其中第二条规定的年旅游经营总额应在5亿美元以上。

外商控股旅行社的中国投资者应当符合《旅行社管理条例》第二十九条规定的条件。

设立的外商控股或外商独资旅行社应符合下列条件：

（1）符合旅游业发展规划；

（2）符合旅游市场需要；

（3）投资者符合上述规定的第三条、第四条、第五条规定的条件；

（4）注册资本不少于400万元人民币。

其他说明：

符合条件的境外投资方可在经国务院批准的国家旅游度假区及北京、上海、广州、深圳、西安5个城市设立控股或独资旅行社。申请设立外商控股或外商独资旅行社，参照《旅行社管理条例》规定的外商投资旅行社的审批程序办理。

第二节 旅行社的行业组织

一、国际上旅行社的行业组织

（一）世界旅游组织（UNWTO）

1. 由来和发展

世界旅游组织是联合国下属专门旅游机构，最早由国际官方旅游宣传组织联盟（IUOTPO）发展而来。1925 年 5 月 4~9 日在荷兰海牙召开了国际官方旅游协会大会。1934 年在荷兰海牙正式成立国际官方旅游宣传组织联盟。第二次世界大战中停止活动。1946 年 10 月 1~4 日，在伦敦召开了首届国家旅游组织国际大会，并成立专门委员会研究重建该联盟。1947 年 10 月，在巴黎举行的第二届国家旅游组织国际大会上决定正式成立官方旅游组织联盟（International Union of Official Tourist Organizations——IUOTO），即世界旅游组织的前身，总部设在伦敦，1951 年迁至日内瓦。1975 年 5 月该组织改为现名，总部迁至马德里。1976 年成为联合国开发计划署在旅游方面的一个执行机构。2004 年，该组织成为联合国下属专门机构。为了避免混淆，自 2005 年起，世界旅游组织的英文缩写由原来的"WTO"改为"UNWTO"，以示与世界贸易组织（WTO：World Trade Organization）的区别。

2. 宗旨

促进和发展旅游事业，使之有利于经济发展，国际相互了解，和平与繁荣以及不分种族、性别、语言或宗教信仰，尊重人权和人的基本自由，并强调在贯彻这一宗旨时，要特别注意发展中国家在旅游事业方面的利益。

3. 主要任务及活动

世界旅游组织的工作任务主要围绕技术合作、信息、统计、教育培训、简化旅游手续、旅游者安全及旅游设施保护、旅游环境保护等方面进行。该组织负责收集、分析旅游数据，定期向成员国提供统计资料、研究报告，制定国际性旅游公约、宣言、规划、范本，提供技术专家援助，组织研讨会、培训班、召集国际会议。世界旅游组织为每年世界旅游日（9 月 27 日）提出了一个宣传口号，以便突出一个旅游宣传的重点，世界各国根据这一口号的精神，开展旅游宣传，从而推动世界旅游业的共同发展。

（二）世界旅行社协会（WATA）

1. 由来和发展

世界旅行社协会（World Association of Travel Agencies）是一个国际性的旅游组织，经瑞士法律批准，于1949年正式成立，总部设在日内瓦，并设常务秘书处，管理协会的行政事务。世界旅行社协会设有一个执行委员会，有9名委员，每两年举行一次大会，协会把世界分成15个区，各区每年举行一次会员社会议，研究本区旅游业务中的问题。

2. 会员组成

世界旅行社协会现有240多个会员，来自100多个国家和地区的230多个城市，凡财政机构健全、遵守本行业规定的旅行社均有资格成为其会员，超过300万人口的城市可有1名旅行社代表参加该组织，400万人口以上的城市可增加1名。会员旅行社必须同时经营出境和入境旅游业务，如果同一城市内没有同时经营入境、出境旅游业务的旅行社，协会可以指定一家专营出境旅游业务和另一家专营入境旅游业务的旅行社为其会员。

3. 宗旨

旨在将各国可靠的旅行社建成一个世界性的协作网络，推动旅游业的发展，收集和传播信息，参与有关发展旅游业的商业和财物工作。

（三）世界旅行社协会联合会（UFTAA）

1. 由来和发展

世界旅行社协会联合会（United Federation of Travel Agents' Associations，简称UFTAA）是最大的非政府间国际旅游组织之一，于1966年11月22日成立于意大利的罗马，它由1919年在巴黎成立的欧洲旅行社组织和1964年在纽约成立的美洲旅行社组织合并而成，总部设在比利时的布鲁塞尔。联合会的组织机构包括全体大会、理事会、执行委员会和总秘书处，该协会的正式工作语言为英语、西班牙语和法语，经费依靠会费和举办会议的收入。

2. 宗旨

世界旅行社协会联合会是一个专业性和技术性组织，其会员是世界各国的全国性旅行社协会，其宗旨包括以下几个方面。

（1）团结和加强各国全国性的旅行社协会和组织，并协助解决会员间在专业问题上可能发生的纠纷。

（2）在国际上代表旅行社会员同旅游业有关的各种组织与企业建立联系，进行合作。

（3）确保旅行社业务在经济、法律和社会领域内最大限度地得到协调，赢得信誉，受到保护并得到发展。

（4）向会员提供所有必要的物质上、业务上和技术上的指导和帮助，使其能在世界旅游业中占有适当的地位。

二、我国旅行社的行业组织

（一）中国旅游协会（CTA）

1. 由来和发展

中国旅游协会（China Tourism Association，CTA）是由中国旅游行业相关的企事业单位、社会团体自愿结成的全国性、行业性、非营利性社团组织，是经国家民政部核准登记的独立社团法人。它是 1986 年 1 月 30 日经国务院批准正式宣布成立的第一个旅游全行业组织，1999 年 3 月 24 日经民政部核准重新登记。

截至目前，协会自有会员近 300 家，以国内著名的大型综合性旅游集团、省级旅游协会和重要旅游城市旅游协会等机构为会员骨干，其中有中国旅游集团、华侨城集团、中青旅控股股份有限公司、北京首都旅游集团、上海锦江国际集团、携程旅行网、开元旅业集团、广东长隆集团等。中国旅游协会下设旅游教育分会、温泉旅游分会、休闲农业与乡村旅游分会、休闲度假分会等十余个分支机构。

2. 宗旨

依法设立、自主办会、服务为本、治理规范、行为自律。

中国旅游协会遵照国家的宪法、法律、法规和有关政策，代表和维护全行业的共同利益和会员的合法权益，开展活动，努力为会员服务、为行业服务、为政府服务，充分发挥桥梁和纽带作用，促进我国旅游市场的繁荣、稳定，旅游业持续、快速、健康地发展。

3. 主要职责

（1）参与制定相关立法、政府规划、公共政策、行业标准和行业数据统计等事务。参与制定、修订行业标准和行业指南，承担行业资质认证、行业人才培养、共性技术平台建设、第三方咨询评估等工作。

（2）向会员宣传、介绍政府的有关法律法规政策，向有关政府部门反映会员的愿望和要求，发挥对会员的行为引导、规则约束和权益维护作用。

（3）联系各旅游专业行业组织、旅游学术团体以及旅游企事业单位，交流情况和经验，研究有关问题，探索解决方法，促进旅游经营管理水平的提高。

（4）接受政府部门转移的相关职能和委托的购买服务，参与有利于行业发展的公共服务。

（5）参与行业信用建设，建立健全会员企业信用档案，开展会员企业信用评价，加强会员企业信用信息共享和应用；建立健全行业自律机制，健全行业自律规约，制定行业职业道德准则，规范行业发展秩序；维护旅游行业公平竞争的市场环境。

（6）开展有关旅游产品和服务质量的咨询服务，组织有关业务技能培训和人才培养；受政府有关部门委托或根据市场和行业的需要，举办展览会、交易会，组织经验交流，推广新经验、新标准和科研成果的应用。

（7）以中国旅游业的民间代表身份开展对外和对港澳台的交流与合作，搭建促进旅游业对外贸易和投资服务平台，帮助旅游企业开拓国际市场。在对外经济交流，旅游企业"走出去"过程中，发挥协调、指导、咨询、服务作用。

（8）依法编辑出版有关资料、刊物，传播旅游信息和研究成果。

（二）中国旅行社协会（CATS）

1. 由来和发展

中国旅行社协会（China Association of Travel Services，简称 CATS）经国务院民政部批准，于 1997 年 10 月 24 日成立，注册地点为中国北京市，是由中国境内的旅行社、各地区性旅行社协会等单位，按照平等自愿的原则结成的全国旅行社行业的专业性协会，是在国家民政部门登记注册的全国性社团组织。

协会实行团体会员制，所有在中国境内依法设立、守法经营、无不良信誉的旅行社与旅行社经营业务密切相关的单位和各地区性旅行社协会或其他同类协会、承认和拥护本会的章程、遵守协会章程、履行应尽义务均可申请加入协会。

2. 宗旨

中国旅行社协会宣传贯彻国家旅游业的发展方针和旅行社行业的政策法规，代表和维护旅行社行业的共同利益和会员合法权益，努力为会员服务，为行业服务，在政府和会员之间发挥桥梁和纽带作用，积极反映行业诉求，总结交流旅行社的工作经验，为中国旅行社行业的繁荣发展做出积极贡献。

协会网站"中国旅行社协会在线"（http：//www.cats.org.cn）为会员提供信息服务。

第三节　旅行社的经营

一、旅行社的经营理念

经营理念，就是管理者追求企业绩效的根据，是顾客、竞争者以及从业者价值观与正确经营行为的确认，然后在此基础上形成企业基本设想与科技优势、发展方向、共同信念和企业追求的经营目标。管理活动都要有一个根本的原则，一切的管理都需围绕一个根本的核心思想进行。系统的、根本的经营理念决定企业的经营方向，和企业使命与愿景一样，是其发展的基石。

总括而言，旅行社的经营理念应遵循以下几条：

（一）诚信为本

诚信，是企业经营的基本要求，旅行社为了招徕、组织旅游者而发布信息，必须真实、准确，不得进行虚假宣传，误导旅游者；旅行社不得以低于旅游成本的报价招徕旅游者；未经旅游者同意，旅行社不得在旅游合同约定之外提供其他有偿服务。

（二）合法合规

旅行社的经营应遵守《中华人民共和国旅游法》《旅行社管理条例》和国家的法律法规，旅行社及其从业人员组织、接待旅游者，不得安排参观或者参与违反我国法律、法规和社会公德的项目或者活动；经营出境旅游业务的旅行社不得组织旅游者到国务院旅游行政主管部门公布的中国公民出境旅游目的地之外的国家和地区旅游。

（三）客户至上

旅行社的经营应以客户需求为导向，提升服务水平和管理能力，旅行社为旅游者提供服务，应当与旅游者签订旅游合同并载明规定事项；旅游者有权要求旅游经营者按照约定提供产品和服务；旅游者有权自主选择旅游产品和服务，有权拒绝旅游经营者的强制交易行为；旅游者有权知悉其购买的旅游产品和服务的真实情况。

（四）求实创新

国家倡导健康、文明、环保的旅游方式，旅行社在开展业务时应遵循社会效益、经济效益和生态效益相统一的原则，推陈出新，诚信经营，公平竞争，承担社会责任，为旅游者提供安全、健康、卫生、方便的旅游服务，不断在服务的内容、形式和类型上求实创新、持续优化。

（五）责任担当

旅行社具备人力资源密集性的综合特点，其业务涉及多元化的行业领域，与社会各方面的联系和影响非常密切，因此责任重大，旅行社的责任担当应包含高度的法定责任、经济责任和其他社会责任。对内的经营管理中，落实"以人为本、人文关怀"

的理念，平衡和保障旅行社内部各部门员工间的权益和关系，对外的经营管理中，展示良好的"企业公民"理念和形象，增强其社会责任感，引领行业的和谐发展，实现行业生态共建。

➡ 【小贴士】

旅行社组织和安排旅游活动，应当与旅游者订立合同，包价旅游合同应当采用书面形式，包括下列内容：

1. 旅行社、旅游者的基本信息；
2. 旅游行程安排；
3. 旅游团成团的最低人数；
4. 交通、住宿、餐饮等旅游服务安排和标准；
5. 游览、娱乐等项目的具体内容和时间；
6. 自由活动时间安排；
7. 旅游费用及其交纳的期限和方式；
8. 违约责任和解决纠纷的方式；
9. 法律、法规规定和双方约定的其他事项。

二、旅行社的经营范围

依据《中华人民共和国旅游法》（2018修正）第四章第二十九条规定，旅行社可以经营下列业务。

（一）境内旅游

境内旅游即"国内旅游"。"境内"是指除了香港特别行政区、澳门特别行政区以及台湾地区之外的中华人民共和国领土，中华人民共和国所有拥有和声称拥有主权的地区统称为"国内"。

（二）出境旅游

出境旅游通常指持护照前往香港特别行政区、澳门特别行政区、台湾地区以及中华人民共和国领土以外的其他国家或者地区旅游。

（三）边境旅游

边境旅游是指经批准的旅行社组织和接待中华人民共和国及毗邻国家的公民，

集体从指定的边境口岸出入境，在双方政府商定的区域和期限内进行的旅游活动。

（四）入境旅游

入境旅游是指外国人、华侨、港澳台同胞进入中华人民共和国境内的旅游活动。

（五）其他旅游业务

旅行社经营上款中第二项和第三项业务，应当取得相应的业务经营许可，具体条件由国务院规定。

案例2-2

北京 ×× 国际旅游公司的超范围经营

2019 年 9 月 12 日，北京市文化和旅游局接到游客举报，称其于 2019 年 5 月 2 日报名参加了由北京 ×× 国际旅游公司组织的 HU 德法瑞意欧洲游活动，但怀疑该旅行社不具备出境游资质。北京市文化和旅游局行政执法人员依法对北京 ×× 国际旅游公司的相关人员进行调查询问，同时核查了该旅行社提供的营业执照副本和旅行社经营业务许可证等相关材料，经查游客举报的情况属实，该旅行社未经许可经营出境旅游业务。

北京市文化和旅游局认为该旅行社违反了《中华人民共和国旅游法》第二十九条第二款的"旅行社经营出境旅游业务应当取得相应的业务经营许可"规定，已构成违法。鉴于该旅行社能配合行政机关调查，态度较好，且未造成其他严重后果，认定为违法程度较轻，依据《中华人民共和国旅游法》第九十五条第二款的规定，做出如下行政处罚：责令改正，停业整顿 1 个月，没收违法所得壹仟贰佰圆、并处壹万圆罚款，对本案有关责任人员，处以五仟元罚款的行政处罚。2019 年 12 月 3 日，当事人接到行政处罚决定书后，自动履行停业整顿和缴纳罚款的行政处罚决定。

案例评析： 根据《中华人民共和国旅游法》第二十九条第二款规定，"旅行社经营出境旅游业务应当取得相应的业务经营许可"。因此，北京 ×× 国际旅游公司超范围经营是明确的违法行为。近年来，随着我国社会经济水平的不断提升，出境旅游也逐渐成为人们旅游市场消费的热点。在本案例中，一方面，旅行社作为经营主体对相关法律法规认识不到位；另一方面，报团参加出境游的游客作为消费者在一定程度上也缺乏查验旅行社资质的法律敏感度。因此，在选择出境报团时，消费者要注意查验资质，查看旅行社《企业法人营业执照》和《旅行社业务经营许可证》。如果在《旅行社业务经营许可证》的经营范围中没有出境游业务，就是超范围经营。另外值得注意的是，有些旅行社注册的名字中可能含有"国际"两字，但这并不代表它有出境游资质。

三、旅行社的主要业务内容

（一）资源采购

随着市场需求逐渐升级、客户心智不断变化，旅游市场也从产品导向逐渐向需求市场转变，随着主题化、个性化、多样化、信息技术与互联网的发展，旅行社与旅游资源供应商简单合作的传统模式也正悄悄发生变化，但无论身处什么样的消费时代与市场背景，资源采购供应始终在旅行社经营方面占据非常核心的地位。食、住、行、游、购、娱旅行六大关键要素，在任何时代，都无法脱离每一个资源供应方的链条，即使近年似乎逐步后来者居上的"自由行"旅游方式，在旅行社经营中也是无法离开资源供应方的机票、酒店，甚至当地目的地娱乐这些核心环节的供应链。

传统行业中，供应链是围绕核心企业，通过对信息流、物流、资金流的控制，从采购原材料开始，制成中间产品以及最终产品。最后由销售网络把产品送到消费者手中的供应商、制造商、分销商、零售商，直至最终用户连接成的一个整体功能化网链结构模式。

而在以旅行社为核心的供应链上，采购活动处于旅行社与资源供应方的衔接界面，即沟通旅行者需求与旅游产品要素的供应联系，而这条最上游的制作供应链，会直接决定旅行产品的成本、需求度等核心竞争力，因此搭建资源采购链是旅行社主要业务内容之一。

（二）产品开发

旅行社的主要业务之一是进行产品开发，良好的开发体系是旅行社业务核心竞争力，旅行社产品开发包括市场预测、产品设计与加工、产品试销、产品投放市场和产品效果检查评价五个主要环节。旅行社为满足旅游者的需求，在采购旅游供应商的产品后，经过开发设计，提供给旅游者集食、住、行、游、购、娱六大要素为一体的各种有偿服务，包括传统旅行社提供的各种形式旅游线路，也包括预订机票、客房、代办签证等单项旅游服务。

（三）行程安排

旅行社的产品在一定情况下可以直观地总结为，为旅游者提供一次行程安排和旅游经历，在旅游行程开始前向旅游者提供行程单，旅游行程单是包价旅游合同的主要组成部分，也是旅行社产品开发的主要内容体现。

旅行社组织、接待旅游者，不得指定具体购物场所，不得安排另行付费旅游项目。但是，经双方协商一致或者旅游者要求，且不影响其他旅游者行程安排的除外。旅行社聘用的导游和领队应当严格执行旅游行程安排，不得擅自变更旅游行程或者中止服务活动，不得向旅游者索取小费，不得诱导、欺骗、强迫或者变相强迫旅游者购物或者参加另行付费旅游项目。

（四）营销推广

旅行社的另一项主要经营内容就是将开发设计好的旅游产品通过合理的销售渠道，合理定价，运用有效促销手段，将旅游产品的相关信息传递给旅游者，激发他们的购买欲望和需求，从而转变成为旅游消费行为。旅行社在进行营销推广时，不得以不合理的低价诱骗旅游者组织旅游活动，并通过安排购物或者另行付费旅游项目获取回扣等不正当利益。

（五）接待服务

旅行社的接待服务是指旅行社在旅游者旅游活动开展的整个过程中为其提供的一系列接待服务，包括门店接待、信息咨询、导游服务、交通工具安排、酒店接待、餐饮落实、售后服务等方面的保证，积极与沿线接待社的联络和接洽。

旅行社在接待服务管理中，需要注意《中华人民共和国旅游法》（2018 年修订）第四章中，对于旅行社的导游业务服务有明确规定。

1. 旅行社应当与其聘用的导游依法订立劳动合同，支付劳动报酬，缴纳社会保险费用。

2. 旅行社临时聘用导游为旅游者提供服务的，应当全额向导游支付法律规定的导游服务费用。

3. 旅行社安排导游为团队旅游提供服务的，不得要求导游垫付或者向导游收取任何费用。

4. 旅行社组织团队出境旅游或者组织、接待团队入境旅游，应当按照规定安排领队或者导游全程陪同。

5. 导游和领队为旅游者提供服务必须接受旅行社委派，不得私自承揽导游和领队业务。

（六）委托代办

此类业务也称为代理业务，也就是代理旅游企业的单项委托产品，为旅游者代购、代订交通客票、景点、住宿、餐饮、购物、娱乐、保险等相关服务，接受旅游者委托，代办出入境及签证手续。旅行社在代办各项业务时，必须事先与有关方签订合同或达成协议，取得代办人身份，然后接受委托人的委托事项和委托费用，从中收取一定的手续费。

（七）质量管控

由于服务行业的特点以及旅行社提供产品的性质，做好服务产品质量管控也是旅行社主要业务的一个方面，旅行社服务质量管控包括旅游产品的过程质量、服务质量和工作质量。

📢)))【相关阅读】

谁是压垮托马斯·库克的最后一根稻草？

2019年对旅行社行业来说，最轰动的事件还是英国知名旅行服务商托马斯·库克集团9月23日宣布，公司已向英国高等法院递交"强制清算"申请。这意味着这家1841年建立的老牌旅行服务商宣布破产。作为一家在英国乃至欧洲知名的百年品牌，托马斯·库克集团拥有2.1万名员工，在16个国家经营酒店、度假村、航空公司和邮轮业务，每年接待游客1900万人次。

然而，如此一家涵盖航空、酒店及旅行服务等众多业务且体量庞大、名气响亮的老牌企业，为何在一夜之间"轰然倒下"？这一旅游业巨星的陨落，虽然对行业来说是个不幸的消息，但同时也给现代服务业提供了许多重要启示。

创新是旅游业发展的永恒主题：

19世纪中叶，工业革命的发展加快了人们的生活节奏，诱发了更多普通人渴望休息放松的欲望，旅游活动从小众需求开始进入大众的视野。由于当时正处于旅游信息不对称，个人旅行仍不方便时期，带有专业导游的包价旅游团能满足刚刚兴起的大众旅游的需求，很快使得大众新宠的托马斯·库克公司得以快速崛起。

托马斯·库克是近代旅游业之父，又被称为"监护旅游之父"，为旅游业的发展做出过重大贡献，是旅游界的伟人。1892年，这位先驱者离开了人间，终年84岁。因为他对世界的贡献，英国发表了两篇评论，称他伟大之处就是发现一个需求，并且加以满足。

这种需求不言而喻叫旅游，这种满足明明白白告诉我们，是按照市场的需求研究产品，这位经营一辈子旅游业的库克先生，以他伟大的业绩给我们提供了契机，就是旅游从业人员必须不间断地发现游客的新兴趣，提出有特色的新服务。

托马斯·库克的另外一个创举是旅游与金融业的跨界合作，他的公司是世界第一个发明和使用旅行支票的公司，这一新的支付工具使离家外出的旅游者有了更安全、便捷的支付方式，两业融合相得益彰，产生了巨大竞争力，长期与美国的商业巨子运通公司比肩发展。

与时俱进是企业保持竞争力和生命力的根本

19世纪中叶，托马斯·库克创办了世界上第一家旅行社——托马斯·库克旅行社（即现今的托马斯库克集团，中国官方授权的品牌名为"托迈酷客"），标志着近代旅游业的诞生。

19世纪下半叶，在托马斯·库克本人的倡导和其成功的旅游业务的鼓舞下，首先在欧洲成立了一些类似于旅行社的组织，使旅游业成为世界上一项较为广泛的经济活动。托马斯·库克一生创造性地经营着新兴的旅游业，在世界旅游史上创造了许多项第一。

在全球大众旅游发展的新时代，新技术、新媒体层出不穷，日新月异，随着新支付工具的快速升级与更新，旅行代理业务的优势迅速减缩，很显然，这个老牌公司在传统产品和运营模式面临着新的挑战面前，未能快速适应互联网时代的客户需求，从而成为公司倒闭的一个重要原因。据英国广播公司报道，网上预订和廉价航空公司的兴起，使大众对价格更加敏感。托马斯·库克的不少业务被新兴网上旅行社、廉价航空瓜分，使之利润空间大幅缩窄。

英国《每日电讯报》的调查显示，2018年，英国人通过网上预订旅游服务的比例占81%，而进店预订只占15%。也许在产品更新和经营模式的革命方面，托马斯·库克公司出现了较大的失误，酿成了最后的败局，这一点非常值得我们认真思考。

企业破产成因耐人寻味

一个具有178年历史的旅游业常青藤骤然凋零，虽然显得有些出乎意料，但也绝非是无疾而终、卒以横祸。

首先，日益深陷债务问题是公司面临的一大难题。公司目前的债务达17亿英镑。事实上，债务问题不是托马斯·库克的新问题。早在2007年，该公司与英国旅游度假公司MyTravel合并重组，此举为托马斯·库克带来了巨额债务。此后，债务问题始终未得到有效解决。

其次，受业绩不断下滑影响，托马斯·库克作为上市公司，投资者信心也受到影响，股票价格持续下跌。加之托马斯·库克在英国高街拥有相当数量的门店，高昂的店面租金及过剩的工作人员，也大大增加了公司的运营成本。数据显示，2018财年，公司仅人力成本开销就达1.015亿英镑。

最后，公司管理不当也是其倒闭不可回避的原因之一。就在公司宣布倒闭的第二天，英国商务大臣安德烈娅·利德索姆要求英国破产服务局调查该公司董事会的责任。

据《金融时报》报道，破产服务局在对公司管理层进行调查中发现，虽然公司债务缠身、业绩不佳，但其管理层却仍在领取巨额报酬。英国《每日电讯报》称，过去5年，公司管理层的奖金超过2000万英镑。公司首席执行官彼得·范克豪泽自2014年上任以来，总收入超过830万英镑。

当下有不少业界资深专家正在破解托马斯·库克"轰然倒下"之谜，从其自身经营的失误与外在环境的不测中寻找原因。葡萄牙银行负责人卡洛斯·科斯塔（Carlos Costa）表示，随着互联网技术的快速发展，在线预订航班、酒店及租车越来越便捷，这些都是助推托马斯·库克倒闭的成因。俗话说"居安思危"，我们都应当认真从这个老牌公司的崛起与倒闭中汲取经验与教训，及时调整公司的发展战略与经营方式，以保持企业的生命力和竞争力，实现旅游业健康可持续发展。

（资料来源：中国旅行社协会 彭志凯https：//www.traveldaily.cn/article/133520.）

阅读思考：对于英国知名旅行服务商托马斯·库克集团而言，旅行社产品经营与创新在旅行社主要业务内容中，有何价值和作用？

本章小结

本章主要从旅行社的设立、行业组织和主要经营三方面进行了论述。在旅行社设立一节中，详尽阐释了旅行社设立的条件、程序和所需材料，简要概括了分支旅行社、外商投资、控股和独资旅行社设立条件；在旅行社行业组织一节中，分别从国际和国内两方面列举了五个主要的行业组织；在旅行社经营一节中，依据旅游业行业法规清晰地解析其经营理念、经营范围和主要的经营内容。

思考练习

1. 若想成立一家旅行社，应该具备哪些基本的条件？
2. 外商投资旅行社可以开展哪一类旅游业务？
3. 简述我国旅行社设立的基本程序。
4. 依据《中华人民共和国旅游法》规定，旅行社的经营范围有哪些？
5. 简述旅行社的主要经营内容。

参考文献

1. 纪俊超. 旅行社经营管理［M］. 广州：华南理工大学出版社，2004.

2. 潘宝明. 旅行社管理概论［M］. 湖北：华中师范大学出版社，2006.

3. 杨雷，戴卫东. 旅行社经营与管理［M］. 北京：电子工业出版社，2008.

4. 马爱萍. 新编旅行社管理［M］. 北京：北京师范大学出版社，2013.

5. 戴斌，张杨. 旅行社管理（第四版）［M］. 北京：高等教育出版社，2018.

6.《中华人民共和国旅游法》（2018年修正）.

第三章
旅行社产品管理

天津：活跃夜间经济　丰富旅游产品

天津市发展改革委员会同市有关部门起草了《天津市有效应对新冠肺炎疫情影响促投资扩消费稳运行的若干举措》（以下简称《举措》），近日向全社会公开征求意见。《举措》从发挥投资关键性作用、促进消费扩容提质、推动经济平稳运行三方面提出20项措施，其中包括活跃夜间经济、丰富旅游产品等。

在活跃夜间经济方面，《举措》提出，主动适应群众夜生活需求多样化特点，推动夜间经济与旅游消费、文化消费有机结合，培育大型文艺演出、沉浸式话剧、音乐剧、歌舞剧等夜间文化艺术项目，深度打造"夜游海河""夜游津城"等多元化大都市夜游项目。

在丰富旅游产品方面，《举措》提出，加大海洋旅游开发力度，规划人工和自然海岸线，丰富东疆湾沙滩景区等亲海旅游项目，打造都市海洋体验旅游线路。因地制宜发展休闲农庄、乡村酒店、特色民宿、房车营地等多种业态，开发休闲度假、创意农业、农耕体验等多种旅游产品。

《举措》还提出，积极谋划建设健康养老、文化旅游、生态环保等民生项目，谋划推进冰雪世界、海洋旅游等体育休闲娱乐及配套服务设施项目。以消费市场动起来、活起来为导向，改造提升金街、古文化街、鼓楼、南市食品街等一批商业街。用好文化地标，打造网红"打卡地"。发展线上经济，加快培育数字文博、线上直播等数字文化娱乐新业态。结合金街步行街和夜间经济示范街区建设，加快5G网络覆盖。

（案例来源：《中国旅游报》，2020年4月13日）

案例点评：旅游产品的设计和开发是旅行社服务的生命线，调研市场需求，了解游客消费行为，权衡市场大环境，适时推出差异化的旅游产品和线路，才能稳住产品竞争力。2020年年初，受到新冠肺炎疫情的影响，全国旅游业受到极大的冲击，在这个背景下，旅游业只有找准政策支持，依托科技创新，开发新的产品，才能抵抗疫情造成的冲击，在绝境中求得生存。

第一节　旅行社产品的概念

一、旅行社产品的定义

产品是指能够提供给市场以满足需要和欲望的任何东西。作为"现代营销之父"的菲利普·科特勒（Philip Kotler）认为，在市场上，产品包括实物、服务、体验、事件、人员、场地、财产、组织、信息和创意。

从旅游经营者角度来看，旅行社的旅游产品就是令旅游者满意的旅行经历，旅游产品凭借一定的旅游资源和旅游设施向旅游者提供旅游过程中的综合服务，包括旅行目的地资源、设施和往返目的地的交通，简言之就是旅游业食、住、行、游、购、娱的综合体。

从旅游者角度来看，旅行社的旅游产品是指旅游者花费了一定的时间、精力、费用和意愿所换取的一系列旅游经历。这种经历包括旅游者从离开常住地开始到旅游结束归来的全部过程中，对所接触的事物、事件和接受服务的综合感受。

笔者将旅行社产品定义为，旅行社为满足旅游者在空间移动过程中的需要，在购买旅游供应商的产品并进行开发后提供给旅游者的各种有偿服务，包括传统旅行社提供的各种形式的旅游线路和新型旅游代理商提供的预订机票、客房等单项旅游服务。

二、旅行社产品的构成

（一）核心部分

核心部分是指产品的最基本部分，是真正能解决消费者困难的服务和带给消费者的核心利益。对于旅行社产品而言，旅游者购买旅行产品的核心部分，是实际得到的体验和服务，如在一趟旅游经历中陶冶情操、娱悦心情。

（二）有形部分

有形部分是指实际产品，它包括质量水平、特点、设计、品牌与包装，这些因素组合在一起传递出产品的属性和特征。例如,旅行产品的主题名称、乘坐的交通工具、住宿的酒店、接送服务以及宣传手册等。

(三)附加部分

附加部分是指环绕核心部分与有形部分附加的利益与服务,包括售后服务、信誉与保证、付款方式等,它可以进一步提高顾客的满意度。例如,门市登记、付款方式、电脑预订系统、咨询服务、处理投诉等。

三、旅行社产品的特征

旅行社产品是旅行社为满足旅游者需要而提供的各种有偿服务。作为服务范畴的旅行社产品,除包含产品的一般特征外,自身还具有以下特征:

(一)无形性

旅行社产品在售出的时候,旅游者很难看到、摸到和尝到具体实物形态,旅游者在享受旅游产品时,更多的是获取一种经历和体验,而这种经历和体验对旅游者来说是无形的,旅行社产品的无形性加大了旅游者购买的风险,因此旅行社的品牌建设和预先的服务呈现就显得尤为重要,一方面可以让旅游者放心购买产品,另一方面也能够最大限度地实现产品的价值。

案例 3-1   **»**

心形大堡礁 8 天旅程的收获

老黄夫妇是一对来自北京的退休夫妻,他们参加了某旅行社组织的澳大利亚+汉密尔顿心形大堡礁 8 天的行程,他们为此次旅游支付了每人 2 万元的费用,并因此得到的利益有:获得了澳大利亚签证,乘飞机飞往旅游目的地澳大利亚,在澳大利亚境内搭乘飞机前往汉密尔顿岛,在澳大利亚境内的四星级、五星级酒店共入住了 6 晚,游览了悉尼、黄金海岸、布里斯班、汉密尔顿大堡礁,乘坐豪华空调旅游车,全程领队和导游陪同,全程餐饮,以及旅行社责任险和出境意外保险的保证。

当老黄夫妇购买澳大利亚大堡礁旅游这个旅游线路时,他们同时购买了许多服务。旅行社为他们办理签证,制订旅游线路,安排飞机、景点、酒店、用餐,沿途为他们提供讲解、提供帮助。实际上,老黄夫妇决定参加旅行社的团队而不是自己单独去旅行,目的就是得到这些相应的服务。到老黄夫妇结束旅程返家为止,他们得到的只是在旅途中收集的旅游宣传册和在当地购买的一些旅游纪念品。老黄夫妇为这次旅程花费了4万元，除了旅途中拍了照片之外，并没有得到多少可以拿来显示于人的东西。即便如此，他们仍然感觉钱花得非常值得。旅程结束后，他们感觉轻松、精力充沛，除了游览了以前不曾去过的景点之外，还结识了许多新朋友。

案例评析：老黄夫妇的这次旅程表明了旅游线路的一个主要特点——无形性。大多数产业的产物是有形的，看得见、摸得着，有时甚至可以闻到、尝出味道来，有形产物有重量、占空间，一辆汽车、一双鞋以及一台洗衣机等都是有形的。相反，旅游线路是无形的，看不见、摸不着。旅游线路包括乘飞机飞行、乘火车旅行、乘游船游览、参观景点、欣赏名山大川、在餐厅吃饭、晚间住宿酒店娱乐休闲等。这些都是体验，这些体验一旦产生，就只能留存在记忆中，供日后回忆。虽然，诸如飞机上的座位、火车上的卧铺、酒店客房中的床位、餐馆里的实物等有形物品是用来辅助创造体验的，但是它们绝对不是旅游者追求的目标。旅游者希望得到的是由旅游体验所带来的无形收益：愉悦、放松、兴奋。购买有形物品只是提供了一条进入他们所追求的无形体验的"通道"而已。

（二）不可储存性

旅行社产品是不可储存的。作为一种使用的权利，它无法像实物那样储存起来，待来日再购买、再使用，相反在特定时间、地点内没有售出的服务产品有可能不复存在，旅行社产品的生产、加工与旅游者的消费使用同步进行。

案例 3-2

推迟出行的旅程

老黄夫妇的这次出行实际上比原定计划推迟了一个星期。旅行社本已按其原定计划一个星期前帮其安排好了行程，购买了往返飞机票，可是老黄夫妇因为家里临时有事，所以把行程推迟了一个星期。所幸他们的澳洲签证为个人旅游签证，还在有效期内，但他们还是为此支付了机票改签的费用、部分酒店预约的取消，产生了一定的损失费，旅行社为其安排的计划中包括酒店的住宿、餐厅的饮食全部延期，产生了工作上的重复和浪费。

案例评析：这个案例中清晰地呈现了旅游产品的不可储存性。它意味着旅游线路在生产时，就得预算将其他的预订同时消费掉。航空公司的每架航班都有一定数量的座位要出售，酒店每晚都有一定数量的客房供出售，如果游客事先预订好，意味着航空公司或酒店在旅行社预订好了这项服务后已经无法再把它出售给其他游客，而游客的临时变更或取消意味着航空公司和酒店因为时间上的限制又可能无法再将其出售给其他游客，对于航空公司和酒店而言同样造成了损失。

相反，有形物品有一个保存期限，在这期间它们能够被推销出去。例如，一台笔记本电脑：电脑生产出来后，可以存储在仓库中，直到被发送出去；到了各地的商场后，笔记本电脑可以连续几个月放在商场里等待被销售，为了尽快将其推销掉，可以采用降价等惜施。有形物品在货架上的存储时间长短有差异，但总是具有存储性的，而对于无形的旅游线路来说，却是不能够存储。

（三）综合性

一般的产品构成与功能相对单一，而旅行社产品涉及面比较广。首先，由多种旅游必需品、各类交通工具、酒店餐饮、娱乐场所以及多项服务和各社会公共产品组成的混合性产品，它是满足旅游者在旅游活动中对食、住、行、游、购、娱等环节所需要的综合性产品。其次，旅行社产品的综合性还表现在所涉及的行业众多，如交通运输服务、酒店客房服务，景点、娱乐、导游、保险等服务。由于旅行社产品所涉及的行业多，且单项产品服务的主导权又不在自己的掌控中，因此，旅行社产品在其组合过程中必须协调旅游资源供应商的关系，在服务过程中任何环节出现问题，都会影响产品的质量和客户的直观体验。

（四）脆弱性

旅行社的产品由于具有综合性特点，所以也凸显脆弱性的一面，容易受多种因素的波及和影响，从而一蹶不振、戛然而止，且需要一段的恢复期和反弹期。例如，国家之间的政治关系、经济贸易政策、战争、自然灾害、公共卫生事件等。

📢 【相关阅读】

2020年1月24日，文化和旅游部下发了《文化和旅游部办公厅关于全力做好新型冠状病毒感染的肺炎疫情防控工作暂停旅游企业经营活动的紧急通知》（以下简称《通知》），要求全国旅行社及在线旅游企业即日起暂停经营团队旅游及"机票＋酒店"旅游产品；已出行的旅游团队，可按合同约定继续完成行程。行程中，密切关注游客身体状况，做好健康防护。《通知》同时要求各地要深刻认识此项工作的重要性，指导辖区内旅游企业服从服务大局，妥善处理好游客行程调整和退团退费等合理诉求。

一场突如其来的疫情，让原本计划好春节假期出行的游客及提供相关服务的旅行社企业猝不及防。全国旅游企业服从国家大局，自觉遵守暂停经营的有关规定。有专家表示，2020年甚至是之后1~2年，将会是涉旅企业最难熬的"寒冷冬夜"，最煎熬的困难时期，旅行社产品具有明显的脆弱性。

（资料来源：旅行社资讯网www.lxsnews.com/.）

四、旅行社产品的类型

旅行社产品有多种分类方法：按空间划分可以分为国际出境旅行和国内旅行；按组织形式分为团体旅行和散客旅行；按内容分为全包价旅行、部分包价旅行、组合旅游和单项旅行；按旅行的档次分为豪华旅行和经济旅行；按旅游目的分为公务旅行、休闲旅行、探亲访友旅行、宗教文化和修学探险等专项旅行。

目前比较常用的分类方法是按照提供的旅游服务内容来进行划分，具体内容如下所示。

（一）包价旅游产品

包价旅游产品，是指将各个旅游产品的单项要素（住宿、交通、餐饮和景点等）组合起来，添加旅行社自身提供的服务和附加价值（咨询服务、导游服务、后勤保障、售后服务、手续办理、保险购置、签证代办等），并冠以名称和品牌，形成整体的旅行社产品。包价旅游产品又可以细分为团队包价、半包价、小包价和零包价旅游产品。

1. 团队包价旅游

团体包价旅游是指10人以上的旅游者组成旅游团，采取一次性预付旅费的方式，将各种相关旅游服务全部委托一家旅行社办理。就旅游者而言，参加团队包价旅游可以获得较优惠的价格、预知旅游费用和比较安全的出行氛围。

2. 半包价旅游

半包价旅游是指在全包价旅游的基础上，扣除中晚餐费用的一种包价形式。这种产品的形态可以降低产品直观价格，增强产品竞争力，同时也可以方便部分客人。

3. 小包价旅游

小包价旅游的名称是针对团体综合包价提出的，也可以称之为可选择性旅游。对旅游者来说，小包价旅游具有经济实惠、机动灵活、舒适安宁等多种优势。我国参加小包价旅游的国内消费者一般有以下特点：① 对导游的要求高；② 希望有一个较为宽松休闲的游程安排，而不是走马观花；③ 希望在食、住、行方面有比较好的条件；④希望三五人独立成团，不喜欢参加大规模的旅游团队。

4. 零包价旅游

零包价旅游是一种独特的产品形态，多见于旅游发达国家。参加这种旅游的旅游者必须随团前往和离开旅游目的地，但在旅游目的地的活动是完全自由的，形同散客，参加零包价旅游的旅游者可以获得团体机票价格的优惠，并可由旅行社统一办理旅游签证。

（二）单项旅游产品

单项旅游产品也称零星代办业务，或委托代办业务。旅行社根据旅游者的具体要求提供各种有偿服务，如导游服务、交通集散地接送服务、代办交通票据和文娱票据服务、代订酒店客房服务、代办签证服务、代客联系参观游览项目服务，代订保险服务等。

（三）组合旅游产品

组合旅游产品是指旅游企业通过对不同规格、不同档次和不同类型的旅游产品进行科学的整合，使旅游产品的结构更趋合理、更能适应市场的需求，从而以较小的投入尽可能占领市场，以求实现旅游企业较大的经济效益。

【小贴士】

穿越云南怒江大峡谷6天"摄影团"

昆明集合：泸沽湖·丽江·六库·大理·昆明联游。

线路亮点：独家全景滇西南摄影美食团，名山、名湖、古城、古镇。走进泸沽湖，解读女儿国，穿越大怒江，品味傈僳四重唱。

地方风味：汽锅鸡、泸沽鱼鲜、木府糍粑、过桥米线、黄焖鸡。

体验互动：倾情安排观音阁祈福，摸龙头、龙珠、龙背和龙爪，延年益寿，养生健康。

特色住宿：大理五星级标准凤凰温泉大酒店，泸沽湖湖景房。

【知识链接】

一价全包式的度假方式和 G.O & G.M 特色服务

CLUB MED 来自法国，成立于 1950 年，中文名为"地中海俱乐部"，是全球最大的旅游度假连锁集团，全球知名的亲子度假品牌。一共拥有遍布全球5大洲30个国家的80多座度假村，其醒目的海神戟标志已经遍布全世界最美丽的角落。地中海俱乐部是在法国注册的国际度假饭店集团，其主要产品包括：度假村、城市俱乐部、俱乐部旅馆和别墅。

度假村是地中海俱乐部的业务主体，每个度假村可容纳600~1500名度假者，度假村提供各种风格的餐厅、酒吧、商店、剧场，艺术品、工艺品制作间，以及各种运动、健身、医疗保健设施。

提到地中海俱乐部的特色服务，莫过于其一价全包式的度假方式以及儿童看护服务。地中海俱乐部用G.O（Gentle Organizer，俱乐部内的亲善使者）和G.M（Gentle Member，对游客的亲切称呼）定义度假村工作人员和顾客之间的关系，G.O通常多才多艺，擅长沟通，白天是穿着制服提供周到服务的工作人员，到了夜晚则变身歌手、舞者、杂技表演人员。他们来自世界各地100多个国家，用亲切的母语给身处异地的客人温暖的归属感。G.O不是传统意义上的雇员，与宾客是朋友关系，可以和客人在同等房间里睡觉、吃饭、游玩。

地中海俱乐部的创始人杰勒德·布利茨（Gérard Blitz）是一位体育明星。"他高大、阳光，热爱运动，有很多朋友，在法国人的记忆中，他是一个传奇。"他是钻石商人的儿子，"二战"法国反抗军成员，得过奥运会水球冠军，他还是个理想主义者——想要带领人们忘却阴霾、享受人生。1950年，布利茨召集300多人来到西班牙马略卡岛的阿尔库迪亚海滩，搭起临时帐篷和简单的卫浴设施，人们在这片海滩度过了一段纯粹而快乐的日子。出发前缴纳一笔合理的费用，组织者负责解决住宿、食物、运动项目等一切事务。很快，杰勒德·布利茨在地中海的度假据点成为欧洲人最向往的俱乐部，他给自己的俱乐部取名"地中海俱乐部"，这是个寄托着人们乌托邦理想的度假村。

这就是地中海俱乐部的魔力，它提供两个月在天堂美景中的纯粹假期：接送、酒店住宿、一日三餐、茶点等，丰富的体育休闲活动、娱乐活动都已经被安排好，你可以选择参加每天所有的玩乐，也可以选择什么都不做。随着地中海俱乐部在全世界的扩张，一个全包式度假村逐渐成为现在通行的度假村经营模式。

地中海俱乐部不仅是度假村，创始人杰勒德·布利茨的梦想是在地中海俱乐部遍布全球的度假村都能享受到专业的运动设施和服务。从1970年开始，地中海俱乐部已经成为世界上最大的运动俱乐部，网球、帆船、潜水、滑雪、骑马、高尔夫等，丰富的运动项目以及专业的G.O教练，保证无论是初次体验还是运动高手都能找到自己的乐趣。20世纪80年代起，地中海俱乐部达到事业的巅峰，先后在波拉波拉、马来西亚、巴西、墨西哥、巴哈马群岛等度假胜地建起Club Med度假村王国。

Club Med"精致一价全包"的假期包括：

1. 度假村客房。

2. 度假村内不同餐厅一日三次豪华国际美食。

3. 中餐和晚餐时无限畅饮葡萄酒、啤酒和软饮料。

4. 度假村内每日不间断的免费娱乐活动，晚间大型文艺演出及欢乐氛围。

5. 度假村内各项水上、陆上活动以及相关的教练指导和入门课程。

6. 免费酒吧畅饮、精美点心供应。

7. 婴儿便利设施，儿童迷你俱乐部（4~10岁），青少年俱乐部（11~17岁）。

8. 往来当地度假村的接送服务（收费，自由选择）。

（资料来源：https：//www.clubmed.com.cn.）

第二节　旅行社产品的研发

一、旅行社产品研发的基本原则

（一）市场导向原则

即在开发新产品前，对旅游市场进行充分的调研，根据市场需求的趋势和需求的数量，分析旅游者的旅游动机，针对不同目标市场旅游者的需求，设计出适销对路的产品，最大限度地满足旅游者的要求，提高产品的使用价值，获得理想的经济价值。

旅游者对旅游产品的需求相对比较稳定，但也会有变化，旅行社在设计开发新产品时应与时俱进，了解旅游者"求新猎奇、富有乐趣、体验参与"的个性需求，完成"自我客户画像"的描绘，细分旅游产品具体的研发导向，结合市场需求的变化来研发产品。

例如，马尔代夫、菲律宾、泰国海岛等"旅拍产品"、研学旅游产品等，都是典型的遵循市场导向的原则。

案例3-3　>>

"陶瓷文化旅游"系列产品的成功之道

景德镇是世界闻名的瓷都。以"瓷"为中心，景德镇中国旅行社推出了具有鲜明特色的"陶瓷文化旅游"系列线路。游客可考察景德镇湖田、南市街古瓷遗址和高岭山，参观古陶瓷博览区、陶瓷馆和具有代表性的大型瓷厂，游览祥集弄明代民宅，还可参加该社举办的白瓷彩绘游、传统制瓷游、赏瓷品茶游等多条特色旅游线。"白瓷彩绘游"是由陶瓷名家指导，教授瓷上绘画技艺，游客自己用瓷笔和彩色颜料在白瓷上作画，24 小时内烧成成品，带回作永久纪念。"传统制瓷游"是由名师指点，游客在古窑厂，采用白如玉粉的瓷泥，坐在古代辘轳车旁，亲手制作各种瓷坯，瓷坯入窑烧炼，游客可在 6 日内拿到成品留作纪念。"赏瓷品茶游"中游客既可以欣赏古今名瓷，领略明代"海上陶瓷之路"起点的古风，又可畅游茶园，品尝 1915 年获得巴拿马国际博览会金奖的"浮红"香茶。

同时，景德镇作为历史文化名城，这里还有许多国家级或省市级重点文物保护单位。湖田、塘下等古瓷窑遗址保存完好，三闾庙、祥集弄的明清建筑艺术，古典风韵中隐隐演绎出当时的民情与风俗。更有再现古瓷工艺的古窑作坊和集古今名瓷精品于一身的陶瓷展览馆，在信步之中领略景瓷艺术的博大精深。

案例点评：一个旅行社产品在市场上获得成功的原因有很多，但是其中一个重要的原因是产品本身的设计和开发符合市场规律，遵循了产品开发的基本原则。

（二）经济效益原则

经济效益原则，是指以同等数量的消耗，获得相对较高的效益；或以相对低的消耗，获得同等的效益。

1. 加强成本控制，降低各种消耗。如采购旅游产品时可以通过协作网络，降低交通费、住宿费、餐饮费，使产品的直观价格降低，便于销售，争取最大利润。

2. 总体结构应尽可能保证旅行社的接待能力与实际接待量之间的均衡，减少因接待能力闲置而造成经济缺失，优化组合合理的旅行路线，吸引旅游者。同时利用价格调剂，做到淡季不淡、效益先行。

（三）旅游点结构合理原则

线路结构合理原则是指科学的优化组合构成旅行线路的各个旅行点，具体遵循以下的做法：根据效应递减的规律，线路结构中避免重复经过同一个旅游点，否则会影响旅游者的旅行体验；旅游点间距离适中，不宜太远，节省时间和金钱成本；在时间一定的情形下，旅游点的选择适量适中，过多容易使旅游者紧张疲劳；顺序合理，注意线路结构中旅游点的搭配组合、合理过渡、亮点呈现、高潮结尾；突出特色，避免将性质相同、景色相近的旅游点编排组合在同一线路上，否则会降低旅游线路的吸引力。

（四）交通安排合理原则

线路结构交通工具的挑选标准遵循快捷、安全、舒适方便的原则，与旅程主题相结合，保证顺畅衔接，减少等候时间。例如，长途旅行选择飞机或火车、短途旅行选择汽车交通工具、水上观光选择轮船等。

案例 3-4 ≫

丝绸之路·南北疆 10 天团

交通方式：飞机至兰州·西宁；船游青海湖；高铁至敦煌；巴士至哈密·吐鲁番·乌市；大巴至喀纳斯、乌市；飞机至返程。

独家推出：全景丝绸之路·南北疆美食 10 天四星团。

一次游遍：青海湖、喀纳斯湖、南北天山、两大石窟三草原。

倾情寻觅：星星峡、魔鬼城、白哈巴、天山神庙。

团团入住：四星级标准酒店，天天风味，8 次民族美食餐。

创新行程：带着地图游丝路，行程合理，景点丰富。

案例评析： 丝绸之路·南北疆 10 天团的行程设计中兼顾到旅游点结构合理和交通方式安排合理的双重原则，适销对路，投放市场取得了较好的收益。

（五）服务设施确有保证原则

沿途旅行点的各种服务设施必须确有保证，尤其是旅游目的地基础设施的建设和保障，如交通瓶颈的解决、住宿条件、饮食安全等问题。

（六）内容丰富多彩原则

1. 主题突出，特色鲜明

如"民族风情游""古都美食游""茶园文化游"，环绕线路主题安排多种旅游活动项目，让旅游者通过各种活动从不同侧面了解旅游目的地的文化和生活，领略美好的景色，满足旅游者休息、娱乐和求知的欲望。

2. 结构有序，亮点呈现

用最杰出的项目，加深旅游者的印象，达到宣传自己、吸引游客的目的，如欧洲经典线路中的"欧洲古堡山水小镇风情"。

3. 避免重复，回避单调

一条旅游线路对于游客的吸引力在于异彩纷呈、别具一格，尤其是与原有居住地差异越大越具吸引力，因此线路中应避免单调重复，否则会使旅游者感到乏味、枯燥。

案例 3-5 >>

重视主题挖掘，营造"巅峰体验"，红梅花开贝加尔湖

××国际旅行社在 2019 年 6 月推出"俄罗斯革命浪漫主义情怀之旅 7 日游"，3 大主题活动＋旅游观光、全景旅游＋地道深度旅游完美集合，当一回中俄民间交流大使，体验一次地道的俄罗斯本地人的生活。

如果要获得中老年人认可，面向中老年人的主题游不能停留在制造宣传概念的层面，而是真正创造能给他们强烈情感冲击和珍贵人生回忆的"巅峰体验"，这样带来的用户黏性会非常强，他们向自己的亲朋好友推广介绍的冲动也会非常强。

在实际销售过程中，亲朋好友、家庭团队等组队一起参团报名。加之出游时精美的海滨婚纱艺术摄影本就具有传播的资本，这样就在很多中老年群体中形成一股"天天九宫格"刷爆朋友圈的"刷屏营销"效果，许多新客户也正是通过这些热心老粉丝口碑介绍、转化而来。

案例评析： 旅游业务上高转化率的产品，通常是内容为王，匹配多样化的媒体合作。线下围绕普及康养知识、文艺交流展示、中老年才艺比赛等丰富多彩的活动，在这个过程中让老人不断熟悉产品和品牌、认可品牌和服务，后面的旅游变现才能水到渠成。

（七）与时俱进原则

任何旅游产品不可能一开始就完美无瑕，即便一条很受欢迎的线路，也需要在实践中反复检验，精益求精，不断总结改进。这就要求外联人员关注市场动态，虚心倾听游客和一线导游人员的建议，及时、合理地调整行程，减去不受欢迎的项目，增加一些特色鲜明却不为其他旅行社所注意的项目，使线路产品常见常新、人无我有、与时俱进，对旅游者保持较大的吸引力、黏合性和忠诚度。

二、旅行社的产品研发

（一）旅行社产品研发的决定因素

1. 资源禀赋

资源禀赋是指一个国家或地区拥有的旅游资源的总体状况和优势特点。与旅行社产品研发密切相关的资源因素主要有自然资源、人文资源、社会资源和人力资源。

旅游资源研发一定要突出资源的吸引力，以市场需求为导向，研发与保护并重，有计划、有组织地进行，使资源开发走上循环经济的良性之路。

（1）旅游资源开发的实质是市场吸引力。

（2）旅游资源开发要和保护并重。

（3）旅游资源的开发要有计划、有组织地进行。

2. 设施配置

设施配置是指与旅游者旅游生活密切相关的服务设施和服务网络的配套情况，其中旅游基础设施主要包括一般的公用设施、水电气排污道路通信等，还有满足现代社会生活所需的基本设施，如医院、银行、商场和当地治安机构等，涵盖了当地居民的食、住、行、游、购、娱六个方面，它是旅游者实现旅游目的的主要媒介，旅游基础设施不仅供本地居民使用，也提供给旅游者旅游期间使用，是旅游者旅游活动重要的组成部分，没有基础设施的保证，就会有碍当地以及旅游业的发展，在旅游产品研发的过程中需要匹配和考虑这些设施的配置和使用。

3. 旅游需求

旅游需求是指旅游消费者在一定时间内以一定的价格愿意购买旅游产品的数量。旅游产品与旅游需求量的大小不仅与旅游者的消费水平有直接的关系，而且也与旅游消费者的兴趣密不可分。其中需求量的大小也会受到价格因素、支付能力因素、时间因素、政治文化、社会等因素的影响。因此，从某种意义上讲，旅游需求决定着旅行社产品开发的方向，旅行社产品的研发也需要基于一定的市场需求，才可以适销对路。

在消除人数多、自由度差、不灵活、购物多、服务差、不能满足个性化需求等痛点的进化中，小团化、个性化、高品质、主体化的"新跟团游"旅游产品正在获得旅游者更多认可。

4. 行业竞争

"知己知彼，百战不殆"，深入了解竞争对手的产品开发情况有利于旅行社产品的研发，旅行社在产品研究和开发之前必须将本身的各方面条件与竞争者加以比较，权衡各自优劣势，这样才能辨别产品未来投放市场的概率与份额。在选择新产品开发之前，需要了解竞争者的有关信息，如明确企业的竞争者、明确竞争者的策略、明确竞争者的优势及不足等。

（二）旅行社产品的研发程序

旅行社产品的研发，并非相关要素的简单叠加和组合，而要经过分析构思、筛选方案、试产试销、投放市场、检查评价等相关步骤后方能确定。

1. 分析构思阶段

（1）对旅游者的需求进行调研。

旅游者的消费趋势是旅行社进行产品决策的重要依据，它决定着旅行社产品研发的方向。

（2）从竞争对手的产品寻找启发。

竞争对手的产品、提供的服务、产品的价格、拥有的市场份额对旅行社的产品研发有着重要影响。

（3）其他相关信息的启示。

外部环境因素是旅行社无法决定的，但旅行社可以利用这些因素，而对外部环境进行分析与猜测是为了明确旅行社产品现在与未来的发展趋势，找出已经存在的和潜在的问题并确定其未来的发展目标。

2. 调查分析阶段

（1）调查新产品的市场前景。

游客对旅游目的地的选择受旅行时尚、旅游者的消费能力和旅游目的地设施状况等多方面要素的影响。现在旅游消费趋向个性化，人们喜爱文化旅行、特别爱好旅游和沉浸式体验，而不再是简单的自然风光观光游。

（2）调查消费市场。

对客源市场的人口、生活方式和行为特征也应当充分认识，以便了解顾客真正需要的是什么样的产品，尽量平衡和对接供给侧和消费侧的需求。

（3）调查竞争态势。

旅行社需要对竞争者的产品在市场中的地位、作用、影响进行剖析以发现其优势、劣势和机遇挑战，并决定本企业如何在实际竞争中扬长避短、发挥特色，争取竞争主动权和该有的一席之地。

（4）内部条件的调查。

内部能力分析是指旅行社对企业掌握的资源和使用资源创造竞争优势的能力进行分析。它可以在以下几个方面发挥价值：识别企业在利用外部机会化解或避免威胁，建立和增强竞争优势等方面的优劣势，为战略制定提供有价值的信息和依据。

（5）研究国家对旅游业的相关政策与法律。

国内外的政治与法律状况会影响到旅游者对旅游目的地的挑选，如战争、突发事变、外交关系、有关旅游业的相关政策和法律规定，这些都会对旅行社业务有制约作用。

3. 方案筛选阶段

此阶段就是旅行社专业技术人员根据直观的经验判断，尽可能早地发现和放弃那些明显不符合旅行社发展目标、业务专长和接待能力的构思或者不具备可行性的构思，以免造成不必要的成本浪费。经过更为系统、科学的审查，评判划分出不同等级，然后根据等级的不同和指数的高低决定取舍。

4. 试产试销阶段

产品设计方案确定后，要着手进行试验性生产和销售，目的是检验市场经营组合策略的优劣，了解产品销路，以便及时发现问题并解决问题。

试产试销阶段要特别注意以下事项：

（1）规模要适中；

（2）提供的产品要保证质量；

（3）充分估计各种可能，有备无患；

（4）经试销证明的确没销路的产品，切勿勉强投入市场。

5. 投放市场阶段

如果试销后发现该旅游产品受到目标市场的欢迎，且盈利前景看好，接下来应该大量投放目标市场，并配以合适的广告宣传与相关促销措施。各旅行社可根据自身能力确定本年度的广告预算额，但一般来说，广告费用为上年度总收入的 20 % 左右。

6. 检查评估阶段

（1）盈亏平衡分析。

分析该产品的销售总收入与总成本（固定成本：房屋租金、办公用品、员工津贴等，变动成本：网络费、电话费、宣传推广费、邮资与运费、保险费等）的情况，以确定产品的盈亏情况。

（2）填写评价表。

根据分析结果，填写评价表。

经检查评估后，如果发现产品盈利前景较好，销售增长率较高，综合评价较好的话，建议继续推进，否则要对该产品进行更新改造或取消。

【相关阅读】

随着社会经济水平的提高、消费升级以及技术赋能，中国已然成为全球最大的出境游市场。数据显示，2010—2019 年中国出境旅游人数呈明显的上升趋势，2019 年中国出境旅游人数达到 1.55 亿人次。自 2013 年"一带一路"倡议提出以来，中国持续不断地与"一带一路"沿线国家和地区加深合作，提升旅游签证的开放程度，满足中国游客的出境游需求，带动赴沿线国家和地区的出游人数，推动航空业和铁路业的快速发展。

2019 年是"一带一路"倡议提出 6 周年，中国前往"一带一路"沿线国家和地区的游客量也猛增，基于游客最受欢迎的旅游目的地，绝大多数的旅行社研发设计了"埃及＋土耳其旅游产品"，我们拿北京××国际旅行社的一款旅游产品来做分析，线路行程安排详见表 3.1：

表 3.1　埃及＋土耳其十日游日程安排

日程	城市／行程／景点	餐	住宿
Day 1	北京 ✈ 伊斯坦布尔 （北京—伊斯坦布尔飞行约 10 小时 30 分钟；时间：土耳其比中国晚 5 小时） 20：30 北京国际机场 3 号航站楼 4 层 6 号门内［中国海关处］集合 23：55 搭乘土耳其航空公司 TK21 航班飞往土耳其第一大城市伊斯坦布尔	×	×
Day 2	伊斯坦布尔 ✈ 开罗—孟菲斯—开罗 5：25 抵达伊斯坦布尔后，不出机场转机 6：45 继续搭乘土耳其航空公司航班 TK690 飞往埃及首都开罗 7：55 抵达开罗，旅行社英文接机代表举牌接机 ▶ 驱车（约 30 分钟）前往古埃及古王国的首都孟菲斯，参观露天博物馆（约 45 分）、蜡石狮身人面像、拉姆西斯二世雕像；埃及最古老的金字塔圣卡拉阶梯金字塔（约 45 分钟） ▶ 晚餐后入住酒店休息	中晚	五星级酒店
Day 3	开罗 ▶ 酒店早餐后，开罗市区观光：参观揭示古埃及 7000 年文明与历史的国家考古博物馆，其中收藏有闻名世界的图坦卡门王的陪葬品及古埃及历代法老王的陪葬品、木乃伊（约 120 分钟） ▶ 乘车前往游览举世闻名的吉萨大金字塔及神秘的斯芬克斯狮身人面像，漫步于黄沙万里的撒哈拉大沙漠（约 120 分钟） ▶ 前往参观埃及独有纸莎草画的制作过程 GOLDEN EAGLE PAPYRUS（约 1 小时）及埃及香精店 GOLDEN EAGLE PERFUME（约 1 小时） ▶ 晚餐后前往酒店休息	早中晚	五星级酒店

续表

日程	城市／行程／景点	餐	住宿
Day 4	开罗—红海 ▶ 酒店早餐后，驱车（约 6 小时 30 分钟）前往红海游览；抵达后，入住酒店休息，后自由活动 （红海酒店自助晚餐均不含酒水饮料，客人如有需要须另外付费。部分酒店饮料机旁无警示标志，请详询酒店服务生或导游）	早中晚	五星级酒店
Day 5	红海—卢克索—红海 ▶ 酒店早餐后，乘车（约 3 小时 30 分钟）前往卢克索，抵达后游览卢克索神庙（45~60 分钟）和卡尔纳克神庙（45~60 分钟），并前往尼罗河西岸游览哭泣的梅农巨像（15~20 分钟），参观哈齐普苏特女王神庙，神庙主体建筑成三层叠升式，内殿凿于山崖之中，是目前世界上公认的古代建筑中和自然景观充分结合的典范，站在女王神庙的任何一层柱廊上，都可俯瞰远处尼罗河谷（45~60 分钟） ▶ 乘车（约 3 小时 30 分钟）返回红海，抵达后入住酒店休息	早中晚	五星级酒店
Day 6	红海 ▶ 全天在红海尽享"3S"—SUN，SAND，SEA 海上风光，徜徉在碧海蓝天之中 注：可安排红海玻璃船、红海冲沙、深海垂钓，具体见行程后所列	早中晚	五星级酒店
Day 7	红海—开罗 ▶ 酒店早餐后继续游览红海 ▶ 之后乘车返回开罗（午餐为盒饭），红海至开罗约 6 小时 30 分钟的车程 ▶ 前往中东第一大集市汗·哈利利大市集观光自由购物（一般约为 2 小时，但购物时游客较分散，所以实际购物时间根据具体情况而定）； ▶ 晚餐后入住酒店休息 注：晚上（20：00~22：00）可安排夜游尼罗河，具体见行程后所列	早中晚	五星级酒店
Day 8	开罗 ✈ 伊斯坦布尔 ▶ 打包早餐后送往机场 8：55 搭乘土耳其航空公司航班 TK691 飞往伊斯坦布尔 12：05 抵达伊斯坦布尔，导游接机 ▶ 前往参观托普卡普老皇宫（约 90 分钟），皇宫内展示出不少与中国贸易得来的明清时期的珍贵陶瓷和欧洲各国赠送的银具器皿；游览内有埃及方尖碑的古罗马赛马场、蓝色清真寺——其独特之处是在庙外的六座宣礼尖塔（约 50 分钟），外观圣索菲亚大教堂（约 10 分钟） ▶ 晚餐后，前往酒店入住休息	早×晚	五星级酒店

续表

日程	城市 / 行程 / 景点	餐	住宿
Day 9	伊斯坦布尔 ✈ 北京 （伊斯坦布尔—北京飞行约 9 小时 15 分钟） ▶ 早餐后，乘车前往码头，乘船游览美丽的博斯普鲁斯海峡，欣赏海峡两岸的美丽风光，乘船穿越亚欧跨海大桥（约 90 分钟）；外观多玛巴切新皇宫（约 20 分钟） ▶ 前往 Naturel Leather Shop 或 KIRCILAR LEATHER SHOP，选购具有土耳其特色的皮革产品（约 60 分钟）；STORKS JEWELERY SHOP 参观及选购喜欢的土耳其珠宝首饰（约 60 分钟） ▶ 晚餐后送往机场	早中晚	飞机上
Day 10	北京 00：35 搭乘土耳其航空公司班机 TK20 返回北京，翌日抵达 14：00 抵达北京，结束旅行！	×	

基于以上埃及 + 土耳其旅游线路，我们不难发现以下问题：

1. 产品研发中，路线设计的不科学与航班的时间有着很大关系。由于往返的航班都是夜航，游客在旅游途中根本没有机会休息，这违背了旅游作为一种放松性质的休闲活动的初衷。据团队后续跟进了解，很多参加埃及 + 土耳其旅游的客人回国后需要十天左右才能恢复正常的生物钟。

2. 在土耳其和埃及，挂牌的中文导游总共只有 20 多人，多是移民。一到旅游旺季，中文导游忙得不可开交，当地地接社不得已派出英文导游员，而领队人员则无形中充当了中文导游的角色。

3. 旅行社刻意节省成本。考虑到成本，旅行社在研发设计中，经常故意把线路设计得不合理。例如，在土耳其伊斯坦布尔的行程只有一天，早上 8 时左右航班从开罗飞伊斯坦布尔，需要将近三个半小时的时间耗费在飞行与出关，中午 12 时左右到达目的地。午餐、游玩、购物总共的时间只有 4 小时左右，然后入住酒店。第二天一大早航班返程。而旅行社完全可以将行程改成在伊斯坦布尔多住一夜。旅行产品名称为埃及—土耳其 10 日游，而事实上游客在土耳其仅仅是体验了一下过境旅游。

但考虑到成本以及组团的方便，旅行社并没有这么做，当然是以消费者的利益受损作为代价。

4. 不少旅行社报出的行程上的酒店和中国的酒店不一样。埃及和土耳其两国将酒店分为国际星级酒店和当地星级酒店。同级别的国际星级酒店和中国星级酒店硬件设施相似。但同星级的当地星级酒店一般要比同星级的中国星级酒店低一到一个半星左右，而这些在旅行社的说明书上却没有标出。

5.不难看出，2019年的出境旅游的异常火爆使得部分旅行社已经无暇顾及产品线路设计是否合理、报价是否合理等问题，违背了旅行社产品的研发中所需的严谨科学的态度，太过于追逐市场消费竞争和效益盈亏。

本章小结

通过对本章的学习，不仅要掌握旅行社产品的概念，还要掌握旅行社产品的构成、产品的特征以及产品的类型，了解旅行社产品设计研发的基本原则。懂得旅行社产品研发的决定因素，熟练掌握旅行社产品研发设计程序的各个阶段的基本原则，为将来从事旅游产品研发的事业打下良好的基础。

思考练习

1.旅游产品的含义及特征是什么？

2.简要概括旅游产品研发的决定因素及开发过程。

3.简述旅游线路设计的原则及流程。

4.设计一款"亲子游"的旅游产品。

5.上网查询并分析一条旅游线路的合理性及特色。

参考文献

1.杜江.旅行社经营与治理［M］.天津：南开大学出版社，2001.

2.田里.旅行学概论［M］.天津：南开大学出版社，1998.

3.李天元.旅行学概论［M］.天津：南开大学出版社，2000.

4.戴斌.旅行社经营治理［M］.北京：旅行教育出版社，2003.

5.国家旅游局人教司.旅行社经营治理［M］.北京：旅行教育出版社，2003.

6.丁力.旅行社经营治理［M］.北京：高等教育出版社，2000.

7.周玲强.旅游景区经营管理［M］.杭州：浙江大学出版社，2006.

8.秦瑞鸿.全国硕士研究生入学考试旅游经济学基础辅导全书［M］.济南：山东人民出版社，2009.

9.韩勇，丛庆.旅游市场营销学［M］.北京：北京大学出版社，2006.

第四章
旅行社市场营销管理

【案例导入】

各国旅游企业的营销渠道

各国旅游企业营销渠道介绍主要是讲企业以什么样的营销策略，将产品和服务销售给最终顾客，这是所有饭店营销战略的重要组成部分。所谓销售渠道，指帮助实现旅游产品或服务从供应商向消费者转移的一系列营销或销售组织。简单地说，它是指饭店（作为供应商）如何利用旅行代理商、旅游经营商、旅游批发商、免费电话以及其他方式，向顾客销售其服务。

一、同一地区国家的旅游分销渠道的差异不是很大。美国人一般通过旅行代理商购买国际旅游产品，而在购买国内旅游产品时，则较少通过代理商。亚洲人和欧洲人对于任何旅行活动，都倾向进行广泛的咨询。日本人喜欢依赖有完全组团能力和国外分销网络的大型旅游经营商。如果在对饭店的选择中，旅游代理商和旅游批发商是主要的决策者或影响因素，饭店的销售和销售工作就应该直接针对这些中间商。在许多国家，与旅游中间商合作来增加客房的销售是至关重要的。

二、与欧洲相比较，美国的旅游代理商较为独立，规模也较小，平均只有3~6名员工。在欧洲，集团式的旅游代理商联号比较常见，而且每个代理商拥有很多旅行顾问。例如，英国5家最大的跨地区代理商联号的销售额，占全部代理商的一半；瑞典两家主要代理商联号控制着85%的代理商联号市场，相当于全国零售总额的三分之一。随着欧洲统一市场的形成，欧洲的旅游零售商将更加趋向于兼并联合。

三、日本的旅游行业由10家最大的旅游批发商控制，其中的5家也位于日本最大的前10位旅游代理商之中。日本游客购买一次旅行，可能会经过4家旅游批发商；而美国的平均数是1.6家。日本旅游代理商组织和销售旅游团，必须得到政府的批准，目前大约有800家代理商得到了许可执照。这一要求的目的是保证企业向消费者提供的单个旅游项目和包价旅游的质量和完整性。因而，日本的旅游批发商和代理商，非常重视保证其旅游产品的高质量标准。获得许可的旅游代理商，将包价旅游批发给零售代理商。

四、在日本市场销售分店产品，必须了解其严密和高度管制的销售渠道、保护消费者的法律、复杂的旅行设计和组织过程。因此，日本的旅游代理商一般经营完整的包价旅游产品，其中包括航空、住宿、地面交通、主题公园和城市观光等。在这种机制下，饭店要想单独向日本市场销售产品，可能不太合适，多数饭店需要和其他旅游供应商联合，来进入日本市场。

案例点评：旅行社集团化经营可以引导和稳定市场，克服旅游市场因过度分散和紊乱造成的问题。"一根筷子易折断，十根筷子抱成团。"在国际经济一体化的进程中，面对机遇与挑战，旅行社通过集团化经营的战略，实现对细分目标市场的有效覆盖，构成统一强大的联合阵营，利用一切有利的发展机会扩大国际国内旅游市场份额，在整个旅游经济活动中将会发挥更大的作用。

第一节　旅行社市场细分与定位

一、旅行社市场细分内涵

（一）市场细分

所谓市场细分，就是根据消费者需求、购买行为和购买习惯的差异性，把某一产品的市场整体划分为若干个消费群市场的分类过程。

（二）旅行社市场细分

旅行社市场细分是指旅行社将市场上的旅游者或潜在旅游者，依据其需求特点、购买行为和消费习惯特征进行分类，把整体旅游市场细分成两个或两个以上具有类似需求和欲望的消费者群体，分属于同一群体的消费者被称为细分市场。旅行社市场细分是一个由分散到集中的过程，市场细分不是由人的主观意志所决定的，而是基于客观存在的需求差异与不断变化的市场导向以及外部目的地与景区等多方面因素决定的。

（三）旅行社市场细分的价值

旅行社市场细分是在满足不断变化的市场导向与客户需求的前提下，更有利于旅行社自身结合当下的资源、人员与发展战略，根据自身优势与适合本企业特点产品采购、研发决策与产品销售针对不同人群市场的投放选择以及新市场、新产品的开拓。旅游市场细分对于中小型旅行社来说更有利于将旅行社有效资源价值发挥最大化作用，对于集团化旅行社，便于针对不同客群进行多维度的产品产供销的发力与自身组织架构内的协调联动。

二、旅行社市场细分的常见标准

（一）发展方向与定位

随着我国经济的快速发展与人们对旅游需求的不断增长，近些年我国旅行社的数量不断增长，很多旅行社新兴力量更是如雨后春笋般在市场中不断涌现，而从这些旅行社的企业名称中，可窥探到旅行社的发展方向与自身定位，企业名称与发展方向的一致性也是一家旅行社发展的准绳依据，这在一些中小型旅行社身上体现得尤为明显。例如，主打"订制游"的旅行社，发展方向与市场定位必定在订制市场；主攻"银发"客户群体的旅行社发展方向，也通常是立足老年人市场，做细、做强、做精自身的产品与服务。这些已经在相对的业务细分后完成精细化"小而精"运营的中小型旅行社，是基于自身实力与资源、人员的预判，做出的市场与运营选择，更加有利于自身当下有针对性的发展与运营，对于消费市场客户识别，也更能起到快速识别与精准营销匹配的作用。而对于更大规模的集团型旅行社，发展方向更多是基于立足当下发展，在冷静客观分析市场后，结合自身多年在行业资源、网络布局与专业积淀，做出自己发展方向的战略化布局。即使是更多大型集团型旅行社越来越呈现出要做全市场、多维度、共建创新融合的旅行生态圈的市场大背景前提下，他们也会更加重视结合自己的发展方向定位来做好针对自己不同旅游目的地产品的市场细分。

（二）市场导向

任何市场细分都不能脱离自身所处的市场，旅游市场更是如此，当下的旅游市场发展之快，既离不开我国经济高速发展的助力，也离不开互联网作为平台化、信息化、交互化的充分赋能。如何满足人们不断增长、变化的多元化旅游需求，以及更好应对互联网带给人们越来越丰富、前卫的旅游追求都是旅行社在进行市场细分时要充分考虑的问题。旅行社经营者除了更加重视细分市场后的不同人群细分后的旅游需要，也要关注同业竞争对手的产品、经营变化，要在关注细分市场需求与"对标"同行竞争对手中找到平衡，既要做到以市场需求为中心，进行一系列研发运营，又要在以满足客户不断增长的旅游诉求与同行竞争促进彼此进步中形成良性市场导向。

（三）产品属性与定位

旅游市场细分的核心还是要还原到旅行社自身产品上，更好的细分是为了将本企业的旅游产品以更快速、精准的方式进行传播、触达到自身的匹配市场人群。旅行社对于自身产品的剖析与定位，决定了市场细分的走向与定位，如同样属于高端的海岛马尔代夫，旅行社也会结合自身的马尔代夫产品，进行"经济型"岛屿、"豪华型"岛屿以及"奢华型"岛屿的定位，这样的定位直接影响了市场客户人群的接受度与选择决策的匹配度。而当下旅行社更多的产品运营模式还是会更多依靠供应商供货后，经过旅行社再包装操作后推出市场，故旅行社合作的供应商的层级、资源与属性也会直接决定旅行社的市场细分走向。

🔊【相关阅读】

马尔代夫高端度假游

马尔代夫是世界享有盛名的高端度假海岛，被誉为"上帝洒落在印度洋的一串明珠"，近些年也成为国人度假的追求首选，进入21世纪第一个十年后，中国更是频频成为马尔代夫的最大客源国。尤其在2012年后，为了更好地服务于中国客人前往马尔代夫，马尔代夫直航航班的出现更是加速了更多客人前往马尔代夫的脚步，目前，北京、上海、成都、广州、中国香港、昆明、重庆等不同城市都已先后开通了飞往马尔代夫的直航航班，8小时左右的航程直飞看似是飞行时间的缩短与不再被转机、经停的周折所困扰以及机票价格的下降，实际上更是大大地激发了中国一、二线城市居民前往马尔代夫的出行潜力，激发了更多客人去往马尔代夫的欲望与信心。在解决了航空飞行这一旅行中占据半壁江山的要素后，更多旅行社从市场细分的角度，采购、研发了不同的"马尔代夫岛屿旅游"产品。

作为"上帝洒落在印度洋的一串明珠"，马尔代夫更有"千岛之国"这一美誉，在大大小小上千个礁湖岛屿中，目前开发了100座以上由不同国际知名酒店集团各自承包、独立打理的酒店岛屿，这也就是马尔代夫与其他海岛所不同的"一岛一酒店"模式，我们通常所谓的去往马尔代夫旅行，实则是去往马尔代夫之中的一个岛屿酒店度假旅行，通常在马尔代夫所特有的静谧、高端、私密的独栋别墅的沙滩别墅或者建立在海上的水上屋。

马尔代夫在国人心目中一直带有神秘与高端的色彩，而旅行社为了对马尔代夫适配人群进行更好的宣传与植入推广及销售，也巧妙地把马尔代夫上百个度假岛屿以价格或岛屿侧重点分为了不同的属性，属性的区分更有利于不同的人群进行选择与甄别，如岛屿中带有儿童乐园与在岛屿三餐、酒水、娱乐一价全包的岛屿突出其更适合家庭亲子，如岛屿周边海水质量更好、沙滩细沙更加细腻会更加突出岛屿的浮潜特性；再比如水上屋或者中文服务都可以是岛屿作为自己吸引中国客人的卖点细分。另外，包括近些年网红的海上秋千、水下餐厅也都是一些岛屿在开发建设过程中的创新与吸引更多喜欢尝试新鲜客人的创新之作。以上更多是旅行社或者岛屿以自身的优势卖点，突出优势卖点的最大化吸引自己的适配人群，而旅行社在售卖产品制定产品销售策略中，更多的还会以价格的区分作为市场细分的重要准绳，毕竟马尔代夫对于中国客人而言，带有不同的出行诉求与愿望寄托，而上百个岛屿享受四晚度假体验，无论是几千元人民币到十万元人民币的岛屿，所能领略的自然风光、沙滩海水质量，客观讲应该差别都不会很大，真正体现在价格的差异与感受、体验上的不同，更多还是在不同的酒店岛屿内部的设施与服务上，这是决定每一个岛屿价格不同的最核心因素。因此，旅行社会围绕不同价格与品质的岛屿进行价格上的不同细分，如针对一些起价型的岛屿，所面向的更多是希望体验去往马尔代夫度假的客户群体，而一些设施和品质更加齐全、标准的岛屿酒店，会被定义为经典类型岛屿，另外，针对一些对于品质更加有追求的客人，则会有豪华型岛屿供其选择，最后针对希望能够享受奢华品质服务的客人，也会有更加高端奢华的尊享类岛屿供其选择。

仅从马尔代夫这一目的地上，我们可以看出，无论是从不同岛屿的细分市场适配人群，还是以价格区间维度进行细分市场，都是一个非常成熟、典型的目的地与旅行社共同摸索与制定的行业市场细分标准。马尔代夫并不是一个个案，越来越多的目的地也正在被旅行社以适合其目的地的属性结合目标客户群体进行市场细分。

（四）地理环境与区位辐射

以旅行社所在地域的地理环境以及其他地域变量如城市、农村、乡镇、地形气候、交通情况（飞机口岸、火车站点）等从普遍意义上决定了不同旅游者的消费理念、消费习惯和消费能力，这是旅行社因地制宜进行市场细分的决策基础。而旅行社辐射不同城市的出发人群，也必须纳入市场细分的考量范畴。越来越多的具有发展眼光的旅行社，将自身发展投放到了不同城市，建立自身区域网点，并通过全国出发或异地出发的机票，布局在不同城市后都可实现同一旅游目的地的全国出发或异地出发。这也会是旅行社在立足本地化市场细分的情况下，更要考虑到其他所辐射区域站点以及可出发城市的市场细分人群情况。

➡【小贴士】

在经营旅游目的地方面，当前我国旅行社呈现出百花齐放、多线并举的态势；其中大型集团化旅行社与大型互联网在线旅游商家以做全品类、全球性综合旅游目的地为自身产品运营方式。如按地理环境区域细分，基于世界旅游组织将国际旅游市场划分为欧洲区、美洲区、东亚及太平洋区、南亚区、中东区、非洲区的基础上，这些大型旅行社集团与互联网在线旅游商家也会结合自身的资源优势特点，立足当下发展布局，根据市场需求特点进行重新细分打造。尤其是侧重市场风向，如近些年通过网红、综艺影视剧带动下预判哪些目的地将成为新兴热门目的地，进行重点包装打造。如开拓了哪些新的战略合作伙伴可以给予更多价格成本空间与服务权益等都是这些大型集团化旅行社在产品研发前充分考虑的因素。当然也会更多结合时事、政治热点与对目的地带有发展眼光的预判进行旅游产品与资源的投放研发，如近两年一带一路沿线国家与中东非线路的兴起，都是时事热点与对目的地未来预判结合的结果。与大型集团型旅行社不同，规模相对更小的中小型旅行社，更多是以境内外目的地起家，通过先期不断地发展，资源与运营的不断丰富与成熟，开始向组团社转型，这种发展轨迹，通常是以单一的境内外一个目的地作为中小型旅行社立身、发展的根本。例如，国内以做华东或川藏为主，出境以做欧洲或东南亚为主的中小型旅行社都是这种从资源方、供应方向服务商转型的案例。

第二节 旅行社目标人群购买行为决策

一、目标人群的定义

目标人群又称目标客户、目标受众，是基于企业在针对自身打造推出产品前，通过市场调查、用户画像与产品适配性确定出相匹配、相适合的目标人群。目标人群可以是某一个人口群体或以不同维度划分的特定人群，如年龄组、性别组、婚姻状况、兴趣喜好等。

二、旅行社目标人群

结合本章之前内容，不难得出结论，任何旅行社企业在制定产品营销战略时首先要思考的问题是，把产品卖给谁？也就是确定目标人群。当下旅行市场的广阔与产品的丰富，都把目标人群的课题提高到了一个前所未有的高度，而针对目标人群的细分需求、制定产品定位，更是可以提升企业的核心竞争力。

决定一个旅游产品目标群体是市场调查中非常重要的一部分。不了解自己的目标群体将会造成一个超额的低效力营销活动。接下来我们以一些旅游业中常用的划分方式，来对旅游产品目标人群进行划分。

（一）性别

旅游是作为一项极为注重感受性与体验性的活动，旅游者决策与消费行为在性别上有着非常大的不同选择与诉求。由于生理、性格、喜好、消费心理的差别决定了男性与女性在旅游喜好、观感体验以及旅游诉求上存在差异，如男性更喜欢自然风光类旅游、人文文化类旅游、体育冒险类旅游；而女性在安逸放松与购物上投放的关注度要明显高出很多。近些年在我国兴起的"网红""打卡"旅游方式，更是成为众多年轻女性追逐的旅游新热点。这种新兴的旅游热点、潮流旅游方式也证明了女性旅游选择的多元化与丰富性。

（二）年龄

不同的年龄段更是对旅游有着不同选择和喜好。例如，青年人易于接受新鲜事物、获取信息的渠道多样化、追求个性化以及喜欢标新立异，因此这一部分目标人群更加喜欢带有猎奇、新鲜、刺激与潮流化的旅游方式，旅行社可以针对这种需求展开一些带有攀岩、漂流、探秘元素的旅游产品。而此类产品中，值得注意的是安全保障一定是不可缺少的重要环节。与年轻人不同，中老年人群体对于旅游的偏好，更加注重景点的游览观光与行程的舒适度。尤其是飞行时间长短、是否舟车劳顿，旅游过程中的景点涵盖与人文情怀是否与自己预期相符，都是中老年客群在旅游决策时考虑的重点。而近些年，在政策指引下不断发展的康养旅游、红色旅游、生态旅游，也都是不断壮大的中老年旅游市场的新"蓝海"。

（三）家庭发展阶段

一个家庭，按年龄、婚姻和子女状况，可划分为多个阶段。在不同阶段，家庭购买力、家庭人员对旅游产品的兴趣与偏好会有较大差别。例如，单身阶段、新婚阶段、满巢阶段等。在这里，我们重点以当下被旅游市场越来越重视的"亲子游"举例。成立家庭后，普遍意义上家庭完全会以孩子为中心，尤其是在开放"二孩"政策后，孩子的教育与成长更是成为家庭中最为关注的焦点话题。而亲子类产品正是由于孩子这个参与群体的特殊性、旅游目的的独特性，以及父母与孩子共同参与又可"分而划之"的特点被越来越多的旅行社所重视，随着亲子市场的不断发展，亲子市场以不同年龄进行细分，针对中国式家庭完全以孩子为中心，每个家庭的家长在不同的假期，希望能够陪同子女享受孩子开阔视野、启蒙心智、寓教于乐，使自己放松身心与孩子培养建立感情的目的研发，开发并营销适合不断变化的亲子游市场的旅游产品。

【相关阅读】

儿童旅游项目的开发

儿童是一个特殊的群体，身心都处于快速发展和成长阶段。不同年龄段的儿童对于外界事物的认知、兴趣、需求和关注都存在极大差异。但目前，国内旅游市场中亲子旅游产品质量良莠不齐，根据儿童喜好和需求设计的旅游产品并不多见。常规旅游线路稍加改动就打出亲子游的招牌，并不能满足家长和孩子的实际需求。与其他细分的旅游产品相比，儿童旅游产品需要有更强的特殊性和针对性以及专业性。主要表现为以下方面：

亲子类旅游产品以2~12岁的群体为主，不同阶段的儿童对旅游产品类型的需求度存在极大差异，需要差异化及个性化设计，更需要真正的匠心与专业可以站在这个阶段的儿童与家庭角度去研发产品。2~12岁是儿童身心快速成长时期，其体能、智力和技能都在不断变化与成长。幼儿类喜欢玩乐游戏，随着年龄增长，兴趣范围逐渐增多，开始表现出对自然、科学、人文、历史、科技等不同方面的爱好。儿童旅游偏好、动机上与传统旅游业存在很大的差异，传统旅游无论是观光、度假还是体验类旅游产品都不能满足亲子儿童市场需求，儿童亲子旅游动机更加单纯，以娱乐结合学习、成长、体验与家庭共享为主，亲子类旅游产品对儿童健康成长、家庭家长与子女关系的培养都有着积极的促进作用。必须注重这类产品的健康性、教育性、科普性的设计。

（部分资料来源：http://www.360doc.com/content/17/0608/14/39869249_661065221.shtml.）

（四）经济能力

随着我国经济的高速发展、社会财富的不断积累以及个人消费能力的持续提高，都为休闲、度假、观光等不同形式的旅游活动创造了条件，旅游已经成为人们日常休闲文化生活中必不可少的组成部分。相关数据统计，中国已成为世界第一大出境旅游客源国和全球第四大入境旅游接待国，旅游业已成为国民经济战略性支柱产业。2015年旅游业对国民经济的综合贡献度达 10.8%，出境旅游人数达 1.17 亿人次。即使在如此高频的数据之下，我们也可以得出一个旅游经济学中的常见定律：即旅游者的经济能力会决定旅游选择，但不会因此影响实际旅游需求的产生。经济支配会影响一次旅游出行的各类选择，比如同样的旅游需求与目的地，在交通工具与食宿选择上会有很大的不同。如航空公司的品质与航班时间，是否直飞、转机还是经停，是早去晚回黄金时间，还是需要赶早与损失一两天在当地游玩的晚去晚回航班；旅游体验中处于非常核心和重要的酒店环节；城市旅游是否可以离景点更近；火车站、地铁等中转接驳交通地点更近；海岛类是否离海滩更近；甚至酒店的星级、品质都会有直观的不同。这也在一定程度上影响着一次旅游的整体效果，但却并不一定影响旅游者的旅游收获与情感体验。

正因为经济能力是引起需求差别与旅游体验的一个直接而关键的因素，在旅游产品设计与旅游产品营销上，根据经济花费来细分市场人群是非常必要和常用的。

三、旅游市场客户画像

（一）客户画像概念

客户画像又称客户角色，作为一种勾画目标客户、联系用户诉求与设计方向的有效工具，客户画像在各领域得到了广泛的应用。客户画像最初是在电商领域得到应用的，在大数据时代背景下，每一个客户的需求都在被不断碎片化与放大化，进行重新细分与演化，将客户的每个具体需求抽象成标签，利用这些标签将用户形象具体化，从而为用户提供有针对性的服务是客户画像给予每一个行业最大的价值，客户画像实际上就是每一个企业在重新定义"我是谁？我从哪里来？我要做什么？"这样的一个过程。

（二）旅游市场的客户画像

随着互联网对旅游行业的广泛作用和深刻影响，越来越多的旅游企业不断细分人群，走专业化、规模化研发操作旅游产品道路，也更加注重通过大数据以及其他营销专业手段对于本企业客户画像进行解读与勾画。通过对本企业客户消费情景的大数据分析，从需求的诞生到信息查询的习惯与用户选择行为偏好等不同阶段制作标签，从而深挖客户的选择心理与关注来源。大数据更加贴近不同阶层与不同年龄群体的旅游者，可以深刻诠释各类旅游者的出游动机，高效分析并做出判断，尤其是伴随着互联网成长起来的"90后""00后"等新兴消费人群与不断增长的中产阶级出游人群，都是众多旅游企业愿意把工作重心与营销重点放在客户画像上的核心因素。通过对旅游出游者用户画像的描绘，不但有利于精准定位旅游行业市场、捕获用户选择初衷，更对构建满足市场丰富需求的旅游产品有着启发赋能的作用。从长远看，旅游市场客户画像的深入研究，对于行业整体需求的开发与预测以及社会舆情监测上的反馈都有着深远和积极的价值。

（三）旅游市场的客户画像应用

1. 自由度与个性化推进的新兴旅游人群

作为互联网下成长的"90后"与"00后"，主张个性与解放天性始终是这些相对年轻化群体的时代主张与群体宣言。伴随着更加快速变化的多元化时代脚步，这些新兴的消费群体，在旅游出行上也给予了旅游行业很多的启示，甚至从某种角度来说，他们也正在与互联网共同作用给予旅游行业再一次的推进。

行业大数据与旅游行业相关分析得出，"90后""00后"的旅游出行习惯更加趋于随性与追求个性化。而在这一宗旨的指引下，户外探险、海岛度假与近些年流行的网红打卡都是这一类目标人群旅游选择的一大趋势，这一年龄群体，从校园莘莘学子到刚刚步入而立之年的社会准中坚力量，更好地说明了他们思想前卫与追求个性的标签，为兴趣"买单"，比任何年代的人都更加崇尚自由。他们是从内心热爱旅游，旅游在他们的眼中，不是为了逃避沉重的生活与减压，也不是走马观花的一站式观光，而是他们的一种生活态度。

🔊【相关阅读】

旅游消费者画像——年轻游客的简约画像

以"90后""00后"为代表的"Z世代"成为新兴消费主体，即将启动旅游霸屏模式，尤其是女性游客在旅游决策与消费中已经足够甚至超过了"半边天"，根据相关机构数据调研显示，60%的出行决策是由女性完成的。年轻女性更喜欢结伴出游，另一项调查显示，年轻女性结伴出游的比例要远远高于同一年龄段男性结伴出游比例，前者大概比后者多出一倍。相较于男性，她们也更愿意花时间进行旅游的研究与攻略制订。可以说不管是闺密游、家庭游还是亲子游，女性不仅扮演重要的出行角色，大部分时间她们更是出行的决策者与计划的制订者。在出游人群中，职场新人出游动力和需求最强，而该人群对于海岛度假、网红景点、户外探险、海岛和温泉等自然风光的好感度较高。

旅行中如何拥有完美的纪念照片可以在社交网络中获得更高人气与完美展示是当下年轻人旅游的"重头戏"，一些具备商业嗅觉的旅行社更是利用此需求，与一些专业旅拍公司进行合作，尝试旅游写真、旅游拍摄等业务。此外，出游人群在旅途中对于社交、视频、新闻类 App 的关注度最高。

（部分资料来源：http://www.chinanews.com/cj/2014/07-23/6414514.shtml.）

2. 智慧化与碎片化作用下的旅游消费

近些年，随着国家对于假期经济的重视，以及互联网应用于旅游出行者查询与预定的普遍，国内的周边游与境内外的当地玩乐类产品越来越成为客户出行行为的重点领域。而周边游与当地玩乐类产品，都很好地在互联网的推动下，呈现出碎片化与智能化特点与优势。碎片化与智能化也更好地反映出当下的人们尤其是年轻群体，在出游上的随性与对旅游理解上的智慧提升，而在移动互联网的普及后，更多的旅游者习惯于提前通过互联网多方对比规划。在互联网打破更多的信息壁垒后，通过不同平台综合对比，尤其是把不同的旅游产品要素进行拆分预订，甚至当移动支付打破最后一个预订障碍后，"边走边订"已经成了旅游常态化的方式。在更多年轻人喜欢的社交、视频、信息、消费类 App 的带动下，启发灵感、查询信息、学习补强、规划制作行程、预订完成支付一两个小时完成，已经是一种常规操作方式，旅游者在享受自由随性的同时更多是在消费智慧旅游时代的"红利"。而旅游消费上的异军突起，也使当地消费购物与特色美食成为大家关注的重点，在消费购物与特色美食仍然持续成为大众旅游消费热点的同时，当地独有特色与网红打卡也正在成为当下客户选择上又一不可缺少的营销重点。

3. 精英领袖引领下的体验分享与创新小众的高端市场

由高学历、高收入、高要求所代表的高品位的社会精英群体近些年也正在被更多旅游市场所高度关注，高端旅游用户多为新中产领袖，有一定社会地位，追求高品质生活，偏好精品小团，人均旅游消费万元以上达 75.8%。相比于传统的大众旅游市场，高端旅游在关注体验与收获的同时，更加注重品位的打造、整体的精致与高端形象的营造。而从市场上近些年开拓高端旅游市场所得出的营销经验来看，高质量客户更具有营销价值，这些客户的标签很多可以被归纳为注重品质生活、看重产品口碑、喜欢和精英人群与产品为伴，他们的出行需求更加集中体现在放松身心和兴趣体验上，对于高端酒店和五星航司比较忠诚，在行程选择上也是更加突出轻奢小团或慢品慢游类自由、深度与私密性较好的产品。另外，高端旅游市场最显著的特征则在于这个阶层的客人，对于不同小众社交中的精英更具有亲切感，有追随意愿，会因为在不同的小众圈子中的领袖或"达人"而投身于一场分享体验式与创新社交类的旅行。例如，在一次法国南部品酒之旅中，由红酒品鉴师带队共赴红酒天堂的南法以及与业内享受盛誉的国学导师同行的国内人文之旅都是被国内知名的高端旅游品牌打造过的经典高端人群出行案例。

4. 品质与服务始终是客户画像的主线条

无论市场如何变化，旅游市场营销的方式与手段如何升级，旅游市场最终还是要靠产品品质与服务质量来赢得客户的长久选择与始终青睐。任何的市场人群细分与不同的营销渠道都是为了更好地进行产品营销售卖，客户画像的主线条最终都要还原到产品本身的品质与服务内涵质量，旅行社的使命对象永远都应该是以旅游消费者为根为本，更是我国社会主义核心价值观在旅行社行业的延伸与具象。坚持以诚心对待客户、以匠心对待产品研发、以敬畏之心对待市场是每一家旅行社企业在做客户画像方略前，都要将触笔归零的原点，去除更多的包装与营销套路，用产品品质与对客服务开启自身客户画像的勾勒是旅行社企业做好客户画像的关键笔法。

📢))) 【相关阅读】

携程的客户画像架构

用户画像作为大数据核心组成部分，在众多互联网化的旅游企业具有独特地位，作为国内旅游 OTA 的领头羊，也有着完善的用户画像平台体系。目前用户画像广泛用于个性化推荐、猜你喜欢等；针对旅游市场，携程更将其应用于"房型排序""机票排序""客户投诉"等诸多特色领域。

推荐算法基于两个原理"根据人的喜好推荐对应的产品""推荐和目标客人特征相似客人喜好的产品"，而这两条都离不开用户画像。

根据用户信息、订单、行为等推测出其喜好，再针对性地给出产品可以极大提升用户感受，能避免用户被无故打扰的不适感。同时针对不同画像的用户提供个性化的服务也是携程用户画像的出发点之一。

携程用户画像的产品架构大体可以总结为：

1. 注册。

2. 采集。

3. 计算。

4. 存储 / 查询。

5. 监控。

所有的用户画像都会在其内部"UserProfile 平台"中进行注册，由专人审核，审核通过的画像才可以在"数据仓库"中流转；之后会通过用户信息、订单、行为等进行信息采集，采集的目标是明确的、海量的、无序的。

信息收集的下一步是画像的计算，携程有专人制定计算公式、算法、模型，而计算分为批量（非实时）和流式（实时）两种，经过严密的计算，画像进入"画像仓库"中；而根据不同的使用场景，又会提供实时和批量两种查询交互接口（API）供各调用方使用，实时的服务侧重高可用，批量服务侧重高吞吐；最后所有的画像都在监控平台中得到有效的监控和评估，保证画像的准确性。

（资料来源：https://www.cnblogs.com/onetwo/p/6397248.html.）

第三节　旅行社产品定价策略

一、什么是旅游产品定价

旅游产品定价是指旅行社或者旅游产品销售方在满足旅游行程活动成本基础上，基于本身的产品质量、产品价值、主体服务与增值服务并附加旅游产品营销预期收益的盈利为最终旅游消费者所需支付的货币量。

旅游产品定价是项复杂而周密的工作，需要考量的环节因素有很多，既不能完全以我为主，只凭自我感觉盲目预估，如低质量高价格定位或平价却无亮点产品。也不能完全依照市场同行为参照，忽略自我产品本身特色与差异性定价。旅游产品价格一定要紧密围绕于旅游产品本身的质量和价值，更要重点关注旅游产品资源的独特性与稀缺性，在做到合理定价的同时做到差异化定价。

二、旅游产品定价的目标

旅游产品的定价目标是旅游企业营销目标的基础，是旅游企业选择定价方法和制定价格策略的依据，具体来说，定价有以下几种目标。

（一）利润导向目标

利润导向目标是旅游产品定价的目标之一，也是旅行社与旅游产品销售方最主要的定价导向，它具体可以分解为以下几种形式。

1. 投资收益定价目标

即旅行社企业在一定时间使旅游产品的价格有利于企业获取预期的投资报酬率。采用此定价目标，一般运用投资收益曲线与库存销售进度进行分析管理。总收益曲线的斜率，也就是将达到预期投资报酬率所应制订的价格。而当库存销售进度高于或领先于不同时点的售卖期则投资收益会更高。

2. 短期最大利润定价目标

即旅行社企业在特定时期或旅游旺季因供需关系变化、因资源成本的变化与市场需求的短时间激增，而制订出相对更高的价格，在较短时期内使企业盈利最大化。这种定价目标适用于旅游产品处于绝对有利地位的某一特定阶段，以及生命周期较短、价格需求弹性较大的产品，同时要求旅游企业具备较强的实力与应变能力。如春节、"十一"等黄金周或具备稀缺资源的包机以及目的地具有独特采购"排他"优势的大项目等。但短期最大利润终归是一种短期行为，加之近两年旅游市场尤其是对于传统旅游而言，越来越呈现出"淡季不淡，旺季不旺"，更多旅游消费者选择错峰出游，旅游产品陷入同质化困境，使这种短期最大利润定价的旅游产品也遇到了一定的挑战。

3. 长期利润定价目标

即旅行社企业着眼于长期整体利润水平的稳定提高来确定旅游产品的销售价格。在这种情况下，旅行社企业一般在补齐常规资源采购平均成本基础上，加上适度利润或旅游同行业基准平均利润作为产品销售价格，以减少经营风险与库存损失隐患以获取更加稳定、良性的利润。此外，还可能通过制定使旅游企业短期利润受到损失的价格，扩大产品的市场占有率和市场地位，以获取长期稳定的经济效益。此类方式在互联网电商涌入旅游市场后，在更多的电商思维相互作用下，被一些旅游企业更加广泛应用，如在做一些活动前，进行降价甚至低于成本价进行展示与售卖为商家在平台上积累更好的排名优势与展示露出位置以更好吸引客户关注流量，从而在活动开始的黄金时间内为自己的产品奠定更有利的综合优势，以达到更好的售卖效果与盈利收益。

（二）销售导向目标

销售导向目标是指为巩固和提高市场占有率、维持和扩大旅游产品的市场销售量。采用这种定价目标的旅行社企业或旅游互联网商家一般规模较大或在市场中具备一定的资源优势，它们为保证本企业在市场中的资源稳定占比与扩大远期规模以及长远的与航司、酒店、景区等合作上的资源采购话语权、为最终降低单位产品成本，以及巩固其市场地位，往往在个体旅游产品上给予旅游消费者更多的让利，以争取最快地吸引旅游消费者。销售导向目标下所制定的价格，低于利润极大化的目标下的价格，但操作得当，可以使旅游企业的旅游产品达到某一特定的预期市场占有率，从而为旅行社企业提供远期较大利润的可能性。而近些年市场中不断出现的所谓旅游尾单、"家属价"现象也多少与销售导向目标的实施有所关联，如何制订采购与售卖方式以及在售卖周期和库存上做好科学管控，是销售导向目标必须完善的内容。

（三）竞争导向目标

由于旅游行业内规模的扩大发展与竞争不断加剧，旅游市场的旅游产品在陷入同质化与趋同化的同时，更多的旅行社企业会努力找到自身产品在资源与体验以及成本的独特性与稀缺性，并突出这样的优势对市场其他同行业竞争对手制定价格目标，此种方式称之为竞争导向目标。任何行业都会存在充分的竞争，旅游行业近 20 年来的发展更是会加剧、演变行业内的竞争，良性的竞争是推动旅游市场发展的关键动力。在当下，竞争往往与旅行社企业的规模无关，甚至也不会完全以价格的高或低，衡量定价导向中的竞争导向目标的成败。更多还是要看旅游产品本身的资源独特性、稀缺性与采购能力以及营销策略的智慧型与科学性。例如，马尔代夫一家新开发的岛屿，如果一家旅行社可以率先与其合作，并在未来供销上给予对方更好的售卖承诺，如在开业先期阶段对于岛屿酒店预订多少间房间，未来一年可售卖出高于对方预期的房间数，基于以上岛屿酒店会给予旅行社更多的价格让利与服务承诺。旅行社在研发产品制定价格时，则会重点包装这个重点合作伙伴，无论是价格还是服务上都会给予旅游消费者更多的人无我有、人有我精的实惠，并对同行具有一些在资源上的抢占与价格及服务上的打击。需要指出的是，采用竞争导向目标在让旅行社获得对于同行竞争优势的同时，也可能因资源与成本价格的问题，使自己在库存与成本管控上陷入被动与束缚。这需要旅行社在制定目标时，提前做好统筹规划与在营销过程中做到更加科学合理的销售进度管理以及应急的各类止损方案来实现。

（四）社会责任导向目标

旅行社企业是我国众多行业中的一种组织类型，在以营利作为最终目的的同时，为了更好地发展以及社会共同进步，也要以社会责任为着眼点制定旅游产品价格。以社会责任导向目标制定价格时，利润导向目标会列于相对次要位置，强调社会责任最大化的目标。在当下我国的旅游市场中，以社会责任导向目标定价的旅行社通常是一些具有国有背景的大型旅行社集团或以特定旅游产品作为发展的旅行社与互联网在线旅游平台，而以国家政策、热点与人民群众所期待向往结合并带有前瞻性的旅游产品往往是社会责任导向目标定价的产品主要类型，如红色旅游、康养类、生态类旅游等产品。社会责任导向目标定价不应单纯的是一种带有动机性的"讨好"式定价，需要旅行社企业与互联网在线平台总结出更多相关经验与规律，以发展的视角，在赢得社会公众信心的同时，共同面对市场的长期检验，找到盈利与社会责任兼顾的方法，并更好地通过社会责任导向目标长期实践为旅游企业的品牌塑造提升发挥价值功效。

三、旅游产品定价的影响因素

旅游产品定价的影响因素主要有以下几个方面。

（一）旅游产品成本

旅游产品成本是构成旅游产品价值和价格的重要组成部分，它是由旅游产品在采购与研发的生产过程和运营、推广与营销流通过程所花费的物质消费和支付的劳动报酬而形成的。旅行社企业在确定旅游产品的价格时，要使总成本得到最基本保障，价格不能低于平均成本费用。当旅游产品的售价大于产品成本时，旅游企业就可能形成盈利；反之，企业的销售收入不能弥补其劳动消耗，旅游企业的生产将出现亏损。显然，旅游产品的成本是旅游企业核算盈亏的关键点，它是影响旅游产品价格最直接、最基本的因素。

（二）旅游产品供求关系

旅游产品供求关系是指在市场经济中决定旅游产品的买方和卖方这两种基本力量变化方向的基本关系。当旅游产品的供求关系发生变化时，旅游产品的价格也要发生变化。一般来说，在旅游旺季时如"十一"、春节等公众假期黄金周和学生寒暑假期这种旅游刚性出行时段，旅游产品的价格呈现上涨的趋势，一些热门旅游目的地甚至会出现一票难求、一房难订的现象；而在旅游淡季，旅游产品的价格呈现下降的趋势。旅行社或旅游在线互联网平台往往会通过一些活动进行促销或降低产品价格以完成对于航空公司和酒店及景区在采购时的承诺。此外，一些对气温突变的应急与反季的目的地旅游产品的价格迥异，也是由供求关系的影响形成的。因此，对此类因气候导致的不同目的地、旅游产品的价格差异和波动实行灵活的价格调控，也是供求关系调整产品价格的表现。

（三）旅游产品市场竞争状况

旅游产品市场竞争状况是指旅游产品竞争的激烈程度。旅游产品市场的竞争越激烈，对旅游产品的价格影响就越大。尤其是当下旅游市场，基本覆盖了国内、境外主要旅游目的地，而目的地产品研发方面都存在"跟风化"与"雷同化"的趋势，这是当下旅游市场发展中必然会存在的问题，而越是同质化相对严重的产品与目的地，旅游产品价格竞争产生的影响与暴露出的问题也越大。例如，近两年旅游市场在同质化反馈最明显的东南亚地区，由于地理位置离我国更近且消费水平相对更低，通常多是国人出境的首选之地，而对于旅行社从业者而言东南亚也是准入门槛比较低的目的地市场。以上现象决定了这个地区成了当前我国旅行社在出境市场中竞争最为激烈的地区，定价也往往因为竞争关系不断走低，而只有出现独家产品或有特色产品以及品质更高产品时，才会相应地扭转这种情况。

在市场竞争中，旅行社企业并不是被动地接受市场激烈竞争、不具备任何定价的主动权才形成的定价价格，只要提高产品采购与研发水平及服务质量去赢得市场、获得更多旅游消费者的青睐，就会在激烈的旅游市场竞争中占据定价的主动权。

（四）旅游企业营销目标

旅行社企业营销目标的实现是旅游产品定价与盈利的重点导向。旅游营销目标是以旅行社利润导向目标与旅行社销售目标为基础，实现本企业在一定时期内的经营理念与战略规划的定位。营销目标既需要企业在审视市场环境与自身企业实力及发展定位做出，更要在不断变化的市场需求和经营环境中采取常变常新的科学运营管理手段来以动态的科学智慧手段进行价格管理与调控。从长远发展看，企业在追求利润最大化的同时，应注重价格的相对低价、性价比与服务三者在旅游消费者市场中的客群定位与彼此转化升级。

（五）汇率变动

汇率指国际货币比价的变动状况，入境旅游是外国旅游者流入旅游目的地消费旅游产品的"出口贸易"，因而汇率变动对旅游产品价格的变动有着显著的影响。汇率变动的影响主要通过旅游产品的报价形式反映出来。若目的地国以本国货币对外报价，当该国的货币贬值幅度大于国际旅游价格提升幅度时，那么用外币换算的旅游实际收入呈现下降趋势，这样对于外国旅游者有利，必然引起前往该目的地国旅游者人数的增加。

（六）通货膨胀

通货膨胀是指在流通领域中的货币供应量超过了货币需求而引起的货币贬值、物价上涨等现象。旅游目的地的通货膨胀会带来旅游企业旅游产品的生产与经营成本费用上涨，而且由于市场上单位货币的购买力下降，旅游企业必须提高旅游产品的价格，并使价格的提升幅度大于通货膨胀率，才能保证减少亏损。由于通货膨胀导致某地区旅游产品的价格大幅度上升，客观上会损害消费者的利益，并破坏旅游地的形象。

（七）政府宏观管理

由于旅游业在我国国民经济中地位不断提高，越来越多的人将旅游作为文化娱乐休闲的主要方式，党和政府对于旅游市场始终予以高度重视，实际上，经过改革开放40多年的发展，我国已基本建立了政府指导价与市场定价并行的旅游产品定价体系。随着近些年互联网对于旅游市场营销上的丰富与改变，政府更加强化了用行政、法律等手段来进行旅游产品价格的调节。为维护市场秩序、规范市场行为，政府更会通过法律法规的制定出台，对旅游产品的价格进行干预管控，以反对不正当竞争或者牟取暴利的旅游价格，既维护了消费者的利益，也维护了更多规范化旅行社企业的正常利益。例如，原国家旅游局曾多次对不合理低价进行专项整治，其他如政府对旅游中的娱乐业乱收费的整治，以及对旅游开发的税收政策，都属于政府宏观管理的范畴。

四、旅游产品定价的步骤

对旅游产品的价格科学合理的确定，一般要遵循以下四个步骤：首先，研究目标市场旅游消费者的购买行为；其次，核算旅游产品在资源采购、研发、操作、推广与营销中的一系列成本；再次，分析旅行社企业所处的市场环境，预估该产品在市场中的地位与竞对产品的对比分析；最后，在此基础上确定旅游产品的定价目标。

（一）研究目标市场旅游者的购买行为

旅游产品的营销活动一定要选择与本产品所匹配的目标市场与人群中进行有针对性的展开才能收到良好效果。旅行社企业在定价前首先需要通过对目标市场人群的锁定，进行旅游消费者购买行为的收集与调研；如消费偏好、购买能力、出行习惯、出行人员组成、对价格的敏感程度等状况，以采取灵活的价格政策引导旅游者做出购买决策。同时，通过旅游消费者对旅游产品的"认知价值"和消费需求程度的评估，可以预测出消费者所能接受的最高价格水平。当然，随着旅游市场的不断发展，更多有经验的旅行社企业也会凭借自身在行业中的经验积累、大数据系统，甚至是 CRM 系统（客户关系管理系统）来完成这一定价最初的关键一步。

（二）核算旅游产品的成本

旅游产品的成本核算需要涵盖：旅游产品从采购、研发、操作到推广、营销各个环节的成本，进行盈亏平衡点分析，计算单位旅游产品的固定成本、变动成本以及最低成本。最低成本是旅游企业生产旅游产品可以支撑的价格下限，是制定产品价格重要的参考依据。而盈亏平衡点的分析是现代旅行社企业在进行销售进度管理中非常重要的管理营销手段，对于旅行社产品的营销损益具有很强的指导作用。

（三）分析旅游市场所处的环境

旅行社企业制定产品的价格，绝对不能脱离当下所处的旅游市场环境。所谓的旅游市场环境，既要关注自己的目标市场，更要着眼于广义的旅游大市场发展变化情况。旅行社企业在制定旅游产品的价格时一定要具备发展眼光，多维度地参考地区与国际旅游市场大环境，更要与同行业、相似产品的竞争对手做好产品价格与产品内容的对比，同时也要分析消费市场中旅游消费者的消费信心与消费心理变化。

（四）确定旅游产品的定价目标

旅游产品的定价目标的成功、合理，关系到旅行社企业的市场口碑与长远发展。因此，旅行社企业确定旅游产品的定价目标时，既要综合考虑涉及产品价格的各方面因素，根据旅游市场需求、本企业市场定位、消费者预期，更要预估该产品在市场中的定位与竞争对手产品的对比分析情况。越来越多的旅游企业在制定产品价格时，都会认真对比竞争同行的同类产品，详细地拆分每一个产品要素，从航空公司选择，到航班时间的优劣，酒店星级、位置的选择，甚至后疫情时期安全标准的制定都是大家在进行定价时不可忽略的项目。这样，旅游企业在进行旅游产品定价和价格调整时会有所依据。即使整体环境发生变化，旅游企业也能够灵活应变地采取措施，实现其定价目标。

第四节　旅行社销售渠道运营

一、旅游销售渠道定义

旅游销售渠道是指旅游产品从旅游生产企业向旅游消费者转移过程中所经过的一切取得使用权或协助使用权转移的中介组织或个人。简单地说就是旅游企业经过自我独立采购资源与研发或将其他供应商旅游产品通过代卖、再加工整合售卖等方式把旅游产品销售给最终消费者的途径。旅游销售渠道有直接、间接、长短、宽窄、单多渠道之说。直接销售渠道是指旅游企业在市场营销活动中，不通过任何旅游中间商而直接把旅游产品销售给最终消费者的营销方式；而间接销售渠道是指旅游企业通过旅游中间商把旅游产品销售给最终消费者的营销方式。旅游产品从生产者手里脱手，直到旅游者购买为止，整个过程的中间环节或中间层次的多少，称为销售渠道的长度，中间环节越多，销售渠道越长，反之销售渠道越短。销售渠道的宽度是指一个时期内销售网点的多少、网点分配的合理程度以及销售数量的多少；所谓的宽渠道，就是使用的同类旅游中间商较多，旅游产品在市场上的销售面较广，适合于一般化、大众化的旅游产品销售；反之就是窄渠道，适合于专业性较强、费用较高的旅游产品销售。

二、旅行社销售渠道职能

旅游产品需要通过各种途径和方式，从旅行社转移到旅游消费者手中，才能实现销售。销售渠道整合完善了产品和服务与其使用者之间的缺口，主要包括信息传递、产品交互、操作预订等专业性更强的缺口。销售渠道的成员执行了一系列重要职能：信息收集、资源整合、订单操作预订、采购融资付款、库存承担风险以及出游者行程协助与安全保障等。

需要重点强调的是，旅游销售渠道众多职能在执行过程中体现了两个共同点：它们使用稀缺资源；它们往往可以通过专业化的产品研发对于资源进行更好的整合，从而更好地发挥作用。在互联网如此发达的当下，当旅游消费者通过自助尝试预订时，由于互联网介入旅游行业后对于旅游行业长久以来形成的信息壁垒与价格壁垒的打破以及对传统旅游营销售卖方式的改变，当若干原本属于旅行社销售的功能转移到旅游消费者自助或其他旅游中间商那里，旅行社或服务提供者的费用和价格下降了，但是旅游消费者需要耗费相对更多的时间与精力完成对于旅游目的地与产品要素信息的自我学习与甄选，而中间商或网络平台则必须通过在技术的研发与相关服务流程上予以优化与提高客户的售前服务体验。在当下的旅游市场，旅游销售渠道存在的意义价值，是让旅游对于各类旅游消费者变得更简单；计划简单、选择简单、出行简单应该是每一个旅行社销售渠道共同致力发展的愿景。

三、旅行社销售渠道类型

根据旅游产品销售过程中是否涉及中间环节来划分，可以将基本模式分为两大类型：一是直接销售渠道，二是间接销售渠道。

（一）直接销售渠道

直接销售渠道是指旅行社在市场营销活动中将自身独立研发的旅游产品，不通过任何中间商或其他媒介直接销售给旅游消费者的渠道，在行业中通常称之为直接销售模式。旅行社选择直接销售渠道，可以使产品的销售链条更加简单、便于管控与提高运营效率，更可省去支付给中间商不断上涨的渠道佣金，从而降低流通成本，使旅行社可以以更大的价格空间让利给旅游消费者，让消费者在保证旅游产品品质的同时可以享受更低的价格。从另一个角度来说也更能保证旅游市场整体价格方面更加有序与健康发展。采用直接销售的方式，更有利于旅行社及时了解和掌握旅游消费者对其产品的购买意见和相关市场需求动向，及时根据市场动态改善自身产品研发与营销的策略与方式；最后在旅游安全与保障不断被重视的当下，直接销售方式对于旅游消费者在当地的安全与保障可以具备更快速的响应与保障条件，这也是直接销售渠道在旅游销售过程中，可能会被忽视的天然优势。

从旅游产品的销售实践看，直接销售渠道一般有以下三种模式。

1. 旅游产品生产者或供给者—旅游者（在旅游目的地）

由于旅游产品的特殊性，旅游消费者到达当地后会根据之前已经规划好的方案或临时性被激发的旅游需求，在当地预订一些当地特色性为主题的相对更简单的旅游产品，这种当地旅游生产者利用当地地缘资源优势直接向旅游者完成销售旅游产品，与现今互联网碎片化时代，尤其是前文提到的"边走边订"的旅游方式高度契合。总体上这种销售渠道被很多旅行社所采用，尤其是一些带有地接背景性质的旅行社。例如，旅游景点、一日游、博物馆、具有资源优势的酒店等组织采用这种模式向散客销售其产品。

2. 旅游产品生产者或供给者—旅游者（在旅游客源地）

旅游业从起源发展至今，国内外的旅游产品销售渠道更多还是以在旅游客源地由旅游产品的供应商或者生产方，通过门店、网络、电话等不同方式向具有旅游出行需求的消费者提供销售服务。旅游产品的生产者或提供者都在扮演旅游零售商与服务者的角色。随着互联网技术的迅猛发展及其在旅游业中的广泛应用，近年来，传统的旅游客源地销售模式有了很多不同的发展和突破。很多旅行社都借助互联网技术手段实现对旅游消费者从咨询到预订的各个环节打通，可以说互联网对于旅游产品销售模式的改变是一场近乎颠覆式的改变，这其中体现最为明显的是传统的通过在旅游客源地由旅游产品生产者、提供者向旅游产品的消费者完成销售的各个中间环节。这种改变也为传统的直接销售渠道注入了新的活力与发展机遇。

（1）旅游门店的发展。

门店是我国旅行社在发展最初阶段，为旅游消费者提供从业务咨询、报名付款、签合同交付资料的服务销售场所；在2000年由中青旅首度在行业引入连锁经营概念后，旅游连锁经营门店通过统一品牌与产品形象，统一价格、统一操作流程、统一核算、统一服务质量标准、统一门店管理的方式，也在一段时期内成为更具规范化与高效运营化以及更具活力发展的旅游企业运作模式。尤其是很长一段时期内，旅游具有的深厚壁垒与高深专业性为面对面的顾问服务咨询式门店提供了很好的发展。而在门店发展过程中，也在不断利用其所在周边的地理区位优势，深挖地区人群服务需求，辐射周边商圈社区进行服务与拓展，取得了很好的商业效果。在一些大型集团化旅行社企业完成门店线下布局后，其他一些中小型直接销售渠道后期经过诸如"加盟""渠道运营商式"等不同的商业形式，也实现了自己在旅游门店或者是旅游连锁经营门店方面的运营发展。当时代的车轮行驶进入 21 世纪第一个十年中后期，互联网在我国旅游市场的迅速发展以及中国旅游市场人口红利减退，尤其是一线城市旅游市场接近平稳，门店发展遇到了一定的瓶颈。在行业经过短暂的思考与调整期后，旅游线下门店也在尝试各种升级与调整后的再发展。旅游新零售、互联网赋能后真正将互联网线上与线下门店进行整合，对客户实行全链条 O2O 服务，旅游体验店回归设立初习，突出门店线下面对面服务属性，顾问服务方式辐射周边社区不擅长远程咨询预订群体，如中老年客群，都是门店在二次发展过程中正在多方面发力的空间。

（2）旅游呼叫中心销售的发展。

在电子技术与通信技术的发展与带动下，呼叫中心从 20 世纪末到 21 世纪初最初几年，为我国各行各业的发展尤其是现代服务业的服务效率与服务方式带来了极大的丰富和满足。呼叫中心的出现与快速发展也使更多企业在响应客户需求，为客户解决问题上提供了更好的助力与赋能。呼叫中心蓬勃发展的高速期也正好与旅游业的崛起不期而遇，一些大中型旅行社企业通过呼叫中心的搭建，实现了自身直接销售渠道的新拓展，呼叫中心对于销售渠道的拓展意义也体现在了其打破传统门店的辐射范围，将触角伸向不同城市地域的旅游消费者，使旅行社企业的直接销售渠道服务销售呈现出更加立体的发展趋势。呼叫中心的快速响应与随时随地的便捷性不但对于旅行社企业的销售提供了极大的帮助，也通过其全程的录音系统监控很好地改善了旅行社企业的服务质量，更引导与促进了旅行社企业优化自身的服务流程体系。伴随呼叫中心对于直接旅游销售渠道的促进，一些规模相对更小的中小型旅行社企业也利用平面媒体、社会化媒体、网络进行自身旅游产品的营销推广，并以电话呼入或小型呼叫中心进行咨询与销售预订，这种方式也在一段时间内为相关旅游企业带来了较多的销售机会与业绩。同样因互联网的介入，极大地改变了人们获取旅游信息的方式与预订手段，而传统的平面媒体、网络投放式宣传也因为不断走高的投入成本与逐渐下降的销售回报而很难持续。呼叫中心在旅游行业的发展也走向了转型的十字路口，除极少数如中青旅这种具备公司规模与客户基础，始终坚持走专业化销售性质的呼叫中心外，其他旅行社企业目前更多将呼叫中心定位于服务职能属性，或承载部分的售前咨询类职能。

（3）在线旅游 OTA 的发展。

当线下门店与呼叫中心电话为主导的直接销售渠道方式相继遇到发展与商业模式的瓶颈时，互联网对于我们国家在社会与各行业带来的改变却正在高速蔓延。网络对于旅游业的渗透最初的雏形更多是旅行社有意识地建立自身网站，通过网站发布旅游产品相关信息与行程安排为主。几乎在同一时间，旅行社也开始利用自身的网站对于有旅游出行需求的客户提供在线咨询以及旅游产品预订，这种不受时间与空间限制的方式，很快被市场与消费者所接受，也有一些旅行社或以互联网起家的旅游经营平台基于本公司网站进行产品的展示、宣传、引导、鼓励客户自助下单。而机票、酒店、景区甚至博物馆、乐园、目的地玩乐项目、租车等旅游链条上的不同要素，也相继复制了这种互联网的成功经验，通过网络利用虚拟现实技术充分展示各自的资源亮点、卖点，并利用互联网受众人群的浏览习惯与消费喜好制作出相匹配的营销推广方式，进行各自产品直销或者分销售卖。而随后更多的旅游中介企业也在看到其商机与发展潜力后，通过自建网站与自我运营管理后通过网络在旅游供应商与旅游需求消费者之间搭建媒介桥梁，提供代理的旅游产品售卖。以上各类具有旅游产品销售功能的旅游平台，由于竞争的加剧与各类供应商的直接涌入进入市场打破了旅游长久以来形成的产品信息与价格壁垒的同时，更为旅游消费者提供了快速、便捷的旅游查询与预订的旅游售前体验。从市场发展角度来看，在线旅游的兴起与发展促进了在线旅游市场与旅游互联网的扩大化发展。人们经济能力的不断增长，国家对于旅游的高度重视衍生出的旅游经济带动下的假期增多，互联网发展，航空、铁路、景区资源的丰富，风险投资并购与其他产业相继涉足，都为在线旅游形成了一个庞大的产业规模链条，而伴随着前文提到的旅游人口红利减少，旅游人均消费金额、机场吞吐量，乃至于近期的我国 GDP 增速降低、改善性消费变化以及本身的在线旅游市场内部调整都使在线旅游市场的竞争与发展遇到了拐点。而 2020 年的新冠肺炎疫情更是无情地将拐点进一步扩大，也对行业提出了更多生存与发展的课题。竞争、融合、创新本就是互联网时代发展的主题，旅游行业尤其是在线旅游行业也永远都会有新生势力加入战场，甚至对行业起到影响与变革作用。危机更是与机遇始终并存，在线旅游的新基建、新业态、新模式都在不断被行业通过不同的模式进行演化与发展。例如，重新回归旅游专业与体验本质的线下布局、智慧多维出行场景、内容种草与 5G 经济、跨界经营、异业拓展等都是在线旅游行业在不断尝试的新业态、新模式。对于在线旅游与任何旅游行业的销售渠道而言，尝试下的试错与收获都在以不同方式努力前行，谁的新业务更受用户认可，谁就可以从市场渠道的竞争中脱颖而出。

3. 旅游产品的生产者或供给者—自营的销售网点—旅游者（在产品销售地点）

在这一模式中，旅游产品生产者或供应者通过自己设立在产品生产地以外的销售网点，直接向旅游消费者销售其产品。由于这些销售网点是旅游企业在一定市场区域拥有的自建销售系统，所以仍然归属于直接销售渠道。一般大中型旅游产品生产者或供应者会采用这种模式作为销售本企业旅游产品的重要渠道之一。比如，航空公司在目标市场所在区域设立自己的分公司或售票处；酒店集团在机场设立销售点，直接向游客销售其产品；铁路部门在许多地点设立售票处、订票处并开展销售活动；大中型旅游公司通过自设的销售网点销售旅游产品等。

（二）间接销售渠道

由于旅行社规模的扩大和市场竞争的加剧，绝大多数旅游企业都在想方设法增强自身的销售能力以扩大市场份额。而旅游销售渠道的选择不但受到旅行社自身资源和经营实力的制约，还受到投入产出的经济可行性制约，所以旅行社更多地会选择间接销售渠道。

旅游产品的间接销售渠道是指旅游产品生产者或供应者通过旅游中间商将其产品转移给旅游者的销售途径，旅游中间商是指从事转移旅游产品的具有法人资格的经济组织和个人。旅游批发商和旅游零售商等是典型的旅游中间商。采用间接销售渠道，旅行社可以充分借助中间商的专业性和其他优势，在一定程度上有助于消除单纯采用直接销售渠道的局限性。

旅游产品的间接销售渠道，根据所经中间环节的多少，又可划分为以下三种销售模式。

1. 旅游产品生产者或供给者—旅游零售商—旅游者

这种模式也可称为单层次销售渠道，即旅游产品的销售只经过了一个中间商，由三点组成两个销售环节：旅游产品生产者或供应者和旅游零售商组成第一个环节，旅游零售商和旅游者组成第二个环节。这一模式中，中间商主要是从事旅游零售业务的旅游代理商或其他代理机构，旅游产品的生产者需要向旅游零售商支付佣金或手续费。

2. 旅游产品生产者或供给者—旅游批发商—旅游零售商—旅游者

这种模式也可称为双层次销售渠道，是指旅游产品生产者或供应者通过旅游批发商，再经由旅游零售商将其产品转移到旅游者手中的销售途径。这种模式由四个点组成三个销售环节。旅游批发商通常是指从事团体包价旅游批发业务的旅游公司或旅行社。在这种模式中旅游产品的生产者只与旅游批发商发生直接业务关系，将其产品批量销售给旅游批发商，然后再由旅游批发商委托旅游零售商或通过自行设立的销售网点将产品销售给旅游者。旅游批发商通过大批量地购买航空公司、饭店、景点等单项旅游产品，并将其组合、编排成适应市场需求的包价旅游产品，但他们并不直接面向旅游者出售其产品，而是通过旅游零售商进行销售，有时也通过自行设立的销售点进行销售。

3. 旅游产品生产者或供给者—本国旅游批发商—外国旅游批发商—外国旅游零售商—外国旅游者

这种模式也可称为多层次销售渠道，是指旅游产品生产者或供应者需要通过三层旅游中间商才能将其产品转移到旅游者手中的销售途径。这种模式基本上由五个点组成四个销售环节。当前我国旅游企业拓展国外市场主要采用这一渠道模式，但随着网络技术和通信技术的高速发展以及旅游市场开放力度的加大，这一多层次销售渠道模式将会被逐渐打破。

第五节　旅行社品牌运营

一、品牌营销的相关概念

品牌营销（Brand Marketing），是通过市场营销使客户形成对企业品牌和产品的认知过程，是企业要想不断获得和保持竞争优势，必须构建高品位的营销理念。

最高级的营销不是建立庞大的营销网络，而是利用品牌符号，把无形的营销网络铺建到社会公众心里，把产品输送到消费者心里。使消费者选择消费时认这个产品，投资商选择合作时认这个企业，这就是品牌营销。

世界著名广告大师大卫·奥格威就品牌曾做过这样的解释："品牌是一种错综复杂的象征，它是品牌属性、名称、包装、价格、历史声誉、广告方式的无形总和。品牌同时也因消费者对其使用的印象，以及自身的经验而有所界定。"

二、旅行社品牌运营的重要性

（一）增加旅行社企业的凝聚力

通过品牌运营所带来的凝聚力，不仅能使团队成员产生自豪感，增强员工对企业认同感和归属感，使之愿意留在这个企业里，还有利于提高员工素质，以适应企业发展的需要，使全体员工以主人翁的态度工作，产生同舟共济、荣辱与共的思想，使员工关注企业发展，为提升旅行社企业竞争力而奋斗。

（二）增强旅行社的吸引力与辐射力，丰富更多品牌内涵产生关联价值

通过品牌运营有利于旅行社美誉度与知名度的提高。好的品牌运营会将自己公司的产品核心价值通过运营的手段更好地传递到市场与消费者，让自身的产品价值更加放大、更好地用差异性与核心价值打动目标客群，随之提升旅行社的品牌价值。旅行社品牌的成功打造，使外界会增加羡慕、向往，进而衍生出更多品牌内涵产生关联价值，这一点在消费需求与客户决策顺序不断改变的当下变得尤为重要。尤其在互联网强势介入旅游的当下，以互联网思维丰富后的品牌运营，将更加强调对品牌价值的挖掘与口碑价值的打造，这些不仅对一个旅游企业的长远发展与在市场中的形象价值具

备深远影响，更使投资环境价值提升，吸引更多人才，从而使资源得到有效集聚和合理配置，旅行社品牌的吸引力是一种向心力，辐射力则是一种扩散力。

（三）提高旅行社知名度和强化竞争力的一种文化力

品牌的运营也是一种软性文化的打造与输出，这种文化力是一种无形的、巨大的企业发展的推动力量。旅行社实力、旅行社活力、旅行社潜力以及可持续发展的能力，集中体现在竞争力上，而提高旅行社竞争力又同提高旅行社知名度密不可分。一个好的旅行社品牌将大大有利于旅行社知名度和竞争力的提高。这种提高不是来自人力、物力、财力的投入，而是靠"品牌"这种无形的文化力。

（四）推动旅行社行业发展与更好构建旅游生态圈

旅行社品牌不是停留在美化企业形象的层面，而是立足当下对品牌内涵深挖诠释后的，更好发挥产品与品牌核心价值并产生关联价值，以更好作用于长远战略发展与行业生态圈的营造。在 2020 年新冠肺炎疫情过后，旅行社行业经过沉淀与洗牌后，更加具有时代性、立体性、专业性、前瞻性的品牌运营对于推动旅行社更好的发展、吸引投资、尝试更多产业链联动协同发展都是更好的赋能，同时也是旅行社行业逐渐进入稳定期后助力营造旅游生态圈的更好动力与手段。

三、旅行社企业品牌的建设与维护

（一）品牌定位

品牌定位是企业在市场定位和产品定位的基础上，对特定的品牌在文化取向及个性差异上的商业性决策，它是建立一个与目标市场有关的品牌形象过程和结果。品牌定位的目的就是将产品转化为品牌，以利于潜在顾客的正确认识。

品牌定位的理论来源于"定位之父"、全球顶级营销大师杰克·特劳特首创的战略定位。杰克·特劳特在其经典著作《定位》中指出，定位就是让品牌在消费者的心目中占据最有利的位置，使品牌成为某个类别或某种特性的代表品牌。这样当消费者产生相关需求时，便会将定位品牌作为首选，也就是说这个品牌占据了这个定位。随着消费者选择的力量越来越大，企业只有告别"产品经营"，学会"品牌经营"，才能获得长远的竞争优势。

（二）品牌设计

品牌设计包括品牌名称设计和品牌标志设计。品牌设计是文字、标志、符号、图案和颜色等要素的组合，用以识别某个销售者或者目标群体销售者的产品或者服务，并使之与竞争对手的产品和服务区别开来。

常见的品牌名称的类型包括：地域命名，在我国很多旅行社都采用这种方式如安阳国旅、姑苏旅行社；根据创办机构命名，如中国妇女旅行社是由中华全国妇女联合会创办的直属企业；形象命名，中国青年旅行社湖南分社改名为亲和力旅游；企业命名，这是针对产品品牌来说的；利益价值命名；数字命名，这种命名方式在旅游行业较少出现。

在设计品牌名称时要注意品牌名称是否具有法律的有效性，保证品牌名称没有侵权行为，并且名称在商标法允许注册的范围以内。品牌名称要简洁、朗朗上口、容易被记住、构思独特，能反映消费者的需求，品牌定位能启发联想。

品牌标志指品牌中可以被识别，但不能用语言表达的部分，即运用特定的造型、图案、文字、色彩等视觉语言来表达或者象征某一产品的形象，包括标志物、标志色、标志字和标志性包装。标志设计要遵循创意、情感、营销、认知、美术设计的原则。

（三）品牌传播

品牌传播是通过广告、公共关系、新闻报道、人际交往、产品或服务销售等传播手段，最有效地提高品牌在目标受众心目中的认知度、美誉度、和谐度。有效的品牌传播能增加消费者对于品牌的认同并最终形成品牌的偏好。

品牌传播的步骤如下：确定目标受众、确定品牌传播目标、设计传播信息、选择传播渠道、编制传播预算、确定传播组合及测定传播效果。

美国广告协会（American Association of Advertising Agencies，4A）给整合营销所下的定义为：整合营销传播是一个营销传播计划概念，要求充分认识用来制订综合计划时所使用的各种带来附加值的传播工具——如普通广告、直接反应广告，销售促进和公共关系，并将之结合，提供具有良好清晰度、连贯性的信息，使得传播效果最大化。整合营销传播之父唐·舒尔茨认为整合营销传播为利用一切公司和品牌能接触到的信息源去吸引消费者。整合营销传播的目的在于使公司所有的传播活动在市场上发出一致的声音，形成统一的形象。

（四）品牌危机管理

品牌危机指由于组织内部、外部的突发原因造成的始料不及的对品牌形象的损害和品牌价值的降低，以及由此导致的使组织陷于困难和危险的状态。品牌危机对企业带来的打击是巨大的，越是知名的品牌就越有可能经历品牌危机。

品牌危机的产生原因如下所示。

1. 品牌内部因素

内部因素有产品质量出现问题、服务承诺不履行、品牌老化、价格战、品牌文化冲突、品牌合并或兼并不当、品牌授权经营不当等。

2. 来自外部因素

主要是竞争对手通过不正当的竞争手段打击本组织或者媒体产生错误的报道给本组织带来的损失。

3. 由于政治变动、经济规律、法律变革、自然灾害等不可抗力所带来的危机

进行品牌危机管理，首先，要注意危机预防，在企业内部树立危机意识，严格监控组织运营的各环节，建立危机预警系统。其次，在处理危机时要坚持快速反应、真诚主动、忠实客户利益、统一口径和全员参与的原则，冷静和理智地处理危机。具体措施如下：迅速成立危机处理小组、控制危机蔓延、迅速实施适当的处理措施、做好利益相关者的沟通工作、妥善处理危机的后续工作。最后，处理好遗留问题和滞后效应。

（五）品牌更新

品牌更新是全部或部分调整、改变品牌原有形象使品牌具有新形象的过程。其实质是对品牌的重新定位、重新设计，塑造品牌新形象的过程。

品牌更新的内因为品牌老化、品牌定位的调整、品牌经营战略的改变，外因在于消费者和市场环境的变化。

品牌更新通常从五个方面着手：品牌再定位、品牌名称更新、品牌标志更新、品牌包装更新、品牌形象更新。

品牌更新过程：

（1）提供高质量的产品和服务；

（2）详细调查可能影响消费者对产品或服务质量评价的因素；

（3）妥善处理消费者和品牌之间的关系；

（4）理解品牌价值；

（5）每一个品牌都应该具有独特的个性；

（6）包装、价格和传播组合因素都应该同步更新；

（7）运用整合营销，从多方位、多角度进行宣传。

本章小结

本章以旅行社目标人群为切入点，并结合旅行社目标人群购买决策的分析、旅行社产品定价策略、旅行社销售运营管理、旅行社品牌运营等旅行社市场营销环节中非常重要环节，阐述当下旅行社市场营销工作实际的运营管理理念，力求尽量以 4P 理论还原旅行社，尤其是在当前互联网赋能后的旅行社与旅游互联网在线市场营销策略以及具体管理方法。并通过更多现实中旅行社与旅游互联网在线平台的实际案例更加生动、形象地阐述、说明当下旅行社市场营销管理工作中的运营管理模式与具体操作方法。

思考练习

1. 旅行社市场细分的作用主要体现在哪几个方面？

2. 旅行社市场细分一般应遵循哪些原则？

3. 请对老年群体进行旅游客户画像分析。

4. 旅行社门店与在线旅游 OTA 当下的各自优势与短板有哪些？

5. 旅行社产品定价过程中，决定价格制定最主要的因素有哪些？

6. 结合实例分析旅行社业内竞争与所处市场环境之间的相互关系。

参考文献

1. 人人都是产品经理 . http：//www.woshipm.com/user-research/1075301.html.

2. 2019 年中国公民出境旅游的发展及 2020 年出境旅游市场分析 . http：//www.chyxx.com/industry/202003/845172.html.

3. 浅谈新冠疫情结束后旅游者消费行为 . http：//www.fx361.com/page/2020/0521/6678749.shtml.

4. 如何针对不同年龄段开发亲子项目 . http：//www.360doc.com/content/17/0608/14/39869249_661065221.shtml.

5. 2018 旅游消费者用户画像：年轻游客都在玩什么 . https：//www.sohu.com/a/207049711_117391.

6. 马爱萍 . 新编旅行社管理［M］. 北京：北京师范大学出版社，2013.

7. 国家旅游局人教司 . 旅行社经营治理［M］. 北京：旅游教育出版社，2003.

第五章
旅行社的服务管理

🔍 【案例导入】

"春秋旅行"传统门店从营销向服务升级转型

北京春秋旅行社总经理杨洋介绍，面对旅游电商的冲击，北京春秋旅行社的门店正在实现从营销向服务的转型升级，门店不仅提供旅游产品的展示、咨询、销售服务，还是春秋航空机票的代售处，消费者可以在北京春秋旅行社的任一门店购买到全国各地的春秋航空的低成本机票。更重要的是，门店周边3公里内提供上门服务，帮助游客简化行前支付和签约流程。

北京春秋旅行社对原有门店进行升级，加大对门店工作人员的培训，不仅要求他们为顾客提供包括酒店、机票预订、导游等相关的旅游咨询服务，还要通过专业知识满足顾客的个性化需求。

另外，门店也制作了宣传活页，在社区分发，并和一些社区组织搞活动，特别是针对中老年人的活动，一些适合中老年出游的包船、包专列、包飞机的产品，优惠活动多，中老年人是旅游的一个主体。春秋旅行社的门店每年春季、秋季，会搞一些踏春赏花活动，秋季有"千人重阳节"的活动，几乎每年都在搞这些活动，受众范围就是门店周边的社区。

由于平时的活动多，店员在社区走街串巷，对社区很熟悉，他们为游客上门递送合同、收取签证材料都很方便。

（资料来源：https://www.sohu.com/a/7793057_115833.）

案例点评：旅行社要赢得消费者的青睐，提升服务是关键。"优质服务"是旅行社经营水准的有效体现，同时对于消费者和内部员工而言都具价值，产生良性价值循环链。传统意义上，旅行社的服务是从团组出发时开始，但实际上，现代旅游企业提供给消费者的服务可以无限提前和延伸，旅游咨询、信息共享、旅游文化分享、与旅游相关的生活服务都是旅行社服务的范畴。因此，旅行社的服务管理涵盖售前、接待和售后多个阶段。

第一节　服务的相关概述

全球经济正由传统的"工业经济"向"服务经济"转变，服务业是全球经济中增长最快的产业，服务业在国民经济中的比重越来越大，影响越来越大，正日益成为继农业、工业之后推动社会经济发展的主导产业。

一、服务的定义

"服务"也和"管理"一样，很多学者都给它下过定义，但由于它是看不到、摸不着的，而且应用的范围也越来越广泛，难以简单概括，所以直到今天，还没有一个权威的定义能为人们所普遍接受。目前，"服务"已成为整个社会不可或缺的人际关系的基础，社会学意义上的服务，是指为别人、为集体的利益而工作或为某种事业而工作；经济学意义上的服务，是指以等价交换的形式，为满足企业、公共团体或其他社会公众的需要而提供的劳务活动，它通常与有形的产品联系在一起。

1960年，美国市场营销协会（AMA）最先给服务下的定义为："用于出售或者是同产品连在一起进行出售的活动、利益或满足感。"这一定义在此后的很多年里一直被人们广泛采用。

1974年，斯坦通（Stanton）指出："服务是一种特殊的无形活动。它向顾客或工业用户提供所需的满足感，它与其他产品销售和其他服务并无必然联系。"

1983年，莱特南（Lehtinen）认为："服务是与某个中介人或机器设备相互作用并为消费者提供满足的一种或一系列活动。"

1990年，格鲁诺斯（Gronroos）给服务下的定义是："服务是以无形的方式，在顾客与服务职员、有形资源等产品或服务系统之间发生的，可以解决顾客问题的一种或一系列行为。"

当代市场营销学泰斗菲利普·科特勒（Philip Kotler）给服务下的定义是："一方提供给另一方的不可感知且不导致任何所有权转移的活动或利益，它在本质上是无形的，它的生产可能与实际产品有关，也可能无关。"我们也可以这样来理解服务：服务就是本着诚恳的态度，为别人着想，为别人提供方便或帮助。

二、服务的特性

1. 无形性

服务，并不是具体的某一个产品，而是一种或一系列行为过程，服务的过程和最终结果很难进行准确的展示和描述，服务的创新也没有专利。例如，旅游者在购买一项旅游服务时，多数情况指的是购买一次从居住地出发再返回的旅游经历，从开始预定旅游产品，到最终游程结束，形成良好的感觉和口碑，都在享受旅行社提供的服务，正因为服务的无形性，所以消费者在购买之前通过观察对比，依赖旅游企业良好的声誉和品牌来决定是否购买。旅行社在进行服务管理的过程中，也应该通过有效沟通来主动呈现服务的过程和内容，主动邀约消费者参与到服务的整个过程中来。例如，餐饮企业的明厨亮灶，旅行社门店的陈列和体验。

2. 不可储存性

服务是易逝性商品，是即时生产、即时消费，不可以储存收藏起来，服务业不能像制造业那样，依靠库存来缓冲或适应需求的变化，在消费者没有使用的情况下，随时都发生着机会损失。服务的不可储存性造成了服务供求的矛盾，也造成了服务业的规模经济很难实现，要解决这两个问题，就必须对服务的供应和需求加以管理，在减少服务能力空闲损失和因服务能力不足造成客户流失损失之间进行平衡，从而提高服务企业的经营效益。例如，旅行社在旅游的淡季中，推出一系列促销打折产品迎合市场需求，在旺季中，提高价格以期对服务需求进行管理，适应服务供应，尽可能降低需求波动的幅度。

3. 同步性

服务的生产和消费是同时进行，不像具体某一种实体产品，经过原料采集、生产加工、投放市场、消费售后等不同环节，而消费者享受一项服务的同时，工作人员就在进行生产加工和消费采购的全过程。值得重视的是，在提供服务时，消费者在整个服务流程中可以发挥积极作用，消费者的知识、经验、动机乃至诚信都会直接影响服务系统的效果。例如，旅行社通过收集和分析游客的意见单，有效提升旅行社接待服务水准和质量。

4. 差异性

服务是由人表现出来的一系列行动，工作人员所提供的服务通常是消费者眼中的服务，消费者是工作人员的服务对象，由于没有两个完全一样的员工，也没有两个完全一样的消费者，那么就没有两种完全一样的服务，因此服务是有差异性的，即使是同一个人在不同的时间、空间中提供的服务也会存在一定的差异性。随着人们对服务品质的追求，现代服务业也具有高知识含量、技术密集等特征，这些也决定了提升从业人员知识素养、业务能力和服务态度，重视培养善经营、懂管理的服务人才，才能适应经济全球化趋势。

三、服务的种类

由于划分的标准和依据不同，服务的种类也不尽相同。根据服务所提供的内容来划分，可以将服务划分为以下三类。

1. 提供物品的服务

是指提供给消费者具体的物品、餐饮、寄送、借贷、住宿及工作场所的服务。

2. 提供信息的服务

是指提供给消费者有价值、想知道的信息，各种咨询、广告信息、代理设计等服务。

3. 提供高品质的服务

高品质的服务又分为以下三种具体服务：能够让消费者满足安全放心的需求，如医疗保险、维修物品、维护某项利益等；能够满足消费者的愉悦舒心，如顾客移动、物品储存、组织筹备、娱乐比赛等；能够帮助消费者自我实现，如提供人生导向、心理咨询、顾问咨询、促进能力的提高等服务。

针对旅行社提供的服务，大家不难看出，兼具以上三种服务，有一定的综合性和多样性。另外，根据服务对象的体验和感受来划分，服务具体可以分为满意的服务、惊喜的服务和令人感动的服务。

第二节　旅行社服务质量管理

一、旅行社服务质量的内涵

质量，是一个企业的生命线和核心竞争力，制造业通常用符合行业标准来定义质量，而服务业更习惯用顾客满意度来衡量产品的质量。戴明博士是世界著名的质量管理专家，他对质量的定义是"质量是从客户的观点出发加强到产品上的东西"，国际标准化组织（ISO）在2000版《质量管理体系——基础和术语》中，将其定义为"一组固有特性满足要求的程度"。

对于旅行社而言，它属于服务业，服务质量是消费者感受到的服务与他们期望服务之间的差距，旅行社服务质量是企业各方面工作质量的综合反映，是企业质量管理水平高低的集中体现，直接影响到企业的生存和发展。

　　根据 ISO 的质量定义及旅游行业特点，旅行社服务质量是指旅行社所提供的产品和服务在使用价值方面适合与满足旅游者物质和心理需求的程度。旅游者物质需求的满足是指旅行社设计的产品能够满足不同层次旅游者的需求，在食、住、行、游、购、娱六方面物有所值。旅游者精神需求的满足则是通过旅行社工作人员的热情周到、谦和礼貌、舒适方便和快捷及时的服务来实现的。

　　对旅行社来说，服务质量可以定性也可以定量，如住宿为五星级（定性），全程含有四个正餐（定量）。旅行社服务质量是广义的质量概念，它包括旅游产品的过程质量、服务质量和工作质量。过程质量是指一个过程的组成阶段、程序的质量，如旅游产品设计质量、导游带团的过程质量、售后服务阶段质量等；服务质量是指整个服务工作的质量，如门市接待服务、导游带团服务等，一般通过服务态度、服务技能体现出来；工作质量是指与旅行社产品质量有关的各项工作的质量，如旅行社的业务、接待、计调、财务等部门以及景点、地接社饭店、餐厅等外协单位的工作质量。

二、旅行社服务质量的评价要素及方法

　　服务质量是个相对比较复杂的话题，广义的旅行社服务质量不仅包含旅行社各个部门的服务质量，而且包含旅游活动中涉及的其他要素供应商（酒店、旅游餐厅、交通、景点、旅游购物商店、娱乐、保险等）的服务质量，对于旅行社而言，质量评估是在服务的过程中进行的，每一次顾客接触都是一个使顾客满意或者不满意的机会，顾客对服务质量的满意可以定义为：将对接受服务的感知与对服务的期望进行比较。当感知超出期望时，服务被认为是质量优良，客户会表现出高兴和惊喜；当感知没有达到期望时，服务注定是不可接受的；当感知与客户期望一致时，服务质量是令人满意的。如图 5.1 所示，服务期望受到口碑、个人需要和过去的经验的影响。

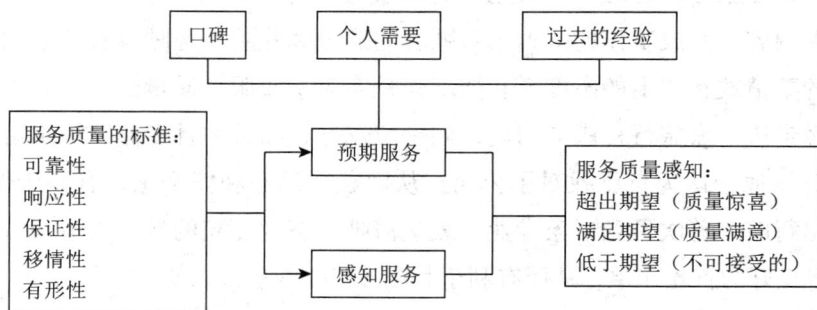

图 5.1　服务质量感知模型

（资料来源：（美）菲茨西蒙斯．服务管理：动作、战略与信息技术［M］．北京：机械工业出版社，2013.）

（一）评价要素

旅行社服务质量的评价要素包含了五个方面：可靠性、响应性、保证性、移情性和可感知性。

1. 可靠性（Reliability）

可靠性是指服务机构可靠地、准确地履行服务承诺的能力。旅行社在服务过程中可靠的服务行动是消费者所希望的，意味着旅行社提供的服务以相同的方式、无差错地准时准确完成。例如，宣传海报或资料中标明的旅游产品的价格是旅行社对消费者的承诺，服务可靠的旅行社应当准确无误执行宣传资料中的行程安排，那些不能有效、准确执行服务的旅行社是不可靠的。

2. 响应性（Responsiveness）

响应性是指服务机构能迅速应对顾客提出的要求、询问和及时、灵活地处理顾客的问题。迅速、及时和灵活是响应性的要点，它们体现着服务机构的服务质量。出现服务失败时，迅速解决问题会给质量感知带来积极的影响。对于顾客的各种要求，企业能否给予及时的满足将表明企业的服务导向，即是否把顾客的利益放在第一位。同时，服务传递的效率还从一个侧面反映了企业的服务质量。相反，让顾客等待，特别是无原因的等待，会对服务质量感知造成消极影响。研究表明，在服务传递过程中，顾客等候服务的时间是一个关系到顾客感觉、顾客印象、服务企业形象以及顾客满意度的重要因素。例如，旅行社门市接待中，工作人员应及时接待并响应消费者的各项需求，尽量缩短其等候时间，面对旅游途中出现问题的不满意旅客，导游人员应及时响应并解决客人问题，化解矛盾，提升服务质量。

3. 保证性（Assurance）

保证性是指服务机构的员工表达出的自信与可信的知识、礼节和专业能力，保证性包括以下内容：完成工作的能力、对顾客的尊重和礼貌、与顾客有效地沟通、将顾客最关心的事情放在心上的态度，它能增强顾客对企业服务质量的信心和安全感。例如，当顾客走进一家旅行社服务门店，同一位友好、和善并且专业知识丰富的销售人员打交道时，他会认为自己找对了公司，从而获得信心和安全感，有利于促进成交。当游客在出行时，首次见到形象专业、表达清晰、态度礼貌的导游人员，一定会对导游人员形成良好的首轮印象，从而有利于其服务工作的展开。

4. 移情性（Empathy）

移情性是指设身处地地为顾客着想和对顾客给予特别的关注。移情性有以下特点：接近顾客的能力、亲和力、敏感性和有效地理解顾客的需求。例如，旅行社的服务人员常常能熟悉自己的顾客，与顾客之间保持良好的互动关系，对顾客的个性化需要和特殊要求心中有数，就更能够提供关怀性服务，创造客户的惊喜和感动。例如，越来越多的旅行社进行客户关系管理（CRM），逐步在发挥服务移情性方面取得一定的资源和优势。

5. 可感知性（Tangible）

可感知性是指服务机构能通过组织服务的有形元素如服务场所的环境、设施、工具、人员、信息展示等向顾客展示服务的质量，它是顾客感知服务质量的一个重要层面，能加深和帮助顾客对其他四个层面的质量感知。顾客从这五个方面将预期的服务和接收到的服务相比较，最终形成自己对服务质量的判断，期望与感知之间的差距是服务质量的量度。从满意度看，既可能是正面的，也可能是负面的。

案例 5-1　　　　　　　　　　　　　　　　　　　　》

中青旅门店与遨游网从独立到融合

近日，记者到中青旅的几家门店探访时，发现门店上的店名都改变了，门店上赫然写着"中青旅遨游网"六个字，特别凸显了"遨游网"。

中青旅北京销售公司总经理周晓夏说，曾认为极具优势的线下渠道地位受到互联网的极大冲击，特别是当这种冲击来自内部，来自自己的网站，线下的运营和管理真的彷徨了。"如今，门店和自己的网站正在逐渐实现同步、打通了线上线下。我们的门店打的也是遨游网概念。但是在门店里，店内工作人员可以帮助客人在遨游网平台上下单、进行网上支付，享受遨游网的优惠。"

这样做，最大改变是客人在线上下了订单，线上的客服会问客人，您更喜欢用哪种方式？或者，在网页上直接弹出对话框，客人可以在线交易，或者去门店交易。

中青旅遨游网首席运营官廖伟勇解释说："线上进行产品选择和支付交易，线下进行消费体验服务。消费者购买旅游产品是相对复杂的决策过程，前期的信息收集和产品筛选，对目的地和产品的详细咨询沟通，购买时的支付、签约和证照材料交接等，在此过程中，既需要线上的效率化和标准化服务体系，也需要面对面服务的人际体验服务。消费者可以在遨游网查询筛选产品，前往就近连锁店进行线上签约，现金或刷卡支付，证照交接等；也可以在连锁店咨询旅游产品详细信息，在家通过遨游网进行在线签约、在线支付。"

（资料来源：https://www.bjnews.com.cn/travel/2015/03/25/357682.html.）

案例评析：中青旅门店与遨游网的融合，有效地实现了旅行社"线上＋线下"的服务融合，强调了旅游者的服务体验，关注服务的价值感、体验度和便利性，旅游者线上完成产品选择和支付交易，线下实现消费体验，这无疑是企业服务质量管理的有效实践，也是企业服务水平的良好体现。

（二）评价方法

SERVQUAL 量表是建立在顾客感知服务质量理论基础之上的一种基于顾客角度的服务质量评价量表（表 5.1）。SERVQUAL 是服务质量" Service Quality"的英文缩写，于 1988 年最早出现于《SERVQUAL：一种多变量的顾客感知服务质量度量方法》一文中，该文的作者是英国剑桥大学的三位教授帕拉休拉曼（A. Parasuraman）、赞瑟姆（Valarie A Zeithamal）和贝利（Leonard L.Berry）。

SERVQUAL 量表的出现，对于服务管理界是一个历史性的突破，从它问世起就先后进行过多次修正，最终形成了修正后的 SERVQUAL 量表，它包含了上述的服务质量评价的五个要素（可靠性、响应性、保证性、移情性和可感知性）和 22 项具体表现，也是目前在服务管理界应用最为广泛的一种评价量表。

表 5.1　SERVQUAL 量表

评价要素	定义	服务中的表现
可靠性	可靠、准确地提供所承诺服务的能力	1. 能履行对顾客的承诺 2. 顾客有困难时，表现出关心并提供帮助 3. 公司是可以信赖的 4. 准确提供所承诺的服务 5. 正确记录相关服务
响应性	乐于帮助顾客与提供及时的服务	6. 确实告知顾客各项服务的时间 7. 提供及时的服务 8. 服务人员总是乐意帮助顾客 9. 服务人员不会因为忙碌而无法提供服务
保证性	表达出的自信与可信的知识、礼节和专业能力	10. 服务人员是可以信任的 11. 从事交易时顾客应感到放心 12. 服务人员有礼貌 13. 服务人员能够从企业得到适当的支持，以便提供更好的服务
移情性	关心顾客并为顾客提供个性化的服务	14. 企业针对不同客户提供个性化服务 15. 服务人员对客户给予个别的关怀 16. 了解顾客的特殊要求 17. 重视顾客的利益 18. 企业的营业时间方便所有顾客
可感知性	顾客在服务消费过程中看到的、感受到的一切人和物	19. 服务设施在视觉上具有吸引力 20. 具有现代化的服务设施 21. 员工仪容仪表整洁 22. 公司的设备与所提供的服务相协调

（资料来源:（美）菲茨西蒙斯 . 服务管理：动作、战略与信息技术 [M]. 北京：机械工业出版社，2013.）

三、旅行社服务质量的差距

帕拉苏拉曼在"服务质量，是顾客感受到的服务与他们期望服务之间的差距"的论断基础上，提出了以下五种差距的检测模型。

（一）顾客期望与管理层对顾客期望感知之间的差距

旅行社企业的管理层要清楚地把握顾客的期望，在产品设计和旅游要素服务预订时，注意满足游客的期望。如果没有注意，则会引起游客的不满，导致服务投诉的发生。例如，在旅游旺季，尤其是黄金周期间，由于游客接待压力大，游客在餐厅不能准时用餐；游客抵达饭店后迟迟不能入住等；抵达旅游目的地或景点，游览结束之后，等候旅游用车的时间过长等，都是顾客期望与管理层感知之间差距的典型表现。旅行社管理层若了解旅游者的期望，就应该在旅游旺季产品设计和服务衔接时充分考虑这些因素。要消除这个差距，旅行社的管理层就必须不断地深入旅游者中去，倾听旅游者的意见；开发设计产品时注意询问一线工作人员的看法，而非自己闭门造车地制定各种服务质量标准。质量标准应来自顾客的期望。

（二）管理层感觉与服务质量操作规范之间的差距

这一差距是指管理层虽然了解了顾客的期望，但没有建立有效的操作规范来保证员工能提供顾客期望的服务。这一差距在旅行社界普遍存在，其具体体现为旅行社虽然高度重视服务质量，但没有建立相应的服务规范，没有实现旅游服务的标准化。

（三）服务质量标准与实际服务之间的差距

此差距主要是指员工提供的服务没有达到标准的要求。如果这一过程是用机器来完成的，这种差距一般是不会出现的。西方发达国家的旅游企业注重用内部营销的方法和人力资源管理的方法（招聘、培训、改善工作条件、建立奖励制度等）来消除这一差距。一般来说，在工作压力过大、人员紧张、顾客过多的情况下，容易出现员工服务不达标的现象，该差距在旅行社具体经营活动中，集中体现在一线服务人员身上。

（四）实际服务表现与对外沟通之间的差距

旅行社对外宣传时，承诺过高容易导致这一差距，另外销售人员在旅游活动采购之前为了促进成交，过度承诺也容易导致这一差距的发生，如在旅游活动中，消费者面对额外付费加点、星级酒店内部环境的不舒适以及当地地接导游讲解水平参差不齐等，很容易产生被欺骗、被愚弄的心理体验。

（五）期望的服务与实际感受服务之间的差距

这一差距，不仅受到旅行社实际服务表现的影响，还会受到旅游者自身心理因素的影响。旅游者的满意，来源于对旅行社产品与服务的评价，即对旅行社行程的安排、服务和价格等的评价，旅游者把这些方面的感受同自己的期望及参考标准相比较，就可以得出满意还是不满意的评判。因此为了降低这一差距，旅行社不仅仅要努力提供优质的服务品质，还要积极引导旅游者的期望和感受，例如在行前说明会上，履行"事先沟通、事中跟进、事后负责"的原则，将旅游目的地有可能发生的影响游客体验感的事宜提前告知、提前预防、提前准备。

四、旅行社服务质量管理的主要内容

旅行社服务质量管理是为了保证和提高旅游服务的水平，综合应用一整套质量管理体系、思想、手段和方法所进行的系统管理活动。即旅行社全体员工及相关部门共同努力，把旅行社经营管理、对客服务能力、人力资源管理三个方面有机结合起来，建立起旅行社产品生产全过程的质量保证体系，从而实现以最经济的手段为旅游者提供最满意的产品和服务的目的。

旅行社服务质量管理的主要内容包括三个方面，即"三全管理"：全面质量管理、全过程质量管理、全员质量管理。

（一）全面质量管理

全面质量管理，即 TQM（Total Quality Management），是以产品质量为核心，建立起一套科学、严密、高效的质量体系，以提供满足用户需要的产品或服务的全部活动。旅行社服务质量的全面管理以旅游产品的质量为中心，以全员参与为基础，目的是通过消费者满意和本组织所有成员及社会受益而达到长期成功的管理途径，旅行社的一切经营活动都要立足于满足消费者的需求，这就要求旅行社从旅游产品质量、对客接待服务与硬件环境质量三个方面进行全方位、全因素管理，以满足游客的食、住、行、游、购、娱的多方面的需求。

➡ 【小贴士】

PDCA 管理循环

PDCA 管理循环是全面质量管理最基本的工作程序，即计划—执行—检查—处理（plan、do、check、action）。这是美国统计学家、质量管理专家戴明（W.E.Deming）

博士首先提出的，因此也称之为"戴明环"或"质量环"。这四个阶段大体可分为八个步骤。

第一个阶段为计划阶段，又叫 P 阶段。这个阶段的主要内容是通过市场调查、用户访问、国家计划指示等，搞清楚用户对产品质量的要求，确定质量政策、质量目标和质量计划等。第二个阶段为执行阶段，又称 D 阶段。这个阶段是实施 P 阶段所规定的内容，如根据质量标准进行产品设计、试制、试验，其中包括计划执行前的人员培训。第三个阶段为检查阶段，又称 C 阶段。这个阶段主要是在计划执行过程中或执行之后，检查执行情况是否符合计划的预期结果。第四个阶段为处理阶段，又称 A 阶段。主要是根据检查结果，采取相应的措施。四个阶段循环往复，没有终点，只有起点。

在全面质量管理中，通常还可以把 PDCA 循环四阶段进一步细化为 8 个步骤，它们分别是：分析现状，找出题目；分析产生题目的原因；要因确认；拟订措施、制订计划；执行措施、执行计划；检查验证、评估效果；标准化，固定成绩；处理遗留题目。

PDCA 循环可以使我们的思想方法和工作步骤更加条理化、系统化、图像化和科学化。PDCA 循环管理的特点有：

1. PDCA 循环工作程序的四个阶段，顺序进行，组成一个大圈。
2. 每个部门、小组都有自己的 PDCA 循环，并都成为企业大循环中的小循环。
3. 阶梯式上升，循环前进。
4. 科学管理方法的综合应用。

（资料来源：https://baike.so.com/doc/5497240–5735153.html.）

（二）全过程质量管理

全过程质量管理是指旅行社就其产品质量形成的全过程进行系统管理，旅行社的全过程质量管理分为以下三个阶段。

1. 旅行社售前质量管理

旅行社售前这个阶段，主要指旅游活动开始之前，旅行社质量管理的重点是加强对旅游产品的设计、宣传、销售和接待等方面的质量管理，严格控制信息收集、经营决策、操作实施和接待服务等环节的工作质量，防止出现吸引力差或不具有赢利能力的产品，切实保证旅游产品的质量。在这一阶段，旅行社应该积极借鉴成功经验，注重市场调研，审慎进行产品开发，丰富产品种类，突出体验深度，强化市场营销，加强环节控制，做好应急预案，为确保旅行社产品质量打下坚实的基础。

2. 旅行社售中质量管理

售中阶段主要指消费者购买了相应的旅游产品，开始了旅游活动。这个阶段旅行社应将质量管理的重点转移到对服务质量和环境质量的管理上。在这个阶段，导游人员的服务态度和服务能力直接决定了旅行社的服务质量水平的高低，因此，服务质量管理应加强对导游的管理，要对导游人员以相关法律法规的标准为依据，严格导游合同管理制度，对其进行技能培训，加强思想教育、人文关怀，使旅游者通过导游员的服务，对旅行社产生信任和好感。环境质量管理主要包括旅游目的地的餐饮、住宿状况和旅游交通等服务质量实施管理监督，这就需要旅行社慎重选择合作伙伴，加强协作，有效沟通。

3. 旅行社售后质量管理

在此阶段，旅游者结束了旅游活动，返回居住地，旅行社售后质量管理的重点是旅行社产品质量的检查和评定、回收和分析旅游者意见反馈单、跟进售后服务、处理纠纷或投诉等，从工作中吸取经验教训，持续优化和改进服务质量。

（三）全员质量管理

全员质量管理是指旅行社要求全体员工对服务质量做出承诺和保证，能够发挥"主人翁"意识，拥有较强的责任感和使命感，这需要旅行社能够将企业文化传递给员工，让其对自己从事的工作有一定的职业自豪感，熔炼团队，分工协作，提升服务。

五、旅行社的服务质量管理体系

服务质量管理体系是一个动态的管理机制，通过循环往复地运行，提高服务质量。为了促使它有效运作，企业应建立宣传、营销、运输、接待、售后、监督的各方面服务质量环节，积极完善各项管理制度，形成严格的服务考核机制，使服务质量管理体系得到良性循环。

在旅行社服务质量管理体系中，要积极整合管控标准，结合资源监督机制，从内控管理模式、人才资源约束体系以及监督管理控制工作等多个方面完善管理流程，保证管控结构的合理性，也为全面进步和优化监管水平奠定基础。

（一）牢固树立服务质量管理的思想

旅行社牢固树立服务质量管理的理念，在企业内部树立服务理念，让服务观念深入每个员工的思想，做到人人为客户服务。形成企业内部的"大服务观"，一线员工为客户服务，其他员工为一线员工服务。芬兰学者克·格鲁诺斯在1982年就曾提出，"管理人员为员工提供优质的内部服务是员工为外部顾客提供优质服务的先决和基础条件"。

（二）制定服务质量的标准

从国家和行业层面来说，《中华人民共和国旅游法》颁布实施之后，陆续出台《"十三五"旅游业发展规划》《关于加强旅游市场综合监管的通知》等系列政策文件。修订了《旅行社条例》《导游人员管理条例》《导游管理办法》等，各地加快建立旅游现代治理机制，全国已有 25 个省（区、市）成立旅游发展委员会。所以，这一层面旅行社服务质量管理应遵循国家的法律法规标准。

从企业内部来说，通过服务管理制度、流程修订、制订方案等措施，逐步建立并完善旅行社内部质量控制标准和服务流程体系，通过内部控制标准和服务流程使服务工作形成一个完整的链条，形成企业内部服务体系和标准，提高企业整体服务质量和水平。

通常而言，旅行社服务质量的标准分为硬件保障和软件服务两个方面，硬件保障主要包括旅行社和旅游要素服务提供商的硬件设施设备、服务设施外观、宣传品质量等方面；软件服务主要是指旅游产品的无形化指标，即旅游服务人员的服务态度和服务技巧等。

（三）建立专门的组织机构，负责企业的服务质量管理工作

提供优质服务，保障旅游产品质量，旅行社必须建立相应的组织机构专事专办，确保质量管理目标的实现，除此之外，单靠一个部门的努力和工作远远不够，还需要通过旅行社的各个部门高效协调，因此也可以在管理层中设置专人负责服务管理，定期召开服务工作会议，按指标核查管理保证体系的工作进程。

（四）完善服务质量检查和评定工作秩序化

旅行社的质量检查工作是评定服务质量的重要依据，旅行社建立质量管理标准，设立旅游质量管理机构，下一步就是运用有效手段，将服务质量检查和评定工作标准化、秩序化、规范化，定期召开服务质量评议，建立服务质量档案，编制旅游服务质量周报并撰写相关报告，从实践到理论，将旅行社服务质量检查和评定的工作落到实处。

（五）建立旅行社质量信息循环反馈系统，坚持优化和改进

旅行社质量信息，是保证企业提供高质量旅游产品的基础，因此旅行社在实行服务质量管理时，应能够正确且及时地进行质量信息的收集、处理、传递、储存、反馈

和决策，使全体服务人员的工作处于一种良性的受控状态，从而推动和保证优质服务的实现。

（六）强化旅行社服务质量控制监督流程

在对旅行社标准化管理工作进行分析的过程中，要想提升旅行社服务质量控制效率，就要积极建立健全统筹性较好的服务监管机制，因此旅行社有必要建立服务质量监督部门，从机构上将服务提高到相对重要的位置，通过该部门监督企业内部的一切服务工作，保障企业的服务流程畅通，确保能从根本上提高管理模式的综合价值，优化旅游行业的发展水平，实现经济效益和社会效益的共赢。

【知识链接】

优质的服务会创造三方受益的价值链

优质的服务是可以创造价值的，让员工、消费者和企业三方受益。员工在提供服务的过程中获得了服务对象的认可和好评，不仅仅有利于工作效率的提高，还有利于身心的健康和愉悦，提升了处理人际关系的能力，从而增强了自身对所从事工作的热爱和自豪感；消费者通过享受优质的服务，形成良好的价值感和体验度，会主动向身边家人和朋友推荐介绍所购，树立良好的口碑效应服务，不仅会重复购买还会带来新客户的消费；员工积极高效的工作状态和消费者忠诚信任的购买行为会持续给企业带来利润，从而改善企业的工作条件，员工的晋升通道和增加相应的收入，而这些又会作用于员工和服务对象的身上，形成良性循环的价值链（图5.2）。

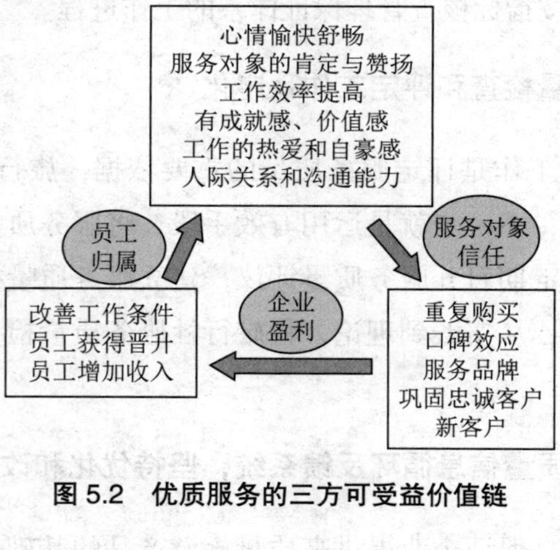

图5.2 优质服务的三方可受益价值链

→ 【小贴士】

优质服务的关键七要素

1. 积极响应。服务过程中能够提供快速有效的服务，工作人员具有良好的应变能力和解决问题的能力，确保服务的准确时效、及时准确地解答问题、有效地回应建议和意见、主动为顾客提供恰当的购买建议等。

2. 亲和真诚。工作人员在提供服务时，态度亲和真诚，有礼貌，具有较好的责任心和使命感。

3. 专业规范。能够依照法律法规的相应标准提供服务，服务内容专业规范，服务流程畅通快捷，工作人员具有良好的沟通表达能力。

4. 诚信合规。"诚实守信"作为企业的核心价值观，提供的产品和服务符合合同约定，收费价格合理、透明、公开。

5. 硬件保障。企业提供服务中，注重硬件的有形展示，主动呈现服务流程和内容，良好的服务环境，齐全的服务设备设施，工作人员工装简洁干净。

6. 有效沟通。服务既要实干也要呈现，实干是内容也是呈现的基础，通过有效沟通和传播，呈现服务的质量和品牌，做好承上启下、连通内外的桥梁和纽带工作。

7. 创新优化。"改良式"的创新是企业生存和发展的有力保障，创新服务方式，优化工作流程，提升服务效率。而且，创新优化是优质服务的动态关键要素，它可以分别与上述的六个关键要素嫁接融合、更新方式。

第三节　旅行社售前服务管理

旅行社门市部是旅行社的一种分支机构，其服务质量是旅游服务质量的重要组成，是旅行社售前服务的主要提供部门，旅游者往往和旅行社第一次线下接触就在门市部。门市部服务人员负责接待、业务操作、接受咨询、处理突发事件，都体现了门市部甚至旅行社的素质，工作人员的言行给游客留下的第一印象，也往往是最为深刻的。因此，旅行社售前服务管理应注重对门市的经营管理。

旅行社门市信息环境是旅行社产品环境展示最直观的一部分，随着现阶段互联网的快速发展，在传统门市（线下）的基础上也有了一定的延伸。如今旅行社的门户网站、微信公众平台、大型第三方旅游门户网站（途牛网、携程网、去哪儿网、马蜂窝等）则是旅游者了解和购买旅游产品最便捷的渠道环境（线上）。线上（网上交易平台）需要线下（旅行社门市）去落实，诸如合同的签订、旅游纠纷的受理与解决，而线下（旅行社门市）也需要线上（网上交易平台）去延伸客源渠道，二者相辅相成。

一、旅行社门市工作人员的岗位要求

（一）道德品质

旅行社门市工作人员在服务过程中，负有接待和销售的工作职能，需要具备高尚的道德品质和理想情怀，爱岗敬业，忠于职守，销售的最高境界是对自己个人品质的销售，以优秀的品德取得顾客的信任，更有利于工作的推进。

（二）专业技能

1. 有效沟通的语言表达能力

有效沟通的语言表达能力是门市工作人员的基本功，接待、销售都离不开良好、清晰的表达能力，有效的沟通取决于表达力和理解力，一方面，接待人员能够明确地向顾客介绍旅游产品，语音清晰、语速适中、语意准确、语言流畅一定有助于工作的进展；另一方面，顾客通过工作人员的有效沟通能够很好地理解对方，达成目标。

2. 协调人际关系的能力

旅行社门市工作中，体现着工作人员与人的社会关系互动情况，必须处理好各种人际关系的交往，这需要具备良好的协调人与人之间相处的能力，不仅仅是对外的顾客接待，对内的团结协作也很重要，应实现"人企匹配、人岗匹配、人人匹配"的良好工作环境。

3. 灵活应变解决问题的能力

门市接待、销售工作中，也会遇到突发情况和困难，这就要求工作人员具备良好的心理素质和灵活的应变能力，有效化解矛盾，解决问题，达成共识。

4. 推荐销售的能力

门市作为旅行社售前服务的主要提供方，达成目标，促进成交，产生利润是必要工作，接待人员的主要职责就是销售旅游产品，因此工作人员需要洞察客户所需，了解客户情况，掌握基本营销话术，进行针对性营销，提高旅行社经济效益。

（三）知识水平

门市接待和销售工作中，需要工作人员具有丰富的知识水平，除了专业的旅游知识（客源国或地区的地理位置、风土人情、文化传统、生活习惯、旅游常识等）之外，还应该拓宽自身的知识面，掌握一些必要的心理学、市场营销和人际关系方面的知识，也要懂得国家法律、行业法规和企业文化方面的知识，让自己既具备通识知识，也拥有较全面的专业知识。

（四）服务态度

做好门市工作，需要工作人员具备良好的服务态度和服务意识，迎来送往、自报家门、嘘寒问暖、端茶递水、有效沟通、解决问题都应该使用规范的文明用语，微笑是人际关系的润滑剂也是良好服务态度的直观体现，要给顾客留下亲切友好的心理体验和首轮印象。

【知识链接】

×× 旅行社门市巡查考评表

	＿＿＿＿＿门市部　　　年＿月门店巡查考评表			
主题：	注：建议公司巡查人员和店内员工一起巡查			
经理：	□在岗　□带团　□外出（□客户　□请假　□公司）			
在岗人员：	销售：　　　　财务：　　　　实习：			
巡查项目			评分	
			分数	扣分、处罚说明
一	店容店貌考评（60分）			
1	仪容仪表：满分20分，单项违规每项扣减5分			
	（1）着装规范：领花、领带、裙子、裤子			
	（2）仪表规范：司徽、皮鞋、化妆、发型、饰品			
2	环境卫生：满分30分，每违规项扣2分			
	（1）地面清洁：无明显浮土、无污渍、无杂物			
	（2）销售工位桌面摆放：电脑、统一名片盒、公司日历、计算器、1~2支笔、1~2类应季资料			
	（3）财务工位桌面摆放：电脑、统一名片盒、公司日历、计算器、1~2支笔、1~2类应季资料、公司提示牌、点钞机、税控机和发票打印机（有条件门店放置在边桌）			
	（4）桌面整洁：无灰尘、无污渍			
	（5）文件柜：物品摆放整齐、保持清洁无灰尘			
	（6）绿植：定期浇水、清洁，无枯枝败叶			
	（7）室内空气：清新、无异味			
	（8）储藏室：物品堆放整齐、有序，杂而不乱			
	（9）卫生间：干净整齐、无污渍、无明显异味			

续表

2	（10）资料架：资料及时更新、保持清洁无灰尘		
	（11）饮水机：保持清洁无灰尘		
	（12）特别推荐：及时更新，张贴应季产品，不应有过期产品		
	（13）书架：图书摆放整齐，无灰尘		
	（14）客用桌椅：摆放整齐，及时维修，保证安全		
	（15）客用沙发茶几：保持干净整洁，茶几无污渍、无杂物		
	（16）展架易拉宝：摆放整齐，及时更新，无破损		
	（17）LOGO 背景墙：保持清洁、无灰尘、无污渍		
	（18）灯光照明：照明灯、日光灯无损坏		
	（19）门头灯箱：灯光正常，开闭时间正常		
3	安全隐患：满分 10 分，每违规项扣 5 分		
	（1）安全隐患：电源插座无损坏、电源周围无杂物堆放		
	（2）消防栓、灭火器：正常使用期限内，清洁		
二	规章制度执行（40 分）		
1	团队档案：满分 20 分，每违规项扣 5 分		
	（1）《团档台账表》的填写是否齐整、规范		
	（2）散客团档整理：报名表（销售人、客人均签名）、收据、合同复写联、合同附件、证照及签注复印件、证照交接表		
	（3）单团团档整理：询价单、合同审批单、收据、合同复写联、合同附件、客人名单表		
	（4）保证金收取：核查应收保证金的团档，如有减免应有完备的手续		
	（5）物品领取单：是否填写规范，有客人签字确认		
2	团队客户管理：满分 10 分，每违规项扣 5 分		
	（1）ERP 中单位客户信息的建立		
	（2）《大客户关系表》的制作和更新整理		
3	备用金管理（金额核对及使用明细）：满分 10 分，每违规项扣 10 分		
	总 分 合 计		

店内需求：

总体评价：

巡查人：　　　　门市部人员：　　　　日期：　　年　　月　　日（　　）

二、旅行社门市工作的业务流程

对于旅行社门市工作的服务管理，应尽力做到标准化、规范化和程序化，萃取组织经验，形成规范管理，有利于提升旅行社品牌形象和经济效益。具体而言，可以将旅行社门市工作的业务流程分为"八步走"，进行门市服务流程的标准化管理。

（一）问候客户

旅游咨询者走进旅行社门市，接待人员应做到"站相迎、笑相问"，即起身站立问候，态度亲切，真诚微笑，自报家门，使用规范文明用语问候客户，"您好，欢迎光临，请问有什么可以帮到您吗？"

（二）建立关系

当旅游咨询者进入门市后，是否会转变为消费者，在一定程度上取决于接待人员的服务态度和服务技能，主动与咨询者建立良好的关系，弱功利性地服务于对方，学会与对方交朋友，站在客户的角度解答问题，更有利于业务的推进，常用的与客户建立良好关系的技巧如下所示。

1. 主动微笑

微笑可以在瞬间消除隔阂，拉近人与人之间的距离，展示自我良好的亲和力和品牌形象，门市的接待人员要学会主动微笑，用微笑来跟顾客打招呼，有利于与客户建立良好的关系。

2. 自报家门

真诚的交往来自简单的自我介绍，在旅游咨询者走进旅行社门市时，接待人员主动起身，与对方亲切打招呼，使用文明礼貌用语介绍自己、自报家门，这是对顾客最基本的尊重和欢迎。

3. 适时问询

当旅游咨询者进门之后，如果主动走向旅游咨询柜台，前台工作人员应当报以微笑，用手势敬请对方入座，并主动问询，了解对方的出游意愿和想法，解答对方的问题；如果旅游咨询者进门后，先走到了旅游资料陈列架，自行翻阅，接待人员的做法则不同，应做到适时问询，随时找机会同咨询者接触搭话，适时问询最佳时机是顾客由发现产品到想进一步了解知晓之间，若接待人员搭话过早会引起顾客的戒备，甚至招致反感，愤然离开门店。

4. 提供帮助

当旅游咨询者进门之后，适时观察对方，提供力所能及的帮助也可以有效建立彼此关系，形成良好的印象。例如，外面天气炎热，当咨询者进门后接待人员可以倒上一杯温水，并请对方入座，当顾客手中提了很多东西，可以帮助对方放在妥当的位置上。

5. 换位思考

门市接待人员语言表达、行事作风上如果都可以站在对方角度来考虑问题，有一定的共情，很容易与顾客建立良好的关系。例如，说服顾客最智慧的语言表达就是站在对方的立场上说话，更容易说服对方。

（三）探寻需求

"知己知彼，百战不殆"，销售工作最重要的是要了解对方，包括出游喜好、出游方式、家庭成员、出游预算、出游天数等，而不是不停地说。滔滔不绝地想展示自己的专业知识，殊不知更容易招致客人的反感和戒备。

（四）提供产品

当顾客明确表示自己对某项旅游产品比较感兴趣时，门市接待人员可以取出该旅游产品的介绍资料，可以是纸质宣传彩页，也可以是影像资料，展示给顾客，促进其旅游心理动机，刺激对方的消费欲望。

展示旅游产品相关资料时，应主动向顾客提供该产品的有用信息，客观且形象地介绍并说明该项旅游产品的行程安排、住宿酒店标准、用餐标准、所乘交通工具及特色卖点，为顾客提供及时的参谋推荐、意见建议。

（五）澄清异议

接待和推销的过程中，说服对方一定会产生"异议"，即不同的观点、不同的声音、不同的想法，顾客有顾虑，不同意销售人员的推荐这很正常，这个时候，门市接待人员不要催促顾客购买，更不要表现出来反对顾客的想法，直接反驳对方，客户有异议时，接待人员应该先处理心情，再处理事情，有效地澄清异议，需要门市接待人员顺应客户的想法，表示理解和赞同，再找合适的机会表明自己的观点，用平缓礼貌的语调和和蔼可亲的态度建议顾客购买，而不是"指令性"或"命令式"的口吻，这样做的好处是可以处理顾客的情绪，以良好的客户体验来进行有效沟通，达成共识。

（六）有效促销

顾客在购买某项产品时，并不是购买产品本身，而是为了该产品能够提供舒适、方便、安全等好处，获得"价值感、体验度和便利性"是客户最看重的三个方面。所以接待人员要很清楚地知道所销售的产品有与众不同的特性，它能给顾客带来什么利益，这才是销售人员的卖点。

因此，为了促成交易，门市接待人员可以根据具体情况，采用FAB话术选择直接建议、二选一、封闭式提问法，有效促销。当旅游咨询者做出购买决定后，门市接待人员应及时与对方签订书面旅游合同或电子合同，签订旅游合同是为了保护旅游者与旅游经营者合法权益的重要手段。

（七）售后服务

门市接待人员为旅游者收取费用、开具发票、结束销售后，要做好收尾工作，应提醒顾客旅游出发前的注意事项、及时与导游联系、告知旅途中的注意事项，并表示随时愿意为旅游者进行后续服务，解决问题，预祝客户会拥有一次愉快的旅行。

（八）深度维系

当旅游者开始美好的旅程后，门市接待人员应及时将该旅游者的相关资料录入电脑归档，完善企业的CRM系统以便后续客户服务管理工作顺畅进行。另外，旅程中旅行社门市工作人员应随时与旅游者保持联系，主动问候，表示关心。当顾客结束旅程之后，也可以跟进，拨打回访电话，深度维系与客户之间的关系。

案例 5-2

众信旅游柜台式售卖功能变一站式体验服务

众信旅游直客营销中心副总监王振玥表示，对于传统的旅行社门店来说，其所承载的功能仅仅是提供柜台式的咨询服务以及旅游产品售卖功能。然而在众信旅游体验店中，除了围绕目的地特色鲜明的装潢布置之外，体验店与传统零售店最大的不同就在于为顾客提供的全方位一站式体验服务。

例如，在众信旅游南非体验店中，顾客能通过独具匠心的店面装饰感受浓郁的南非风情，亲自体验南非旅游纪念品的新奇。众信旅游Club Med体验店为游客搭建了一个具有浓郁海岛风情的门店环境，在此氛围中可更加详尽地了解Club Med特色旅游线路，深刻地体会到Club Med一价全包的服务理念。

近期，众信旅游将光华路店重装打造为"黄金海岸体验店"。位于北京CBD中心区光华路的"黄金海岸体验店"将被装点为蓝色的海洋。众信旅游还将依据黄金海岸的目的地特点，在体验店周边举办具有浓郁澳大利亚风格的亲子互动性活动，使人们在轻松愉快的氛围中了解这个假日游乐胜地的魅力。

（案例来源：http://www.bjnews.com.cn/travel/2015/03/25/357683.html.）

案例评析：随着旅游者需求的不断变化，传统旅行社门店原有的产品设计与供应链效率已经难以适应，门店的体验功能也迫切需要得到革新。"可感知性"是旅行社服务质量评价的要素之一，旅行社硬件设施的优化和创新也是消费者衡量其服务质量高低的一个外在标准，众信旅游将门店的硬件设施优化，拓宽了旅行社门店的功能，从传统提供咨询服务和旅游产品售卖，到一站式体验服务，让门店光顾者耳目一新，不仅仅有利于门店的营销，而且树立了旅行社良好的认知品牌，也提升了旅行社服务管理的水平和能力。

第四节　旅行社接待服务管理

旅行社接待服务管理，是其整个服务管理过程中的主要业务，是旅行社对客接待服务过程中的综合管理，接待服务的标准化、规范化和程序化是旅行社接待服务的基本要求，也是旅行社接待服务管理的有效途径，旅行社应参照《旅游法》有关规定和旅行社自身业务特点，制定出适合实际工作需要的接待服务标准和流程，确保旅行社接待服务的质量，主要包括团队旅游接待服务和散客旅游接待服务。

一、团队旅游接待服务

团队旅游接待是指旅行社根据事先同旅游资源采购商达成的销售合同规定，对旅游团队在整个旅游过程中的交通、住宿、餐饮、游览、娱乐和沟通等活动提供具体组织和安排落实的过程。

（一）团队旅游接待的特点

1. 计划性强

团队旅游接待的第一个显著特点是计划性强。旅游团的接待计划既是组团社根据同客源地旅行社签订的旅游合同（或协议）制定的旅游团在旅游线路上各地方的活动安排，又是组团社委托有关地方接待旅行社组织落实旅游团活动的契约性文件，同时也是导游人员了解旅游团基本情况和行程安排的主要依据，因此，严格按照旅游计划接待团体旅游者是每一个提供接待服务的旅行社的职责。

团队旅游一般均在旅游活动开始前由旅行社同旅游者或旅游中间商签订旅游合同或旅游接待协议。旅行社必须严格按照旅游合同或旅游协议上的规定和要求，认真、全面地安排旅游者在整个旅游期间的交通、住宿、餐饮、游览参观、观赏娱乐节目等活动，并提供符合标准的接待服务。除了不可抗拒的原因之外，旅行社不得擅自改变旅游团的旅游线路、旅行时间、服务等级等。如果的确需要对旅游计划进行修改，必须事先征得旅游者的同意。另外，对于旅游线路中经停的各地接待旅行社来说，它们还必须根据组团旅行社下发的旅游团接待计划，制定旅游团在当地的活动日程，并加以全面落实。因此，团队旅游接待表现出很强的计划性和契约性。

2. 技能要求高

由于团队旅游接待对象人数多，成员之间的关系比较复杂，不少旅游团的旅游者在旅行前互不认识，需要在旅行期间相互了解、认识，因此给旅行社接待工作带来了一定的困难，需要旅行社在安排布置团队旅游接待中选派责任心强、带团技能高、知识水平博的导游担任领队、全程陪同导游或地方陪同导游工作，所以团队旅游接待对旅行社工作人员的接待技能要求比较高。

3. 协调工作多

团队旅游接待是一项综合性很强的旅行社业务，需要旅行社在接待服务过程中开展大量的沟通和协调工作。

首先，团队接待中服务对象来自不同地域、不同单位和不同家庭，大家喜好不尽相同，在有限的旅行中服务人员需要协调大家相互认识、理解并达成共识，需要协调的工作较多；其次，团队接待中，不管是组团社还是地接社，都要面对旅游综合服务中的其他供应商，例如，餐饮、旅游交通、酒店、景区景点、娱乐场所等，需要协调旅游各个环节中有可能发生的突发事件；最后，团队接待的成功与否并不是单方面的，而是取决于旅行社内部和外部服务人员的团结协作、互相支持，哪怕仅仅是一个旅游团队的顺利游览，在旅游接待的有限时间内，需要司机、领队或全陪、地陪等不同角色工作人员的有效配合，他们之间也需要很好的协调。

（二）团队旅游接待服务的流程

1. 旅游团抵达前的准备

旅游团抵达前的服务接待，旅行社主要做好对外和对内两个方面的准备，一是旅游接待计划的制订和实施，二是安排合适的接待服务人员，并适时检查督促接待工作的落实。《中华人民共和国旅游法》第五章第五十九条规定，旅行社应当在旅游行程开始前向旅游者提供旅游行程单，旅游行程单是包价旅游合同的组成部分。

2. 旅游团抵达后的接待服务

旅游团抵达后的接待服务中，旅行社主要做好跟进和监督的工作，严格请示汇报制度，建立通畅的信息反馈系统，及时掌握各个旅游团（者）旅游活动进展情况，并及时采取有效措施，弥补接待过程中的服务不足，及时补救和解决。例如，在旅游团接待中建立相应的旅游团微信群，地接陪同导游每天将工作内容、难点或重点在群内做汇报，以便旅行社管理人员第一时间了解该团服务接待工作的进展情况。

3. 旅游团离开后的收尾工作

做好旅游团的收尾工作重在总结，"事先沟通、事中跟进、事后负责"的工作态度，总结是接待服务不可缺少的重要环节，是旅行社提高服务质量和工作效率的必要手段，因此在旅游团离开后的收尾工作中，应重点做好总结工作，建立健全旅游团的陪同日志和接待记录，完善重大事件的报告体制，并且处理对于接待中导游员工作的奖惩，妥善解决投诉问题。履行"有行、有果、有预防"的责任态度，在这些基础上，尽量做好旅行社团队旅游团接待的经验萃取，形成典型服务案例库，以便对今后类似接待服务有所启迪和借鉴。

二、散客旅游接待服务

散客旅游，又称为自助或半自助旅游，在国外称为自主旅游（independent tour），它是由游客自行安排旅游行程，零星支付各项旅游费用的旅游形式，人数通常少于团队旅游。散客旅游也并不意味着只是单个游客，它可以是单个游客，也可以是一个家庭或几个亲朋好友，还可以是临时组织起来的散客旅游团。

（一）散客旅游接待服务的特点

旅行社是推动、组织、安排旅游活动的服务型企业，把设计好的旅游产品销售给旅游者，并组织旅游者参加旅游活动，面对近些年发展越来越快的散客旅游市场，了解其接待服务的特点，更有利于做好旅行社的接待服务管理。

1. 批量小

相比于团队旅游，散客旅游接待的批量比较小，人数比较少。散客旅游多数为旅游者本人单独外出或与家人、朋友结伴而行，每次可能只定数量有限的几张机票，几间客房或半日游、一日游的行程安排等，所以批量小。

2. 批次多

随着游客旅游经验越来越丰富，独自出游的能力越来越强，以及现代通信和互联网技术的普及，使得散客旅游得以快速发展，散客旅游者人数迅速增加，市场规模也日益扩大，因此散客旅游形式呈现批次多的特点。

3. 需求个性化

随着旅游者出行的需求越来越追求自主化和个性化，散客旅游通常自主性强，自主安排旅游行程，而不是像团队旅游的行程是由旅行社或其他旅游服务中介机构来计划和安排，因此散客旅游表现出游客需求个性化的特点。

4. 变化大

散客旅游者旅游动机的形成阶段，往往缺乏周密、系统的思考，计划不周，加之在行程中缺乏团队集体行动的约束和限制，一切都根据旅游者的需要和意愿来行动，相对自由，因此散客旅游行程中会出现很多临时变化的情况。

5. 预订期短

散客旅游不像团队旅游者那样在抵达旅游目的地之前就已经预订了大部分或全部旅游服务，他们往往在出发前只订购了旅行社的部分或单项服务，如单程或返程交通票、第一站的酒店住宿、一顿地方特色餐品等，其他服务有可能是抵达目的地后才临时购买，因此散客旅游的预订期较短。

针对散客规模小、批次多、需求个性化、变化大、预订期短的特点，旅游接待人员除了具备基本的旅游知识及业务能力等规范化服务之外，还应具备个性化或定制化服务的能力。根据游客的特点和出行特征，分析游客的需求，从而在游客行前的咨询中给予相对适合游客的建议，提供有针对性的服务，从而提升旅游者对旅行社的忠诚度和信任度。

（二）散客旅游的类型

1. 散客自助游

散客自助游，是指游客自行安排旅游行程，以零星现付的方式购买各项旅游服务的旅游形式。同时，散客自助游又可以分为全自助和半自助两种。"全自助"是指个人、家庭或亲朋好友一起不使用旅行社的服务而自定行程、自主安排各项旅游事宜的旅游活动；"半自助"是指个人、家庭或亲朋好友一起自行安排旅游行程但部分使用旅行社服务的旅游活动，如通过旅行社订房、订购交通票据等。

2. 散客团旅游

散客团旅游，是指游客以个人身份参加旅行社组织的各项服务，以单价为基础计算的团体游形式。散客团旅游具体可以分为小包价旅游、组合旅游和散客包价旅游。小包价旅游通常是指房费与早餐、交通集散地接送服务费、城市间交通费和旅行社手续费采用包价而其他服务由游客自选、费用现付的旅游形式。游客自选的服务项目包括午餐、晚餐、景点游览、文娱节目观赏、风味餐品尝等；组合旅游是旅行社将参观游览相同景点或赴同一地点、同一线路的游客临时组织成团的旅游形式，这种旅游形式又可以分为两种情况，一种是到本市近郊或邻近城市旅游景点的"半日游""一日游"或"多日游"；另外一种是到其他地区或旅游线路的旅游；散客包价旅游在我国是指9人以下（含9人）不提供全程陪同导游服务的包价旅游。

（三）散客旅游接待服务的流程

1. 接站服务

（1）接站准备。

旅行社制订散客旅游的接待计划，并且派发相应的导游人员做好接站准备，明确接站的日期、航班或抵达车次、散客姓名及人数、下榻的酒店等具体安排；导游人员准备好迎接客人的接站牌、欢迎标识、地图、导游旗并且检查所需票证等；计调部门及时确认接站司机姓名、联系方式和车型车号，约定接站时间、地点。

（2）机场（车站、码头）等候。

导游人员若迎接的是乘坐飞机抵达的散客或小包价旅游团，应提前20分钟到达机场，在国际或国内进港隔离区门外等候；若迎接乘坐火车或轮船抵达的散客，应提前30分钟进入车站站台或码头等候。

（3）确认日程安排。

旅行社工作人员在接到散客或小包价旅游团之后，应第一时间与对方核对日程安排，明确行程中的景点、入住酒店、是否含餐、交通工具等相关事宜，如果该散客还有送机（车、船）服务，导游人员要与其商定离店时间与送站安排，并且及时确认机票。

（4）确认机票。

若散客将乘飞机赴下一站，而又不需要旅行社为其代购机票时，导游人员应叮嘱其要提前预订和确认机座；如该散客需要协助确认机座时，导游人员可告知其确认机座的电话号码；如他（她）愿将机票交与导游人员帮助确认，而接待计划上又未注明需协助确认机票，导游人员应向其收取确认费并开具证明。导游人员帮助游客确认机票后，应向散客部或计调部门报告确认的航班号和该航班起飞时间，以便计调部提前派人、派车为其提供送机服务，并将收取的确认机票服务费交给旅行社。

2. 途中服务

（1）入住酒店。

散客旅游通常没有配备全程陪同导游或领队，散客抵达酒店后，旅行社委派的导游人员应帮助其办理酒店入住的相关手续，向其介绍酒店的主要服务项目及注意事项，核对行李，并告知其离店时需要现付的费用和服务项目，如早餐厅在哪里、客房内需要付费的服务项目、如何连接酒店的 Wi-Fi 等事宜。

（2）导游讲解。

旅行社委派的导游人员应提前15分钟抵达集合地点引导散客上车集合，准备出发。由于散客旅游的游客通常文化水平较高，旅游经验也比较丰富，在旅游接待服务中要求也高，因此对导游人员的综合素质期待和要求也比较高，导游人员不仅要有高度的工作责任心，能够倾听客人的诉求，而且还要耐心细心，做好讲解服务和组织协调的工作。

在导游讲解的服务中，可以因地制宜、因人而异地及时变化讲解方式和语言表达，适时采用"独白式""对话式""提问式""制造悬念"等不同的语言形式，努力提高自己的语言表达能力和技巧。

（3）说明旅游服务项目。

由于散客出行的特点有一定的自由性、随机性和变化性，所以旅行社工作人员在接待散客的过程中，应择机询问对方在本地停留期间是否需要旅行社代办何种旅游事项，及时解释说明旅行社可以为其提供的服务项目并表示愿意随时为其竭诚服务。在说明和解释时，切忌强买强卖、口若悬河，要考虑对方的需求和体验，不可以有明显的"推销痕迹"。

（4）其他服务。

由于散客旅游行程安排相对自由，时间相对富余，当散客旅游者提前返回酒店后，旅行社的导游人员应当成为他们的参谋和顾问，向他们介绍当地的文娱演出、体育比赛或酒店开展的服务项目，请对方自愿选择并表示愿意协助进行安排，及时做好散客接待服务中的其他服务。

3. 送站服务

（1）做好送站准备。

当散客旅游者结束在本地的活动后，旅行社工作人员应提供送站服务，使他们平安、顺利地离开当地，导游人员应在送站前的 24 小时与散客旅游者确认送站时间、地点和交通方式。如果散客旅游者乘坐国内航班离站，若从中、小型机场起飞，导游人员应掌握好时间，使散客旅游者提前 2 小时抵达机场；若从大型机场起飞，应提前 3 小时抵达机场；如果散客旅游者乘坐国际航班离站，必须保证游客提前 3 小时抵达机场。

（2）酒店送站。

按照与散客旅游者约定的时间，旅行社导游人员必须提前 20 分钟抵达对方下榻的酒店，协助其办理离店手续，交还房卡，付清账款，清点行李并提醒旅游者带齐随身物品，随后照顾客人上车离店。

若导游人员到达散客旅游者下榻的酒店后，未找到应送的客人，导游人员应到酒店前台了解该客人是否已经离店，若超过约定时间仍未联系到该客人，应及时向旅行社相关部门报告并随时保持联系，当确认实在无法找到该客人，经旅行社同意后方可停止寻找，离开酒店。

（3）机场（车站、码头）送站。

与散客旅游者约定好时间，到达机场（车站、码头）后，导游人员应提醒和帮助散客旅游者整理好自己的行李和物品，协助其办理离站手续。导游人员在同游客告别之前，应向机场工作人员确认航班是否准时起飞，若航班延误起飞，应主动为散客旅游者提供力所能及的帮助。

（4）后续工作。

旅行社工作人员送别散客旅游者之后，导游人员应即时回单位结清所有账目，将有关接待情况反馈给旅行社计调部门，如若有现场向客人收取的现金应及时交于旅行社财务部门，妥善处理好接待工作的后续总结和反馈工作。另外，做好散客旅游者的售后服务工作，有利于树立旅行社良好品牌，提升服务质量，争取更多的回头客和转介绍。

第五节　旅行社售后服务管理

旅行社的售后服务，是指旅游者结束旅游活动之后，旅行社继续向参加旅游活动的旅游者提供一系列后续服务，听取旅游者对服务质量的评价、改进意见以及了解旅游者对服务质量的潜在需求，目的在于主动了解游客对旅游活动组织和安排的满意度，解决游客在旅游过程中可能遇到的问题，以及加强同游客之间的有效互动和深度维系。

一、旅行社售后服务的方法

（一）回访电话

在旅游者结束旅游活动的当日，或旅游者回到出发地之后，旅行社工作人员可以通过电话的形式进行回访。这样的回访电话，是旅行社为旅游者提供的一种售后服务，不仅可以让旅游者直观地感受到旅行社的关心和惦念，而且可以及时了解旅游者对于行程安排的不满，通过有效的沟通及时化解彼此之间的误会和矛盾，有利于减少旅游投诉的发生。

（二）意见单

对于每一位参团游客，旅行社都可以通过导游人员进行意见单的填写和征询，发放和回收形式可以相对比较灵活一些，可以是现场采集，也可以是邮寄或者扫描二维码线上完成。意见单中的填写内容尽量简洁清晰，方便游客完成填写，不至于占用对方很多的时间。

（三）重要节日问候

对客户的节日问候会占用一定的资源、时间和费用，旅行社应该对客户资源做一定的客群经营和客户分类，并不是所有的参团旅游者都需要重要节日的问候，而是选择一些重要客户，在重要节日和私人纪念意义的日子送上祝福和问候，如客户的生日送祝福，表达旅行社对客户的重视和人文关怀。

（四）旅游博览会

旅游博览会是具有一定社会影响力的旅游展览，是推广旅游资源和旅游产品、促进旅游消费的重要交流交易平台，近年来随着会展经济的发展，越来越多的人接受并喜爱博览会这样的营销形式，旅行社也可以利用当地各种形式的旅游博览会，邀约客户参加旅游博览会，一方面观摩展会主题，另一方面达到一定的营销推介目的，这也是很好的旅行社售后服务的形式之一。

（五）主题讲座

为了密切联系客户，做与客户共成长的企业，旅行社可以不定期地开展一些"专题培训"和"主题讲座"，以课堂和学习的形式加大与客户之间的黏合性，帮助客户收获知识、提升技能、增强审美，如"摄影技巧""形象塑造""花艺美学""养生健身"类主题培训，邀请业界专家为客户分享专业知识，通过这些活动，不仅可以让客户了解到旅行社的企业文化和经营理念，而且也加强了与客户之间的情感联系，为今后的旅游咨询和产品销售提供良好的基础。

二、投诉的处理流程及管理技巧

旅行社售后服务工作主要可以分为对客户信息反馈跟踪、加强与客户的联系和黏合以及处理相关的旅游投诉三个方面，其中旅游投诉从不同角度反映了旅行社服务质量存在的问题，对于旅游投诉的服务管理有利于提升旅行社整体企业品牌、优化服务质量，因此有必要对旅游投诉的处理流程和管理技巧进行系统梳理。

（一）旅游投诉的内涵

1. 旅游投诉的定义

根据《旅游投诉处理办法》的规定，旅游投诉是指旅游者、海外旅行商、国内旅游经营者为维护自身和他人的旅游合法权益，对损害其合法权益的旅游经营者和有关服务单位，以书面或口头形式向旅游行政管理部门提出投诉，请求处理的行为。从本质上讲，旅游投诉是顾客为了保护自身权益而对旅游管理部门及旅游企业实施服务质量反馈，对他们进行监督的一种有效方式。

2. 旅游者投诉的心理需求

旅游投诉事件主题是旅游投诉发生的原因，是旅游活动中需要重点关注的问题。将旅游投诉主题分为以下 8 类，即违反合同、虚假宣传、服务欠佳、诱导购物、强制消费、价格纠纷、消费欺诈和安全问题。其中消费欺诈的投诉量高达 1007 起，居各类投诉首位，占总投诉量的 34%。

（1）求尊重的心理。

"尊重"是人与人之间良好相处的基础和要求，尤其是服务旅游者的过程中，由于接待人员不合适的语言、口吻、行为，甚至是面部表情，会让旅游者感受到未被重视、不受尊重，很容易导致旅游投诉的发生。另外，面对旅游投诉问题，旅行社相关负责人员如果没有及时响应，不以为然，也非常容易激发客户的情绪、激化彼此的矛盾，这时候旅行社服务人员应该端正态度、积极响应、及时核查、诚恳道歉，赢得客户的理解和谅解。

（2）求补偿的心理。

求补偿，是旅游者认为其合法权益受到损害而通过投诉的方式得到弥补和补偿的心理。在旅游服务过程中，旅游者如果在人身和财务安全上受到损害，通常就会用投诉的方式向有关部门索赔，要求有关部门或旅行社给予物质补偿，如果双方达不成调解，还会采取法律上的诉讼活动要求赔偿，以弥补他们的损失。

（3）求发泄心理。

旅游者在旅游活动中，感觉自身权益受到侵害，往往会心中有怨气，在诉说过程中谩骂指责、情绪激动很正常，面对这类投诉者，如果接待人员注意说话方式方法和服务态度，主动道歉，安抚对方的情绪，让对方有机会去发泄自己的负面情绪，道出心中的不悦，再适当做出让步和补偿，会及时化解矛盾，避免对方的投诉行为。

（二）投诉处理应遵循的原则

1. 投诉是金，游客至上的原则

投诉往往可以客观地反映出旅行社服务过程中的不足和问题，正面看待旅游者的投诉，及时处理投诉中的问题和矛盾，能够有效提升旅行社的服务品质，而不是一味地抱怨指责、消极应对。所以旅行社工作人员在处理投诉问题上，应本着"投诉是金，游客至上"的原则和态度，认真听取旅游者的意见和建议，愿意为其排忧解难，对他们的失望和抱怨多理解、多包容、多关心，这样做在某种程度上也是对游客的一种精神和心理上的服务补救，有利于化解矛盾、解决问题。

2. 及时响应，态度诚恳的原则

面对投诉，有些旅行社会认为游客投诉就是为了获得经济上的补偿，往往以消极的态度处理，能拖就拖，希望让游客的投诉时过境迁，不了了之，这样的做法往往会激怒游客，促使投诉升级。因此，旅行社工作人员在投诉发生的第一时间就进行相关回复或处理，主动倾听投诉者的需求，有利于投诉问题的解决，及时的响应一方面可以向投诉者展示企业对于投诉的处理意愿和诚恳态度，有利于及时消除投诉人员的不满心理和抱怨情绪；另一方面可以展示出企业面对问题、解决问题的效率和责任。

3. 双赢合作，有效化解的原则

"硬碰硬"是两败俱伤的，这也是面对问题和困难的消极应对，游客对旅行社的服务不满意，产生投诉是正常的，他们来投诉，就是希望旅行社管理人员能够帮助他们解决问题，因此面对游客的投诉，旅行社工作人员应本着"速度要快，态度要好，气度要大，制度要有"的出发点，思忖此刻用什么方法可以有效解决问题。逃避和遮掩只能让问题和矛盾升级，应从旅游者的投诉心理出发，分析投诉者的根本诉求，结合相应的企业规章、行业法规等，争取在最短的时间内进行答复处理，对旅游者的承诺要及时兑现。

（三）旅游投诉处理的流程及步骤

1. 及时响应，调查核实

游客的投诉，会有矛盾升级和激化，处理流程和步骤也有所不同，有时旅游者是向旅行社的相关负责人来投诉接待人员的工作疏漏和不足，这时旅行社的角色和处理方法就极为关键，一方面游客表现出对旅行社的信任和理解，另一方面游客又希望旅行社能够公平公正，维护消费者权益，所以这个时候对于旅行社而言是双重角色，从不同角度处理问题，及时响应，对旅游者投诉的问题表示感谢和理解，第一时间调查核实，及时给予回复。

如果游客的投诉升级，不仅停留在旅行社的层面。《中华人民共和国旅游法》第八章旅游纠纷处理中的第九十一条明确规定，县级以上人民政府应当指定或者设立统一的旅游投诉受理机构。受理机构接到投诉，应当及时进行处理或者移交有关部门处理，并告知投诉者。

2. 安抚情绪，提供备案

游客在投诉的过程中，有情绪、有抱怨很正常，旅行社工作人员在处理和接洽中，应首先尝试安抚情绪、提供解决方案，而不是盲目地给答复和结果。如果对方投诉的心理需求是"求尊重和求发泄"，那么让旅游者表达和宣泄出来就显得尤为关键，尽量避免与投诉者针锋相对、狭路相逢，非要争个你高我低、你对我错，就更容易激化矛盾，使得投诉升级，而旅行社会更加被动、得不偿失。

3. 调查原因，制订方案

面对旅游者的投诉，一定是有某些地方做得不够好，让顾客失望和愤怒，调查原因，找出客人不满意的地方很必要，分清投诉缘由是来自主观方面还是客观方面，旅游投诉大体来自三个方面，一是对于导游人员工作技能和服务态度的投诉；二是旅行社整体工作的安排，如日程安排、合同签订、虚假宣传等；三是对于旅游供应商的投诉，如住宿、饮食、游览、交通、购物、娱乐项目等方面的投诉。

调查原因，找到症结所在，依据企业的规章制度和相关法律条文，为解决游客的投诉内部首先制订方案、达成共识、化繁为简，争取得到有效解决。

4. 尊重顾客，告知进度

投诉问题在解决的过程中，要注意及时跟进，告知对方调查和处理的情况，拖得时间越长，对顾客的伤害越大，另外旅游投诉也是有时效性的，因此旅行社应制定切实可行的制度，加强管理，在第一时间迅速响应和处理，尊重对方，跟进过程，及时反馈。

5. 分工负责，资源协同

旅行社面对顾客的投诉，应本着目标至上、解决问题的态度，对内进行分工协作、各尽其责，经过调查核实、收集资料，如果是在自己权限内无法与客户达成问题的解决，应进行资源协同，让更高一级负责人来协调。另外，征求投诉人的意见，从投诉者心理诉求方面出发，达成补偿协议，有必要时还可以登门致歉以化解矛盾。

6. 排查隐患，重在预防

每一项游客投诉处理完毕后，应及时排查隐患，看看类似问题和矛盾是否也存在于其他团队或项目中。面对投诉，如果旅行社可以把优质服务的工作提前进行，或可消除客户的顾虑。预防工作也尤为重要，优质的服务是来自顾客张口之前，可以为对方想、为对方说、为对方做，就更容易创造客户满意和感动的服务。

7. 完善流程，经验萃取

投诉处理结束后，应在一个月内通过电话或上门进行回访，消除客户不良的心理影响。而每一次问题的解决，对于旅行社内部服务流程和制度的建立也很有价值，应及时总结处理流程，萃取服务经验，为以后的工作提供有益帮助和指导。

本章小结

本章主要从服务管理的相关概述和旅行社服务质量管理的内涵等方面进行论述。在简要概括了服务的定义、特性和种类的基础上，详尽阐述了旅行社服务质量管理的评价要素、方法及主要内容，具体从旅行社售前、接待和售后三个维度分析了服务管理的业务流程和操作方法。售前的服务管理主要集中探讨了门市的接待流程的业务管理；接待中的服务管理主要探讨了团队和散客的接待流程；售后的服务管理主要强调了旅行社售后服务的方法途径、旅游投诉的处理流程和管理技巧。

思考练习

1. 服务具有什么特性？

2. 简述服务质量管理的评价要素。

3. 旅行社服务质量会存在哪些方面的差距？

4. 简述旅行社门市工作的业务流程。

5. 旅行社处理旅游投诉的流程步骤有哪些？

参考文献

1. 张道顺. 现代旅行社管理手册［M］. 北京：旅游教育出版社，2006.

2. 国家旅游局人事劳动教育司. 旅行社经营管理［M］. 北京：旅游教育出版社，2006.

3. 李宏，杜江. 旅行社经营与管理［M］. 天津：南开大学出版社，2011.

4. 马爱萍. 新编旅行社管理［M］. 北京：北京师范大学出版社，2013.

5. 王宁，陈兰，赵海湖. 旅行社经营管理［M］. 北京：清华大学出版社，2014.

6. 全国导游人员资格考试统编教材专家编写组. 导游业务［M］. 北京：中国旅游出版社，2016.

7. 戴斌，张杨. 旅行社管理（第四版）［M］. 北京：高等教育出版社，2018.

第六章
旅行社人力资源管理

【案例导入】

罗森布鲁斯国际旅行社注重人才选拔

罗森布鲁斯国际旅行社是一家大规模的旅行社，该公司在美国、英国及亚洲设有582个分支机构，雇用了3000名员工。20世纪70年代末，它还只是费城的一个旅行社，销售额为2000万美元。到1992年，该公司的营业额上升到150亿美元。是什么原因使该旅行社得以如此快速地增长呢？罗森布鲁斯国际旅行社首席执行官认为，原因在于企业将员工放在顾客之前，使企业对服务质量有着不懈的追求。

公司认为，人才才是自己的竞争优势，所以员工对公司来讲至关重要。为了保留住员工，公司组建了一个"幸福晴雨表小组"。该小组由从各部门随机挑选的18名雇员组成，这些雇员将员工对工作的感受反馈给总经理。调查问卷一年两次被派发给所有的员工，以了解他们对工作的喜好程度，调查问卷计算后的结果告诉每一位员工。该公司的成功主要取决于稳定的员工队伍，在旅行社这一行里，工作强度相当大，流失率普遍高达45%~50%，而在该公司，流失率仅为6%。该企业的招聘及培训工作说明了这一现象的原因。

每一位职位候选人均被仔细审查，以确保公司招聘合格的人才。罗森布鲁斯需要的是有良好的团队协作能力的乐观积极的人才。在挑选的过程中，公司把亲和力、爱心及对工作的狂热，放在比工作经验、过往薪金等更重要的位置。对于符合资格的候选人会安排3~4小时的面试。对于高层位置，公司总裁会亲自同候选人见面。例如，对于销售主管这个位置的候选人，公司总裁夫妇会邀请候选人夫妻共度假期。

新员工一旦被雇用，会很快熟悉他的工作环境。上班第一天，新员工将在幽默剧中扮演一个角色，以让这些员工知道，公司希望他的每一位员工从工作中获得欢乐。幽默剧的扮演也同样是一个学习的过程。例如，员工会在剧中因为糟糕的服务而结束他们的事业。

　　所有的新员工都会进行为期2~8周的培训，在培训过程中，经理人员会评估这些新员工以了解他们是否适合罗森布鲁斯公司高强度的、注重团队合作的工作气氛。那些喜欢个人英雄主义的员工将被请出公司。

　　（案例来源：张德．组织行为学（第六版）［M］．北京：高等教育出版社，2019.）

　　案例点评：罗森布鲁斯国际旅行社成功的经验有以下几个方面：一是树立了正确的战略人才观，将员工看作企业最有价值的资源；二是明确了用人标准，并有一套严谨、科学的面试体系；三是重视新员工的导向和培训工作；四是加强对员工日常业务的管理，调动员工工作的积极性。

第一节　旅行社人力资源管理概述

一、旅行社人力资源

　　旅行社人力资源是提升旅行社的竞争力和可持续发展的重要保证，决定着旅行社的整体发展。

（一）旅行社人力资源的内涵

　　旅行社人力资源是旅行社在经营发展过程中不断投资与积累所形成的，从事与旅行社有直接关系并影响着旅行社发展的人员。旅行社人力资源的主体是旅行社就业人员，包括旅行社导游、旅行社计调、旅行社销售、旅行社票务、旅行社经理等旅行社相关从业人员。从结构上看，旅行社人力资源包括潜在的旅行社人力资源（旅游院校的大、中专学生，已经获得旅游经纪人培训和导游员培训而尚未在旅游岗位上就业的人员）、旅行社行业直接就业人员以及旅行社行业的间接就业人员。

（二）旅行社人力资源的特点

　　旅行社是人才密集型企业，人力资源在其全部资源中所占比重较大，在推动旅行社发展、实现企业经营目标、创造企业效益方面发挥着重要作用。因此，旅行社人力资源除了具有一般人力资源的特征之外，还具有以下特点。

1. 流动性

在市场经济条件下，人才流动是很正常的。但是由于旅游业的就业门槛低，包容性强，又具有季节性波动的特点，这就造成部分基层人员的流动性大。另外，旅游行业的员工普遍过分年轻化，基层员工待遇较低，新的旅游企业又不断出现，也会使旅行社人力资源产生较大的流动性。

2. 独立性

旅行社业务具有分散性的特点，在旅行社为顾客提供服务的过程中，是由旅行社中的某一位员工按照其工作内容与职责单独面向顾客完成旅游产品销售、旅游服务采购、旅游接待任务等工作，相关问题的处理必须在现场独立完成。这就说明旅行社员工的工作具有很强的独立性。

3. 知识性

旅行社是知识密集型企业，导游人员要掌握较多的知识，具有较高的文化修养，其他的工作人员如产品开发、销售等也必须具备较高的知识水平。随着生产力水平的不断提高，人们对旅游的需求也越来越高，旅游业的发展非常迅速，旅行社行业相关知识更新越来越快，旅游人力资源的"一证永逸"已经不能适应旅游业发展的需要了。因此，需要旅行社人力资源不断提升自身知识能力水平，不断创新提供更多符合市场规律的新产品。

4. 主动性

大多数旅行社属于零散型行业，旅行社经营分散的现状导致旅行社的抗风险能力普遍较差。因此，旅行社从业人员应比其他行业人员更加积极主动地争取市场机遇，在激烈的竞争中不断发展壮大。

二、旅行社人力资源管理

旅行社是提供旅游服务产品的企业，员工参与服务生产过程，向顾客提供面对面的服务。当今，随着旅游业的快速发展，科学技术越来越发达，旅游企业所提供的服务仍然无法被机器或者物质所取代，而顾客越来越多地需要体贴入微、富有人情味的个性化服务。因此，在未来的新形势下，旅行社应当重视人力资源管理工作，将人力资源管理工作提升到企业的顶层设计中去规划。

（一）旅行社人力资源管理的内涵

旅行社人力资源管理，是指旅行社为了实现企业的既定目标，对人力资源进行有效开发、合理利用和科学管理的过程。主要包括人力资源的规划、企业战略规划、企业文化、员工关系、招聘、培训、选拔、使用、评估、薪酬、奖惩等一系列活动，能够通过人力资源管理向旅行社提供高质量的人才，促进旅行社的全面发展，实现企业的战略发展目标。

（二）旅行社人力资源管理的特点

旅行社人力资源管理是旅行社管理的核心，与营销管理、服务管理、财务管理等一样，同为企业的基本管理职能。每一个旅行社的组织形式及组织结构虽然有所不同，但是其人力资源管理的特点基本是一样的，主要有以下几个方面。

1. 部门设置不一，对人力资源战略认识不同

我国的旅行社，大部分为中小规模的旅行社。一部分旅行社中还没有设立人力资源部门，一般情况是把人力资源管理与行政管理归属于一个部门，缺乏人力资源开发与管理的专门人才。通常由行政人员承担规划、招聘、考核、薪酬、福利、培训等方面的工作，忽视业务市场对人才的要求，不重视人才的培训、低水平激励，把人力资源等同于一般资源看待。旅行社要建立人力资源管理部门，对其工作人员进行科学的管理。

2. 工作内容灵活，对员工绩效考核难度加大

旅行社员工的工作地点、工作内容等非常灵活，很多工作也是个人独立完成，企业可以通过事后的问卷调研、回访等了解员工工作情况，但很难直接对员工的工作过程进行考核；由于旅行社服务也具有无形性的特点，员工工作质量不能直接反馈给上级主管部门，因此对员工的绩效考核难度加大。

3. 人员流动性较大，对员工招聘、培训任务繁重

旅行社的业务工作有着很强的季节性特点，导致淡旺季旅行社用人量上有所不同，在旅游旺季会出现人力资源供不应求的现象，也为员工招聘带来了一定的难度；在人员流动性较大的情况下，旅行社对员工的培训很难规范化，对员工的激励、考核等很难跟上旅行社发展的步伐。

第二节 旅行社人力资源管理的内容

旅行社人力资源管理，是高质量完成服务过程、实现组织目标的必要保证，也是旅行社实施服务竞争战略的基础，我国旅行社人力资源管理的重点是将人力资源管理和企业战略相结合。

一、人力资源规划

旅行社人力资源规划，是旅行社发展战略的重要组成部分，是开展人力资源管理工作的依据。

（一）旅行社人力资源规划的内涵

旅行社人力资源规划是指旅行社为了实现其发展目标与战略，根据旅行社内外部环境的变化，运用科学的方法对所属人力资源的供需进行预测，制定和实施相宜的人力资源政策和措施的过程。从而使旅行社人力资源供给和需求达到平衡，以满足企业在不同发展时期对人员的需求，最终实现旅游组织的可持续发展目标。简而言之，旅行社人力资源规划是指进行旅行社人力资源供需预测，并使之平衡，达到可持续发展的过程。

（二）旅行社人力资源规划的程序

在旅行社人力资源规划过程中，要了解旅游行业的现状，更要明确旅行社的战略目标和发展方向，能够根据内外环境的变化趋势，掌握现实情况，更要认清旅行社人力资源的潜力和问题。

旅行社人力资源规划程序一般可以分成以下四个阶段。

1. 调查分析阶段

制定旅行社人力资源规划的依据是企业内部信息和企业外部信息。调查分析阶段的主要任务就是根据已经确定的目标，广泛搜集旅行社内部和外部的各种有关信息，并进行分析整理，为后续阶段的工作做好准备。旅行社外部信息主要包括宏观经济发展趋势、旅游行业的发展前景及发展动态、政府的政策法规、主要竞争对手的实际情况、劳动力市场的趋势、旅游市场相关人才的供需状况等。旅行社内部信息主要包括旅行社经营发展战略目标、组织文化、组织结构、现行人力资源政策、现有员工状态数据等。

2. 供给需求预测阶段

供给需求预测阶段是人力资源规划中关键性的部分，人力资源开发、管理、计划工作都必须根据预测决定。旅游人力资源的预测主要从供给和需求两个方面进行。

需求预测是指根据旅行社的发展目标和发展战略、组织结构状况、员工生产力或效率的变化，对未来为达到企业目标所需的员工数目和类别进行预测。在预测过程中，可由有经验的专家或管理人员直接进行判断或做出预测，也可以利用数学和统计学等发展进行科学的分析预测。

供给预测是指通过对旅行社现有人力资源使用情况的分析，根据旅游企业内外部人力资源供应情况，对旅行社人力资源的供应进行估算。人力资源供给预测分为外部人力资源供给预测和内部人力资源供给预测，一般来说，先分析已有的劳动力供给，如果内部设有足够的供给，就需分析外在劳动力市场。

旅行社人力资源的供需预测是一项技术性较强的工作，其准确程度直接决定了规划的有效性，经过供需分析，便可确定旅行社未来的人力资源剩余和短缺的情况。因此，除了正确选择方法之外，对预测人员数量、结构、素质、业务能力和经验的选择也很重要。

3. 制定实施阶段

规划的制定与实施有着密切的联系。旅行社的人力资源规划要在人力资源预测的基础上进行，要先确定人力资源战略，根据人力资源战略制定总体规划，制订人员的招聘计划，在此基础上制订各项具体的业务计划，提出调整供给和需求的具体政策和措施。在人力资源规划制订的过程中要注意总体规划和各项业务计划的衔接和平衡，还要注意各项计划和政策的一致性，确保通过计划的实施使未来旅游组织对人力资源的需求得到满足，旅游人力资源战略的目标得以实现。旅行社人力资源供求达到协调平衡是人力资源规划的基本要求。

旅行社人力资源规划最终要付诸实施。在方案执行阶段，关键问题是必须要有实现既定目标的组织保证，要注意协调各部门、各环节之间的关系。除分派负责执行的具体人员外，还要保证实现这些目标所需要的必要权力和资源。

4. 评估和反馈阶段

评估和反馈的目的在于检查规划的成效。旅行社将人力资源的总体规划和各项业务计划付诸实施后，要及时评估实施的结果和效果，分析和评价规划质量，并进行反馈，在此基础上及时修正、完善人力资源规划，以保证组织目标的实现。

在对旅行社人力资源规划进行评估时，一定要尽量做到客观、公正和准确。同时，要进行成本效益分析以及审核规划的有效性，在评价时，要征求部门经理或基层管理者的意见，从规划的受益者方面了解人力资源规划的科学性及合理性。

二、招聘管理

招聘是一个组织用以寻找或吸引求职者来填补一个岗位的过程，是旅行社人力资源管理的重要环节。招聘工作涉及招聘过程的管理、招聘渠道的选择、甄选方法等方面的内容，只有做好招聘管理，才可以招进对旅行社有利的人才，才可以保证企业的可持续发展。

招聘岗位、人员需求情况、招聘费用的限制等决定了招聘对象的来源与范围，从而决定了招聘渠道的选择。旅行社人员的补充有内部招聘和外部招聘两种渠道。在招聘中，首先从内部寻找，然后才向外部挖掘。

（一）内部招聘

内部招聘是优先向企业内部现有人员传达职位空缺的信息，通过内部晋升、工作调换、工作轮换等形式，选拔具有相应资格或对职位感兴趣的人员到新的岗位。内部招聘要注意的是遵循公开、公正、公平的原则，发挥内部人才流动的优势，调动全体员工的积极性。

1. 内部晋升

当旅行社中比较重要的岗位需要招聘人员时，旅行社内符合条件的员工从较低级的岗位晋升到一个较高级岗位的过程，就是内部的晋升。内部晋升有利于激发员工工作的积极性，提升员工的工作士气，形成良好的企业文化；但也存在不易对外吸纳优秀人才的问题，可能会使得企业缺少活力。

2. 内部调用

当旅行社中需要招聘的岗位与员工原来的岗位层次相同或略低时，员工调到同层或下一层级的岗位去工作的过程就是内部调用。内部调用时，要征得被调用者的同意，用人之长，将合适的人放在合适的位置。

3. 内部轮岗

内部轮岗是旅行社员工内部聘用的一种趋势，旅行社为了实现人才战略目标，会有储备经理人、重点培养人员的积累，为储备人才提供相应岗位的轮岗，以便让其能够全面了解旅行社的业务，提升员工个人的能力和见识。

内部招聘能够给员工提供发展的机会，员工可以减少对新岗位的磨合期，更快地适应企业文化、工作环境，也可以更快地适应新的工作岗位；内部招聘可节约大量招聘的费用，也减少了企业因岗位空缺造成的间接损失。内部招聘也有一定的弊端，如果找不到合适的内部候选人，会耽误整个招聘进程；内部招聘的竞争可能在组织中造成矛盾；由于企业内员工有相同的文化背景，可能会产生"团体思维"的现象，抑制了个体创新。

（二）外部招聘

外部招聘是指企业向外部发布招聘信息，吸引人力资源应聘的方法。外部招聘的渠道众多，常用的有以下几种。

1. 广告招聘

广告招聘是最常用、最简单且最广泛的招聘手段。主要通过网络、电视、广播、报纸、杂志、海报等形式进行宣传，吸引求职者应聘。在广告宣传时，将招聘企业介绍、岗位名称、职位介绍、招聘条件、应征方式、待遇说明等内容进行说明，在此基础上，广告设计要具有创造性、新颖性、吸引力，尽可能准确、详尽、真实、生动地说明招聘信息。广告宣传必须符合有关法律的规定。

有效的招聘广告能把旅行社的招聘信息以经济上最合理、时间上最迅速的方式传达给需要工作的人，吸引较多的应聘者；但是有广告费用高的不足。

2. 校园招聘

高校中每年都有大量的毕业生走向社会，为企业招聘提供了大量的人选，在他们当中，不少人是旅行社中最富有提升潜力的员工。校园招聘的途径主要以参加校园招聘会、邀请学生到旅行社实践实习、举行招聘宣讲等方式进行。如果企业能够预测较长时间内的人才需求情况，可以提前数月乃至一两年，在校园内进行预订招募，建立产教融合基地，储备优秀人才。

校园招聘的优点是旅行社能够在校园中找到足够数量的高素质人才，新毕业学生的可塑性较强；青年人进入企业有活力，能够为企业带来生机。不足是欠缺经验，需大量培训和磨合，人员存在不稳定的因素。

3. 就业中介机构

就业中介机构作为就业中介组织为用人单位和求职者搭起了桥梁，为用人单位推荐用人，为求职者推荐工作。借助于中介机构，旅行社和求职者均可以获得大量的信息，因此旅行社在委托中介机构代理招聘时，要提供一套较为完整、准确的招募信息。一般的就业中介机构偏向于初、中级工作岗位；高级人才咨询公司、高级人才顾问公司、猎头公司等专门为企业物色高级管理和技术人才。

就业中介机构的招聘能够有更多的信息进行分享和选择，但是就业中介的招聘不一定能够完全满足旅行社的用人要求。

4. 展会招聘

旅行社会在各类展会中进行产品推介、推荐新线路、宣传形象，以此达到宣传自己、业内交流的目的。借此机会，有人才需求的旅行社也会发布招聘信息，吸引合适的人才加入旅行社。

三、培训管理

培训是人力资源开发的重要措施，不仅是提升员工自身竞争力的重要措施，也是提升组织竞争力的重要措施。

（一）旅行社员工培训的内涵

旅行社员工培训是指旅行社有计划、有组织地通过讲授、训练和实习等方法，向新员工或者现有员工传授其完成本职工作所必需的基本技能的过程。根据培训内容的不同，可以将培训分为企业文化培训、工作知识培训、服务技能和工作流程培训、职业道德和服务意识培训等；根据培训时间可以将培训分为脱产培训、半脱产培训、在职在岗培训等；根据员工培训的性质可以分为入职培训、指导性培训、提升性培训等。

（二）旅行社员工培训的意义

员工培训，是旅行社人力资源增值的重要途径，是维持整个旅游企业有效运转的必要手段。对于企业而言，企业经营的成败和竞争的胜负，从根本上说取决于员工的素质，而员工素质提升的关键在于培训；员工培训是一种对员工特殊的投资方式和竞争策略，有利于员工更深刻地体会和理解企业文化、企业经营目标和服务理念，提高员工职业素养和专业技能水平；它不仅仅是提高员工工作效率的一种手段，更是企业吸引人才、留住人才，从而进行人力资源开发的重要途径。对于旅行社员工而言，有利于其自我提升、自我发展、自我完善，能够提高就业能力和工作效率，增强员工的自信心和工作的满足感、幸福感。

（三）旅行社员工培训的过程

旅行社员工培训从培训需求分析开始到效果评估结束，可以分为三个阶段，即计划阶段、实施阶段、评估阶段，具体有以下几个步骤。

1. 分析培训需求

旅行社员工培训一方面可以根据旅行社人力资源工作计划、人才培养计划定期举行，另一方面也可以根据旅行社面临的问题、员工实际工作情况按照培训需求进行有针对性、目的性的培训，这就要求在培训前要做好培训需求的分析。

培训需求的分析可以从组织分析、任务分析、人员分析三个层面来开展。组织层面培训需求的信息来源主要是在企业经营战略的条件下，判断分析哪些部门、哪些人需要培训，以保证培训计划能够符合组织的整体目标战略要求；工作层面的需求主要是决定应该培训什么内容、必须学习什么内容；人员分析需求方面是为了了解哪些员工需要培训。

2. 确定培训目标

培训目标的制定要清晰、具体。在制定培训目标时，要明确培训课程能够让参训员工改善、提升哪一类知识、技能，这些内容的培训要达到什么样的标准？学员能通过培训提升工作技能和解决问题的技巧，以及培训后对知识和技能的迁移。

3. 制订培训计划

在分析培训需求、确定培训目标后，要做的就是制订可行的培训计划。第一，要确定培训的主题；第二，设计培训的科目，规划培训教材，确定培训的时间、地点、场地；第三，根据培训内容和培训对象的特点，选择培训形式，如讲座式、角色扮演式、情景培训式等；第四，选定培训讲师，讲师可以以旅游企业内部素养比较高的管理人员或者骨干成员为主，也可以以聘请专职从事行业培训的讲师进行培训。

4. 实施培训计划

培训计划的实施，是按照培训计划由培训讲师采取一定的方法和技巧完成的过程。在实施中，应充分考虑成人的学习特点，使用恰当的方式激发学员的学习动机，并注意选择恰当的培训方法及合适的迁移原则。培训内容基本可以概括为"ASK"三种，其中"A"即 Attitude，指员工的工作态度，主要包括思想素质、职业道德、职业素养等内容；"S"即 Skill，指员工的工作技能与技巧；"K"即 Knowledge，指员工对相关知识掌握的深广程度。培训方法可以根据实际情况进行选择，可以有课堂讲授法、会议研讨法、案例研讨法、操作示范法等。培训的方式可以选择面授，也可以利用互联网进行培训。

5. 评估培训效果

在培训管理过程中，评估能够起到信息反馈的作用。主要通过采用客观的评估标准、方法，调查收集受训者和有关人员对培训项目的看法。受训者学习培训结束后，其态度、行为等方面是否达到了培训的预期目标，以及培训对组织的整体绩效的提高和培训需求的满足，都是评估的要点。通过评估监控培训的效果，了解培训是否实现了预期目标，也为今后培训找到可改进和优化之处。

四、绩效管理

绩效管理是旅行社人力资源管理的核心职能之一，科学、公正、务实的绩效管理是提高员工积极性和公司生产效率的有效手段，与旅行社战略目标和经营目标息息相关。

（一）绩效管理的内涵

工作绩效是指经过考评的工作行为、工作表现及其结果。绩效管理就是各级管理者和员工，通过一定的制度与方法，确保组织及部门、员工的绩效能够与组织的战略目标一致并促进组织战略目标实现的过程。

（二）绩效管理的作用

1. 为人事决策提供依据

通过绩效考核，可以发现企业内部的优势及不足，同时也可以发现员工的优缺点和潜能，为企业制订考核计划、培训计划、招聘计划等提供依据；能够通过对员工绩效的考核，制订合理的薪酬体系，激发员工的积极性，为人力资源规划和人力资源战略管理提供依据。

2. 强化组织目标与个人目标的联系

绩效管理是将旅行社的战略目标分解到各个部门，再分解到每个人，因此对每个员工的绩效进行管理，就保证了个人绩效目标与组织目标的一致。在绩效管理过程中，主要通过与员工的充分沟通，了解员工在实现组织绩效过程中的情况，以此达到员工发展的目的。

3. 有利于企业提高管理水平

绩效管理可以展示、反馈管理人员的工作成效，从而加强管理以达到部门的目标与要求。通过绩效管理，可以帮助企业实现其绩效的持续发展，促进形成一个以绩效为导向的企业文化；增强团队凝聚力，改善团队绩效。

（三）绩效管理的程序

1. 绩效计划阶段

绩效计划是整个管理体系中比较重要的前期控制环节。高层管理者根据旅行社的经营环境和自身情况制定年度目标；确定组织结构和岗位职责；并将各级目标进行分解；上下级就绩效管理考核期内目标达成的条件、员工履行的工作职责、预期达到的工作效果、衡量绩效的标准、奖惩原则等达成共识。

2. 绩效执行阶段

为了确保绩效目标的顺利完成，各个部门、员工将分解后的目标实施。在此过程中，要严格按照计划开展工作，并且将考核标准告知员工，保证员工能够清楚地了解组织对员工的要求；要及时对照整体目标进行监控、指导，随时发现问题、随时调整，同时还要注意各个目标之间的相互联系。各个人员保持随时的沟通，确保目标体系的全面完成。

3. 绩效评价阶段

考核阶段要坚持公正、公开、公平的原则。在此阶段，根据既定的考核程序，由考核人员对工作绩效进行考核、测定和记录，并与考核标准相对照。在进行绩效考核的过程中，一般先对基层员工的工作绩效进行考核，然后考核中层管理者，最后考核高层管理者。绩效评价的方法主要有交替排序法、关键事件法、配对比较法、目标管理法等。

4. 绩效反馈阶段

绩效考核结束后，通过评价者向被评价者对绩效管理过程进行反馈和总结，这是管理考核中最为重要的一步。在反馈过程中，要形成彼此信任的氛围，有效反馈绩效考核中的问题。考核后将好的经验进行总结和推广，对失误不足之处进行冷静的分析，形成改进计划和策略，为日后的绩效管理和人力资源战略规划提供依据。

五、薪酬管理

薪酬管理是旅行社人力资源的主要组成部分，是旅行社吸引人才、留住人才、激励人才的重要工具。

（一）薪酬管理的内涵

薪酬是指员工为企业通过劳动而得到的各种货币与实物报酬的总和，主要包括工资、奖金、津贴、福利等。薪酬管理是根据企业总体发展战略的要求，企业分配给员工的直接和间接的货币激励以及非货币激励的过程。薪酬是对人力资源的成本与吸引和保持员工的需要之间进行权衡的结果。有效的薪酬管理应遵循公平性、合法性、经济性、激励性、竞争性的原则。

（二）薪酬管理的程序

企业薪酬管理主要包括确定薪酬管理目标、选择薪酬政策、制订薪酬计划、调整薪酬结构四个方面的内容。

1. 确定薪酬管理目标

首先，要明确旅行社薪酬政策和目标，提出企业薪酬策略和薪资制度的基本原则，企业的薪酬政策必须与企业的总体人力资源策略相匹配。在进行薪酬管理目标确定时，要考虑到薪酬目标的制定是为了建立稳定的员工队伍，吸引高素质的人才；激发员工的工作热情，创造高绩效；努力实现组织目标与员工个人发展目标的协调。

2. 选择薪酬政策

薪酬政策是旅行社管理者对企业薪酬管理运行的目标、任务和手段的选择与组合。通过明确工作岗位的性质、承担责任的大小、劳动强度的轻重、工作环境的优劣，以及劳动者所应具备的工作经验、专业技能、学识等方面的分析，结合不同地区、不同行业和不同类型企业的薪酬调查情况，根据企业的自身情况制订的企业工资制度。

3. 制订薪酬计划

根据工作岗位分析、薪酬调查的结果，结合旅行社的实际情况，确定旅行社员工的薪酬结构。将不同类型的岗位工资分成若干等级，形成一个薪酬等级系列，对薪酬幅度、起薪点等关键指标进行明确的说明。

4. 调整薪酬结构

薪酬体系在运行一段时间后，随着旅行社发展战略、人力资源战略的变化，薪酬也会随时调整，一方面，根据市场薪酬水平的变化趋势、企业的发展状况、经营模式的调整等对现行体系进行调整；另一方面，随着员工职位的变动、工作业绩的不同等也会对员工的薪酬水平进行调整。不论是哪一种薪酬调整的情况，都是用以鼓励、鞭策员工为旅行社做出更大的贡献。

六、劳动关系管理

（一）劳动关系管理的内涵

1995 年开始实施的《中华人民共和国劳动法》中的劳动关系不是泛指一切劳动者在社会劳动时形成的所有的劳动关系，而是指劳动者与所在单位（包括各类企业、个体工商户、事业单位等）在实现劳动过程中发生的社会经济关系。

2011 年，《劳动合同法》中关于劳动关系的基本内容包括劳动者与用人单位之间的工作时间、休息时间、劳动报酬、劳动安全卫生、劳动保险、职业培训等。

劳动关系管理是旅行社根据国家相关法律法规对人力资源开发和使用上的管理工作。

（二）劳动关系管理的主要内容

劳动关系管理主要包括职工的聘用和辞退、劳动合同的签订与履行、职业培训、工作时间与劳动保护、劳动纪律与奖惩等方面的管理。此外，与劳动关系密不可分的关系还包括劳动行政部门与用人单位、劳动者在劳动就业、劳动争议和社会保险等方面的关系，工会与用人单位、员工之间因旅行社工会的职责和职权及代表和维护员工合法权益而发生的关系，等等，这些也都包含在劳动关系管理的内容中。

【知识链接】

关于进一步加强导游劳动权益保障的指导意见

2015 年 7 月 29 日，国家旅游局、人力资源和社会保障部、中华全国总工会以旅发〔2015〕164 号印发《关于进一步加强导游劳动权益保障的指导意见》，具体内容如下。

各省、自治区、直辖市旅游委、局，人力资源社会保障厅（局），总工会，中国财贸轻纺烟草工会，新疆生产建设兵团旅游局、人力资源社会保障局、工会：

导游是我国旅游从业人员队伍的重要组成部分，多年来，为展示旅游形象、传播先进文化、促进中外交流、推动旅游业发展做出了积极贡献。为贯彻党的十八届四中全会精神，落实《旅游法》和《劳动合同法》等法律及《国务院关于促进旅游业改革发展的若干意见》（国发〔2014〕31 号，以下简称《若干意见》）的要求，维护和保障导游合法劳动权益，促进导游队伍平稳健康发展，现提出如下指导意见：

一、总体要求

（一）指导思想

以党的十八届四中全会精神为指导，以深入贯彻落实《旅游法》和《若干意见》为契机，以依法保障导游劳动权益为出发点，以广大游客更加满意为落脚点，以推动旅游业健康可持续发展为目标，坚持依法治旅、依法兴旅，坚持以人为本、科学发展，坚持社会公平正义，着力排除阻碍劳动者参与发展、分享发展成果的障碍，努力实现导游体面劳动、全面发展，营造健康有序、公平竞争的旅游行业发展环境。

（二）工作目标

以保障导游合法劳动报酬权益为核心，建立公开、公平、合理的导游薪酬制度；构建法律关系清晰、管理责任明确、权利义务对等、收入与服务质量挂钩、基本保障健全的导游劳动权益保障体系；营造良好的就业环境，实现导游体面劳动，促进劳动关系和谐；不断提高导游服务水平，优化队伍结构，培养一支爱岗敬业、诚实守信、服务至诚、形象健康的导游队伍，为从源头和基础上彻底解决影响旅游市场秩序的深层次问题提供条件。

（三）基本原则

1.平稳有序，加快推进

导游劳动权益保障工作关系到旅游企业、从业者的切身利益。既要充分认识该项工作的必要性和紧迫性，也要充分认识该项工作的复杂性和艰巨性，既要积极破除阻碍旅游市场健康持续发展的不合理的导游用工管理模式，多措并举，加快推进，又要做到科学合理，平稳有序，力求实效。

2.兼顾利益，实现共赢

切实保障导游的合法劳动权益，是旅行社应尽的法定义务，旅行社的健康有序发展也将为导游提供更多的就业机会和发展前景。必须兼顾各方利益，着眼于构建和谐劳动关系，真正实现共赢。

3.加强协作，创新模式

开展导游劳动权益保障工作不仅需要旅游主管部门、人力资源社会保障部门和工会组织紧密合作，还需要发挥行业组织、用人单位及导游的主动性、积极性和创造性，大胆创新，突破难点，制定切实有效的配套方案和实施细则，探索有效的工作方法，扎实开展工作。

二、主要工作

（四）理顺旅行社与导游的关系

旅行社应依照《劳动法》《劳动合同法》等法律法规规定，依法承担相应的责任。

旅行社应当与其聘用的未与其他用人单位建立劳动关系或人事关系的导游签订劳动合同，且劳动合同期限应在1个月以上。劳动合同应明确双方基本信息、合同期限、工作内容、工作时间与劳动报酬、社会保险、休息休假、劳动保护与劳动条件等内容。临时聘用的导游，应是与其他用人单位建立劳动关系或人事关系，并获得原用人单位同意的人员。临时聘用时，旅行社可与其签订劳务协议，明确双方的权利、义务。

（五）依法保障导游合法劳动报酬和社会保险权益

1. 依法保障导游的劳动报酬权益

旅行社应建立和完善劳动报酬分配办法，合理确定基本工资、带团补贴、奖金等，按照《旅游法》《劳动合同法》等相关法律法规规定及劳动合同约定，按月足额向导游支付劳动报酬。旅行社临时聘用导游的，应按照《旅游法》及劳务协议约定，按时足额向其支付导游服务费用。

2. 建立导游优质服务奖励制度

旅行社要尽快建立健全针对导游的职业技能、专业素质、游客评价、从业贡献为主要测评内容的导游绩效奖励制度，探索建立基于游客自愿支付的对导游优质服务的奖励机制。

3. 依法保障导游的社会保险权益

旅行社应依法参加各项社会保险，按规定为与其签订劳动合同的导游办理相关社会保险手续，足额缴纳各项社会保险费。

（六）加强导游执业的劳动保护和职业培训

旅行社应为导游提供必要的职业安全卫生条件，对女性导游实行特殊劳动保护，就反映强烈的"导游专座"、住宿待遇等问题，积极采取改进措施，降低导游的劳动风险，保障导游安全执业和体面劳动；依法投保旅行社责任保险，鼓励投保导游执业综合保险等补充保险，妥善处置导游因公伤亡事故；建立健全导游职业培训制度，加大投入，做好导游岗前培训和在职培训，支持导游参加提升素质的学习实践，不断提高导游的素质和能力。

（七）开展导游劳动报酬集体协商和指导性标准制定工作

各地要依法开展以协商确定导游劳动报酬为重点的集体协商试点工作。试点城市应按照相关规定，建立协商对话机制，确定协商主体，按程序选派代表进行集体协商；签订的集体合同经当地人力资源社会保障部门审查后生效。试点城市要依据现有法律法规，结合本地区经济社会发展水平、旅游市场状况、导游供求等实际状况，制定本地区导游劳动报酬的指导性标准，定期公布、调整。暂未进行集体协商试点的地区，要结合本地区实际情况，积极推动建立导游劳动报酬的指导性标准。

三、工作要求

（八）加强组织领导和协同推进

各地旅游主管部门、人力资源社会保障部门和工会组织要将保障导游劳动权益作为贯彻落实《旅游法》和《若干意见》的重要措施，高度重视，紧密配合，抓紧抓实。旅游主管部门要组织成立专门领导与工作机构，指定专人负责，主动联系人力资源社会保障部门和工会组织，建立沟通协调机制，共同研究，克服困难，改革创新。同时，要主动加强媒体宣传，加强舆论引导和舆情分析，营造良好的舆论环境。

（九）积极发挥导游行业组织和行业工会的作用

各地旅游主管部门要尽快推动同步建立健全导游行业组织和工会组织，充分发挥导游行业组织联系政府、服务会员、促进行业自律的作用，强化对会员的行为引导、规范约束、权益保护，组织实施导游注册、职业培训、先进典型宣传推广、咨询与援助等工作。工会组织要全面履行职能，维护导游合法权益，推动构建和谐劳动关系。

（十）督促用人单位落实主体责任

各地旅游主管部门、人力资源社会保障部门和工会组织要指导督促旅行社严格按照《旅游法》《劳动合同法》等法律法规的相关规定，与导游签订规范的劳动合同，保障导游的合法劳动权益。对不与导游签订劳动合同、不按时支付劳动报酬、不按时足额缴纳社会保险费的用人单位，要依法依规严肃查处。旅游主管部门要引导旅行社健全导游服务管理机构，建立健全导游培训、管理制度，加强导游典型事迹宣传，建立游客对导游服务的评价和优质服务奖励制度，不断提升旅游服务质量，促进导游队伍健康发展。

（十一）努力提高导游人员素质，增强维权能力

各地要加强对导游的宣传教育培训，加强相关法律法规和标准的贯彻落实，健全导游诚信体系，建立淘汰退出机制。要积极强化导游维护自身劳动权益的意识，鼓励导游积极加入导游行业组织和工会组织，对用人单位的违法行为及时向有关部门举报投诉。要引导导游积极践行社会主义核心价值观，自觉将"游客为本、服务至诚"的行业核心价值观作为职业行为导向，努力提高自身素质，不断提升专业技能和服务水平。要激励导游增强职业自信心和自豪感，自觉维护导游队伍良好形象，热爱旅游、服务旅游、奉献旅游，成为诚实守信、乐于奉献、积极向上、奋发有为的优秀导游。

国家旅游局 人力资源社会保障部 中华全国总工会

2015 年 7 月 29 日

案例 6-1

不签订劳动合同，老板双倍赔付薪资

栾飞在某市新注册了一家旅行社，专做韩国专线批发，因为急需用人，于是托朋友介绍推荐，来自江苏的小王被介绍到旅行社做计调并兼职销售，谈好基本工资2800元，业务提成按照比例另算。

栾飞见小王来自江苏盐城，很是高兴，毕竟都是老乡，更何况还是朋友的亲戚，直接就上岗上班了。工作了几天后，栾飞突然想起还没签劳动合同，于是就让自己的会计去把小王的劳动合同签了，小王借口说身份证丢在老家没有找到，正在补办，说等办好就签合同。会计知道小王是老板的朋友介绍来的，也没有急着催，于是这件事就疏忽了。

工作期间，由于小王原来就做专线，积累了不少老客户，因此业绩在公司不错，大家都很开心，谁也没有再去想劳动合同的事。

不料，随着萨德事件的影响，对韩国旅游民众都采取了抵制，公司业务一下子就掉下来了。基本没有生意可做，无论是计调还是销售都只是在耗时间，此时作为老板的栾飞心里非常焦急，开始考虑减员裁人。

一天，小王突然就不来上班了，老板于是顺势就做了减员处理。

一个月后，栾飞的旅行社收到了区劳动仲裁委员会的立案通知书，通知书显示小王将其公司未签合同的行为向劳动监察部门进行了投诉。并提出依据《劳动合同法》，要求按照未签订劳动合同的双倍工资给予补偿，劳动仲裁委员会的仲裁庭对该诉求予以支持。

（资料来源：https://www.sohu.com/a/149263284_698307.）

案例评析：

本案例适用法律：根据现行《劳动合同法》第八十二条：用人单位自用工之日起超过一个月不满一年未与劳动者订立书面劳动合同的，应当向劳动者每月支付二倍的工资。

旅行社和员工一定要签订劳动合同，如果没有签订劳动合同，不论哪方责任，企业都要承担赔付。如果签订的合同是违法合同，也属于无效合同，也在赔付范围之内。

本章小结

本章简要论述了旅行社人力资源和旅行社人力资源管理的内涵和特点，对旅行社人力资源管理的人力资源规划、招聘管理、培训管理、绩效管理、薪酬管理、劳动关

系管理六大方面进行了阐述。

思考练习 ///

1. 旅行社人力资源的特点有哪些?

2. 旅行社人力资源管理的特点有哪些?

3. 旅行社人力资源规划有什么程序?

4. 内部招聘的优缺点是什么?

5. 外部招聘的渠道有哪些?

6. 旅行社绩效管理有哪些作用?

7. 薪酬管理的程序是什么?

8. 旅行社劳动关系包括哪些内容?

参考文献

1. 魏卫, 袁继荣. 旅游人力资源开发与管理 [M]. 北京: 高等教育出版社, 2004.

2. 马爱萍. 新编旅行社管理 [M]. 北京: 北京师范大学出版社, 2013.

3. 余昌国. 旅游人力资源开发与管理 [M]. 北京: 中国旅游出版社, 2018.

4. 国家旅游局人事劳动教育司. 旅行社经营管理 [M]. 北京: 旅游教育出版社, 2019.

5. 吴应利, 刘云. 旅游企业人力资源管理 [M]. 北京: 中国旅游出版社, 2019.

6. 王健. 旅行社人力资源招聘渠道研究 [D]. 西南林学院, 2009.

第七章
旅行社信息技术管理

【案例导入】

北京 ××× 国际旅行社借助信息手段，搭建管理平台

北京 ××× 国际旅行社成立于 2004 年，专注为美国、加拿大、英国为主的海外游客来中国旅游提供专业的品牌入境接待服务。经过十几年的努力开拓，公司拥有资深的产品研发团队、销售精英团队、经验丰富的专业地接团队，上百名英语、法语、西班牙语、意大利语等各种外国语职业导游团队以及轿车、中型巴士、考斯特、大型巴士等各类车型的外宾接待专用车队，每年接待外籍游客 2 万多人次。

近年，我国旅游业高速发展，北京 ××× 国际旅行社既面临机遇也面临挑战，如何在丛林林立的同行旅行社里脱颖而出是当前重中之重，同时也密切关系到公司未来发展的方向。旅行社需要不断进行经营管理模式的创新以适应外部环境，需要通过新的信息化手段提升公司管控水平，增加旅游市场核心竞争能力。

基于此，北京 ××× 国际旅行社开始对信息化系统进行选型工作。×× 软件公司凭借自家优质的旅行社 ERP 系统，成功成为 ××× 旅行社的帮手，专业人性化的功能设计、丰富的行业案例和优质完善的产品服务，完全满足了该国际旅行社发展的需求。最终，××× 国际旅行社经过多方选型考察，选择 ×× 旅通软件作为其旅行社信息化建设方面的合作伙伴。

目前，北京 ××× 国际旅行社借助 ×× 软件 ERP 系统，搭建信息化管理平台，将对团队计划、合同、门房餐车票等资源、成本、资金、文档等核心模块进行信息化管控，并应用协同办公与领导共享，实现公司决策层、管理层和操作层之间的信息共享，从而提高管理效率，促进了旅行社的健康快速发展。

（资料来源：http://www.ltsoftware.net/cases/3/128.html.）

案例点评：随着现代企业制度的建立，旅行社在作业、管理、经营、决策等各个

层次、环节和方面，采用现代信息技术，开发和利用内外部信息资源，实现管理现代化。

第一节　信息技术对旅游业的影响

一、信息技术与旅游信息化

旅游信息化是指充分利用信息技术对旅游有关资源进行深层次的分配、组合、加工、传播、销售，以便促进传统旅游业向现代化旅游业的转化，加快旅游业的发展速度，提高旅游业的生产效率。

（一）旅游业的信息属性

信息已经成为旅游产业发展的重要生产力，离开信息和信息技术的支撑，现代旅游业就无法生存。

1. 旅游业是信息依托型产业

旅游业与信息具有天然的联系，旅游业作为一项服务产业，信息服务是其最重要的服务内容之一。旅游是一种对陌生环境的体验，在这种体验的过程中游客最需要获取的就是准确、实时、完整的信息。旅游者的旅游决策依赖于无形的信息，在旅行途中信息既是人们消费选择的重要指引，又是人们旅游消费的直接对象。旅游业是一个跨空间运作、信息依托型的产业，以信息交流引导人员流动和服务提供。

在旅游产业内部，由于构成旅游产品的成分多种多样，它们之间的比例关系错综复杂，这就需要旅游业内部各组成员之间以及旅游业同其他行业之间保持协调，否则，任何一部分脱节都会造成整个旅游业的失调。一旦在互联网上某个信息被激发，在这一信息背后所形成的一系列服务链都会随之响应互动、交换服务内容、沟通服务方式。如网络订房，系统在接到某个订房申请时，马上启动订房软件系统，按照客户的要求进行引导和筛选。同时酒店确认部门根据预订引导马上与相关的酒店进行房间确认；酒店的前台接待部门随之能够提供相应的客房数量、客房标准、客房时间，并且能够同时生成预定通知单。与此同时，可能还需要相关的机票预订部门能够马上落实航班、目的地的接待部门马上能够安排车辆、用餐的服务部门马上能够预订宴会的房间、菜谱等，涉及一系列相关联的商业服务。因此，无论是旅游管理部门还是旅游企业，有效地获取信息以辅助科学决策都显得特别重要，旅游产业运行对信息具有很强的依赖性。

2. 旅游销售过程是信息传递过程

旅游产品具有无形性、不可转移性、生产与消费同时性和不可储存性等特点。从旅游活动的实现方式来看，在旅游市场流通的不是具体的商品，而是有关旅游产品信息传递引起的旅游者的流动。

旅游产品不能移动，它不像其他实物产品那样，可以被消费者预先试用、观察并检验质量。旅游者在旅游活动开始之前，没有亲身的感受很难对旅游产品做出评价，只能通过旅游企业的宣传及亲友的介绍来判断旅游产品的价值。旅游住宿、汽车租赁、航空预订并不是将物质传送给旅游供应商并且将它们储存并出售给游客，相反，其间交流和加工的是有关服务可获得性、价格、质量、位置、便利性等方面的信息，这些信息都需要集中处理传递给旅游者。旅游产品销售过程实际上是产品信息的传递过程。

无形的旅游服务在销售时是无法展示的，而且通常在远离消费地点被预先销售。而游客到陌生的旅游目的地之前，总希望对旅游目的地的自然文化环境、旅游资源、旅游设施与服务有所了解。游客企图通过信息搜寻手段，减少有关的不确定性因素来提高他们的旅游质量。

（二）旅游信息化的发展

1. 海外旅游信息化发展

信息化是继工业化之后世界经济的又一场深刻革命。在旅游发达国家，信息化已经高度融入旅游产业的各个领域和环节，引领世界旅游业发展的潮流和趋势。几十年来，国际航空、旅游和饭店业市场经历了几次大的信息技术应用变革，美利坚航空公司和IBM 公司于 1959 年联合开发了世界上第一个计算机订位系统 SABRE，这是旅游信息化萌芽的标志。1965 年，著名的假日饭店集团建立了自己的中央预订系统，并逐步发展成为拥有自己的专用卫星、每天可以处理 7 万间客房的预订服务，客人在几秒钟内就可以完成预订假日饭店集团在全世界各地的 200 多家酒店不同等级的客房。20 世纪 70 年代初，美国的 EECO 公司就开始将计算机应用于饭店预订和排房的业务管理，至 20 世纪 80 年代逐渐形成完善的饭店管理信息系统，此时国际上已出现如 HIS、CLS、Lodgistix 等知名的饭店管理系统，使饭店的管理效益、经济效益及服务质量明显提高。

20 世纪 90 年代以来，全球分销系统 GDS（Global Distribution System，GDS）迅速发展。整个欧洲大约有 40% 的旅行社拥有 GDS，其中法国已有 85% 的旅行社拥有GDS，美国几乎所有的旅行社都在使用 GDS。

1994 年年底，美国开始推行电子机票，实行"无票旅行"方式。著名的在线旅游服务公司 Expedia 和 Priceline 分别于 1996 年和 1998 年创立，揭开了旅游电子商务的新篇章。2001 年欧盟实施"创建用户友好的个性化移动旅游服务"项目，2006 年美国在宾夕法尼亚州波科诺山的度假区引入射频手腕带系统。

以奥地利、芬兰、新加坡为代表的国外旅游目的地的地信系统也得到迅猛发展，新系统能提供食、住、行、游、购、娱六要素的综合信息，其功能集查询、检索、预订等于一身。

2. 我国旅游信息化发展

信息技术最早应用于我国旅游企业是在 20 世纪 80 年代初。计算机技术在一些外资和合资旅游企业中率先得到应用，1981 年中国国际旅行社引进美国 PRIME550 型超级小型计算机系统，用于旅游团数据处理、财务管理和数据统计。1984 年，上海锦江饭店引入美国 Conic 公司的电脑管理系统用于饭店的预订、排房、查询和结账。在此之后，航空公司的电脑订票网络系统、旅游企业办公自动化系统等适用于旅游企业的计算机系统开始得到逐步推广，然而能实现电脑预订的网络还是极少。

20 世纪 90 年代，国际互联网的发展带动了旅游网站的全面兴起，我国旅游电子商务网站从 1996 年开始出现。在国内旅游业务网络化方面，最早是 ChinaNet 之下出现的一些旅游信息服务网，如"上海热线"及部分城市网或省网的"旅游天地"一类模块。1999 年，"携程旅行网"等代表性旅游网站成立。进入 21 世纪，我国旅游信息化开始大力发展，旅游电子商务快速兴起，替代了传统旅游企业的部分功能，成为旅游业的生力军。2001 年启动的"金旅工程"是国家为推进旅游信息化进程、提高旅游业信息化建设水平的重大举措之一。"金旅工程"建设"三网一库"，即全国旅游办公网、旅游行业管理业务网、公众信息网和旅游综合数据库，其中公众信息网包括政府网和旅游电子商务网。初步建立全国旅游部门的国家—省（自治区、直辖市）—重点旅游城市—旅游企业四级计算机网络。

"办公自动化系统""假日旅游预报系统""导游员 IC 卡管理系统""旅行社业务年检管理系统""旅游行业统计系统"等一批全国性应用网络系统的推广应用，初步实现了行政办公和行业管理部门功能的信息化。

二、信息技术对旅游业的影响

旅游业较早、较成功地应用了现代信息技术，各种在线旅游和电子商务网站不断涌现，信息技术在旅游业中的作用和价值也越发凸显出来。

（一）对旅游业结构产生的影响

在组织结构上，传统的旅行社企业多是金字塔式的管理，这种管理并非一对一的双向交流，而是一对多的单向交流，与客户实现在线互动和交流较为困难。而现代网络电子媒介，如"携程旅行网"和"艺龙旅行网"等，依赖的是网络环境，完全是扁平化的组织结构，其任何一个业务管理环节都可以与客户实现在线互动和交流。

旅游业的业务流程结构在网络技术的作用下，产生了较大的调整和变化，传统的串行企业过程逐步转为并行企业过程，并对跨部门的业务流程展开横向集成，使企业的业务流程矩阵化和扁平化，有效地提高了业务处理能力。

（二）对旅游商务模式产生的影响

传统旅游商务模式下，因为信息不对称，游客都是处于被动地位，所有旅游活动的旅游线路都是由旅行社策划好的，游客只能听从旅行社的安排。而随着信息技术的发展，现在游客可以借助网络，获得资源和信息的途径更加便捷化，甚至自己设计和选择旅游线路。即使游客在旅游途中，根据旅游地的实际情况，也可以借助于网络随时变更旅游线路，由此可见，这样的旅游商务模式是以游客为主导，企业仅提供辅助和整合服务，网络的互动催生了商务模式的细分，形成差异化的运营模式。

（三）对旅游企业经营管理方式产生的影响

对于旅游企业，经营管理方面受信息技术影响最大的是销售和营销，基于网络的电子分销系统建设最为火热。这些电子分销系统既有分销功能，又有营销功能，为旅游企业的销售和营销电子化管理提供了有力的支撑。在旅游业内部的经营管理中，大量采用了管理信息系统，如酒店管理信息系统、旅行社管理信息系统，大大提高了工作的效率，优化了服务的质量。

📢))) 【相关阅读】

智慧旅游

2008年，IBM提出"智慧地球"，此后"智慧城市""智慧旅游""智慧景区""智慧酒店"等概念应运而生。智慧旅游是旅游信息化的延伸与发展，是高智能的旅游信息化。

"智慧旅游"是一个全新的命题，它是一种以物联网、云计算、下一代通信网络、高性能信息处理、智能数据挖掘等技术在旅游体验、产业发展、行政管理等方面的应用，使旅游物理资源和信息资源得到高度系统化整合和深度开发激活，并服务于公众、企业、政府等的面向未来的全新的旅游形态。它以融合的通信与信息技术为基础，以游客互动体验为中心，以一体化的行业信息管理为保障，以激励产业创新、促进产业结构升级为特色。智慧旅游是以云计算为基础，以移动终端应用为核心的，以感知互动等高效信息服务为特征的旅游信息化发展新模式，核心是以游客为本的高效旅游信息化服务。智慧旅游的建设与发展最终将体现在旅游管理、旅游服务和旅游营销三个层面。

智慧旅游建设涵盖智慧旅游公共服务体系、行业管理体系、目的地统一营销体系、产业和旅游业态智慧旅游服务体系。其中，旅游公共服务体系的建设在促进旅游业内经济的同时，也助力旅游城市公共服务设施的完善，进而推动智慧城市的发展。例如，智慧旅游建设体系中涵盖的 Wi-Fi 网络覆盖、旅游地理信息查询终端等。由于旅游行业本身的多样性，智慧旅游涉及的行业管理单位除旅游局外，还包括园林、文物、工商、卫生、安全、交通等公共服务主体。从旅游者的角度出发，智慧旅游主要包括导航、导游、导览和导购四个基本功能。

1. 导航。导航就是将位置服务加入旅游信息中，让旅游者随时知道自己的位置，随着位置的变化，各种信息也及时更新，并主动显示在网页和地图上。

2. 导游。在确定了位置的同时，在网页和地图上会主动显示周边的旅游信息，包括景点、酒店、餐饮等的位置和大概信息。

3. 导览。导览可借助智能手机、平板电脑及其他数字导览设备进行，相当于一个自助导游，但它有比导游更多的信息来源，如文字、图片、视频和 3D 虚拟现实。

4. 导购。导购则是可以随时随地直接在线预订客房或票务等旅游所需项目。

此外，要实现智慧旅游还需要相关的支撑技术，如云计算、物联网、移动通信技术、虚拟现实技术和大数据等。旅游大数据建设可满足旅游信息海量收集、海量处理和海量存储的需求，实现各类旅游信息的综合查询：为旅游者提供动态、详尽、准确、多元化的旅游信息服务；为行业管理提供数据支撑，满足旅游管理机构的管理应用需求，规范市场运作；实现旅游各部门的信息共享，逐步为旅游业提供及时、科学的旅游决策信息，更好地推进旅游电子商务发展。

（资料来源：余扬.旅游电子商务[M].北京：旅游教育出版社，2015.）

第二节　旅游信息化在旅游业中的体现

一、旅游信息化的主要内容

旅游信息化的内容主要包括旅游企业信息化、旅游电子商务、旅游电子政务三项。旅游企业信息化主要指企业内部的信息化，通过建设信息网络和信息系统，调整和重组企业组织结构和业务模式，提高企业的竞争能力；旅游电子商务是指旅游企业对外部的电子商务活动，旨在利用现代信息技术手段宣传促销旅游目的地、旅游企业和旅游产品，加强旅游市场主体间的信息交流与沟通，提高旅游市场运行效率和服务水平；旅游电子政务指各级旅游管理机关，通过构建旅游管理网络和业务数据库，建立一个旅游系统内部信息上传下达的渠道和公共信息的发布平台，实现各项旅游管理业务处理和公共信息服务。

旅游电子商务正是旅游信息化进程中最为重要的一个环节，我国旅游信息化发展在旅行社中的重要表现就是旅游电子商务的蓬勃发展。

二、旅游电子商务的概念与优势

旅游电子商务是指以网络为主体，以旅游信息库、电子化商务银行为基础，利用最先进的电子手段运作旅游业及其分销系统的商务体系。自1996年首家旅游电子商务网站出现，中国旅游电子商务经过20多年的发展，已经形成一批具有相当资讯服务实力的旅游网站。其中，专业旅游网站有300余家，品牌认知度较高的有携程、去哪儿、芒果网、同程网、艺龙、乐途网、驴妈妈、途牛、逸游天下、酷讯、真旅网、到到网、遨游网、欣欣旅游网、51766、悠哉网等网站。旅游电子商务市场规模也迅速得以增长。

（一）旅游电子商务的定义与内涵

旅游电子商务是电子商务在旅游业这一具体产业领域的应用，是通过现代网络信息技术手段实现旅游商务活动各环节的电子化，包括信息发布、电子交易、信息交流、客户管理、网上预订和支付、售前售后服务，也包括旅游企业内部的电子化及管理信息系统的应用，利用信息技术改造商务流程，从而高效地开展旅游服务。

从技术基础来看，旅游电子商务是采用数字化电子方式进行旅游信息数据交换和开展旅游商务活动，是现代信息技术与旅游商务过程的结合，是旅游商务流程的信息化和电子化。从应用角度来看，旅游电子商务一是面向市场的经营活动，如网上发布旅游信息、旅游市场调研、售前咨询、网上订购、网上支付、网上分享点评等。二是利用网络重组和整合旅游企业内部的经营管理活动，包括旅游企业建设内联网，依托企业管理信息系统、客户关系管理系统等实现旅游企业内部管理信息化。从系统环境看，旅游经济活动基于 Internet 的开展，还需要具有环境的支持，包括旅游电子商务的相关法规、运行规范，旅游行业管理机构对旅游电子商务活动的引导、协调和管理，旅游电子商务的支付与安全、安全环境等。

（二）旅游电子商务的优势

1. 整合性

整合性是旅游电子商务把旅游环节中各级别的供应商、景点、交通运输企业、饭店、保险公司及与旅游相关的众多行业整合在一起，通过组合后的产品在线吸引更多的顾客。新一代的在线旅游企业即将成为旅游行业新的主导者，它们将传统旅游中的机票、酒店、活动等单项服务进行重新组织，并创造出新的产品、新的组合，进一步提高资源的使用效率。旅游市场的规模将会由于电子商务的推动得到进一步发展。

2. 交互性

随着信息技术的发展，在线旅游提供了大量的旅游信息和旅游产品介绍，网络多媒体给旅游产品提供了视觉、听觉，甚至 3D 效果的全新旅游体验，使用户在开始旅游前已经对目的地有了很多的了解，并且培养了大批潜在的游客群。因此，旅游电子商务的展现功能使旅游产品变得更加直观、更易了解。

3. 快捷性

旅游业属于服务性行业，旅游电子商务更是通过在线服务随时为游客提供服务。在线旅游企业正是依托于自身的技术优势，实现了传统旅游企业无法完成的 24 小时随时服务，利用网络进行推广、电子媒介传递信息、实时订单确认与支付等，快捷便利。

三、旅游电子商务的分类与模式

旅游电子商务按照不同的标准，有多种分类方法。这里重点介绍按照旅游电子商务的交易类型分类，以及线上线下结合实现旅游电子商务的模式类型。

（一）B2B 交易形式

B2B（Business to Business）模式指旅游商家之间的电子商务交易，是依托互联网，旅游同业间的交易平台，其基本功能是通过信息化手段，聚合供应商和经销商，打通双方的信息不对称，便于双方进行交易。在旅游电子商务中，B2B 交易形式主要包括以下几种情况。

1. 旅游企业之间的产品代理，如旅行社代订机票与饭店客房，旅游代理商代售旅游批发商组织的旅游线路产品。

2. 组团社之间相互拼团，也就是当两家或多家组团旅行社经营同一条旅游线路，并且出团时间相近，而每家旅行社只拉到为数较少的客人。这时，旅行社征得游客同意后可将客源合并，交给其中一家旅行社操作，以实现规模运作的成本降低。

3. 旅游地接社批量订购当地旅游饭店的客房、景区门票。

4. 客源地组团社与目的地地接社之间的委托、支付关系，等等。

旅游业是一个由众多子行业构成、需要各子行业协调配合的综合性产业，食、住、行、游、购、娱各类旅游企业之间存在复杂的代理、交易、合作关系。旅游企业间的电子商务又分为以下两种形式。

一是非特定企业间的电子商务，它是在开放的网络中对每笔交易寻找最佳的合作伙伴。一些专业旅游网站的同业交易平台就提供了各类旅游企业之间查询、报价、询价直至交易的虚拟市场空间。

二是特定企业之间的电子商务，它是在过去一直有交易关系或者今后一定要继续进行交易的旅游企业之间，为了共同经济利益，共同进行设计、开发或全面进行市场和存量管理的信息网络，企业与交易伙伴间建立信息数据共享、信息交换和单证传输。例如，航空公司的计算机预订系统（CRS）就是一个旅游业内的机票分销系统，它连接航空公司与机票代理商（如航空售票处、旅行社、旅游饭店等）。机票代理商的服务器与航空公司的服务器是在线实时链接在一起的，当机票的优惠和折扣信息有变化时会实时地反映到代理商的数据库中。机票代理商每售出一张机票，航空公司数据库中的机票存量就会发生变化。B2B 电子商务的实现大大提高了旅游企业间的信息共享和对接运作效率，提高了整个旅游业的运作效率。

（二）B2E 交易模式

B2E（Business to Enterprise）中的 E，指旅游企业与之有频繁业务联系，或为之提供商务旅行管理服务的非旅游类企业、机构、机关。大型企业经常需要处理大量的公务出差、会议展览、奖励旅游事务。它们常会选择和专业的旅行社合作，由旅行社提供专业的商务旅行预算和旅行方案咨询，开展商务旅行全程代理，从而节省时间和财务的成本。另一些企业则与特定机票代理商、旅游饭店保持比较固定的业务关系，由此享受优惠价格。

旅游 B2E 电子商务较先进的解决方案是企业商务旅行管理系统（Travel Management System，TMS）。它是一种安装在企业客户端的具有网络功能的应用软件系统，通过网络与旅行社电子商务系统相连。

在客户端，企业差旅负责人可将企业特殊的出差政策、出差时间和目的地、结算方式、服务要求等输入 TMS，系统将这些要求传送到旅行社。旅行社通过电脑自动匹配或人工操作为企业客户设计最优的出差行程方案，并为企业预订机票及酒店，并将预订结果反馈给企业客户。

通过 TMS 与旅行社建立长期业务关系的企业客户能享受到旅行社提供的便利服务和众多优惠，节省差旅成本。同时，TMS 还提供统计报表功能。用户企业的管理人员可以通过系统实时获得整个公司全面详细的出差费用报告，并可进行相应的财务分析，从而有效地控制成本，加强管理。

（三）B2C 交易模式

B2C（Business to Consumer）旅游电子商务交易模式是指旅游商家与旅游消费者之间的电子商务交易，也就是电子旅游零售。这种交易模式可以让旅游者足不出户就能通过网站获得各种旅游信息和服务。交易时，旅游者先通过网络获取旅游相关信息，然后在网上自主设计旅游活动日程表，预订旅游饭店客房、车船机票等，或报名参加旅行团。

对旅游业这样一个客户高度地域分散的行业来说，旅游 B2C 电子商务方便旅游者远程搜寻、预订旅游产品，克服距离带来的信息不对称。当旅游消费者使用主页中的各种资源，最终确定购买自己中意的旅游产品之后，旅游电子商务网站就先把预订信息通过网络发送到旅游公司，然后接到预订信息的旅游公司将旅游消费者和旅游商品的相关信息发送到银行认证中心进行认证并登记，最后，再由旅游公司将各种票据和凭证送到旅游消费者手中，通过网上支付系统获得旅游消费者支付的款项。

通过旅游电子商务网站订房、订票，是当今世界应用最为广泛的电子商务形式之一。另外，旅游 B2C 电子商务还包括旅游企业对旅游者拍卖旅游产品、由旅游电子商务网站提供中介服务等。

（四）C2B 交易模式

C2B（Consumer to Business）交易模式是由旅游者提出需求，然后由企业通过竞争满足旅游者的需求，或者是由旅游者通过网络结成群体与旅游企业讨价还价。旅游 C2B 电子商务主要通过电子中间商（专业旅游网站、门户网站旅游频道）进行。这类电子中间商提供一个虚拟开放的网上中介市场，提供一个信息交互的平台。上网的旅游者可以直接发布需求信息，旅游企业查询后双方通过交流自愿达成交易。旅游 C2B 电子商务主要有以下两种形式。

第一种形式是反向拍卖，是竞价拍卖的反向过程。由旅游者提供一个价格范围，求购某一旅游服务产品，由旅游企业出价，出价可以是公开的或是隐蔽的，旅游者将选择认为质价合适的旅游产品成交。这种形式，对于旅游企业来说吸引力不是很大，因为单个旅游者预订量较小。

第二种形式是网上成团，即旅游者提出他设计的旅游线路，并在网上发布，吸引其他相同兴趣的旅游者。通过网络信息平台，愿意按同一条线路出行的旅游者汇聚到一定数量，这时，他们再请旅行社安排行程，或直接预订饭店客房等旅游产品，可增加与旅游企业议价和得到优惠的能力。

（五）C2C 交易模式

C2C（Consumer to Consumer）是个人与个人之间的电子商务。在中国 C2C 市场，最著名的就是淘宝。在旅游电子商务领域，国内的短租平台均是出自对短租行业的鼻祖美国 Airbnb 网站的模仿，主要形态是以"蚂蚁短租"和"小猪短租"为代表的 C2C 模式，就是搭建平台让租客和房东直接沟通。这种草根式的在线短租模式被业界称为租房界的"淘宝网"。

以蚂蚁短租为例，它在提供一个信息平台的同时也提供了交易的平台，无论是房东还是租客，在注册验证后都可以轻松提供或查找租赁信息；同时，网站提供第三方的资金管理、房东房屋的验证、信息确认、退房保障等服务。作为一个交易平台，用户的订金首先会打到蚂蚁短租的账上，等用户到实地住下，并且没有什么问题，蚂蚁短租才会把钱打给房东。如果描述不符，或者房东没有留房等，蚂蚁短租负责赔付。这种为双方担保的平台交易模式，无论对房东还是对房客都是安全的。

案例 7-1 〉〉

携程旅行网

携程旅行网是中国领先的在线旅行服务公司，创立于 1999 年，总部设在中国上海。携程旅行网向超过 5000 余万注册会员提供包括酒店预订、机票预订、度假预订、商旅管理、高铁票代购以及旅游资讯在内的全方位旅行服务。携程旅行网目前已经在北京、广州、深圳、成都、杭州、厦门、青岛、南京、武汉、沈阳、南通、三亚 12 个城市设立分公司，员工超过 10000 人。

酒店预订：携程旅行网拥有中国领先的酒店预订服务中心，为会员提供即时预订服务，合作酒店超过 32000 家，遍布全球 138 个国家和地区的 5900 多个城市，有 2000 多家酒店保留房。

机票预订：携程旅行网拥有全国联网的机票预订、配送和各大机场的现场服务系统，为会员提供国际和国内机票的查询预订服务。目前，携程旅行网的机票预订已覆盖国内和国际各大航空公司的航线和航班，实现国内 50 多个城市市内免费送票，实现异地机票本地预订、异地取送。机票直客预订量和电子机票预订量均在同行中名列前茅，业务量连续多年保持三位数的增长率，成为中国领先的机票预订服务中心。

休闲度假：携程网倡导自由享受与深度体验的度假休闲方式，为会员提供自由行、团队游、半自助、巴士游、自驾游、邮轮、自由行 pass、签证、用车等全系列度假产品服务。其中，自由行产品依托充足的行业资源，提供丰富多样的酒店、航班、轮船、火车、专线巴士等，搭配完善的配套服务，现已成为业内自由行的领军者。海外团队游产品摒弃传统团队走马观花的形式，以合理的行程安排和深入的旅行体验为特色，正在逐步引领团队游行业新标准。

旅游资讯服务：旅游资讯是为会员提供的附加服务，由线上交互式网站信息与线下旅行丛书杂志形成立体式资讯组合。

VIP服务：携程在全国15个知名旅游城市拥有3000多家特约商户，覆盖各地特色餐饮、酒吧、娱乐、健身、购物等生活各方面，VIP会员可享受低至五折消费优惠。

携程旅行网将有资质的酒店、机票代理机构、旅行社等所提供的旅游服务信息汇集于互联网平台供用户查阅，同时帮助用户通过互联网与上述酒店机票代理机构、旅行社联系并预订相关旅游服务项目。对用户预订的旅游服务项目中出现的瑕疵的问题，携程旅行网并不承担责任，但携程旅行网将尽力协助用户与相关旅游服务项目提供商进行协商，不能协商解决的，用户可以向消费者协会投诉或通过法律途径解决。携程旅行网严格保障用户隐私权，对上网用户的个人信息保密，未经上网用户同意，不得向他人泄露，但法律另有规定的除外。用户自愿注册个人信息，用户在注册时提供的所有信息都是基于自愿，用户有权在任何时候拒绝提供这些信息。注册个人信息的用户同意携程旅行网对这些信息进行善意的利用。携程旅行网使用目前业界高可靠性的服务器软件，支持安全加密协议。

案例评析：携程旅行网作为国内屈指可数的大型旅游网站，集合全方位、多平台、信息广以及服务优良的综合素质赢得了业内各方面的好评。携程旅行网利用新媒体技术和电话呼叫中心系统为用户提供便利的预订服务，结合其有效的资源给客户带来了各类信息以及便利，依靠先进的服务和管理，携程旅行网为会员提供更加便捷和高效的服务。作为中国领先的综合性旅行服务公司，凭借稳定的业务发展和优异的盈利能力，被誉为互联网和传统旅游业无缝结合的典范。

第三节　旅行社的信息技术管理

一、旅行社的信息化定义

旅行社信息化是以旅行社为主体，以现代信息技术为基础，以信息为战略资源，以人力资源及相应的组织模式为内容，大幅度提高旅行社信息服务能力，以增强旅行社的竞争力，从而更好地满足旅游者的需要。

旅行社的信息化伴随着现代企业制度的建立，在旅行社作业、管理、经营、决策等各个层次环节和方面，采用现代信息技术，开发和利用内外部信息资源，实现管理的现代化。其主要体现在三个方面，一是旅行社业务过程的自动化、智能化；二是旅行社管理决策的智能化、网络化；三是旅行社商务活动的电子化。

二、旅行社信息化建设的重要性

旅行社企业信息化建设是指在旅游操作、管理、经营、决策等各个层次、各个环节和各个方面，采用现代信息技术特别是网络技术，充分开发和广泛利用旅行社和企业内外信息资源，伴随现代企业制度的形成，建成与国际接轨的现代化旅行社的过程。就是一个旅行社为完成既定的信息化管理目标，使用的一种可重复利用、能够降低管理成本的标准化的系统框架或方案的集合。就目前我国旅行社的现状来看，我国的旅行社普遍属于规模小、作坊式的中小企业，信息化建设尚处于初期的发展阶段。在信息革命充斥世界的今天，旅行社如何进行体制改革、规范市场、实现产业集聚化和企业分工体系的重建等一系列问题形成了现实的内部环境。在激烈的市场竞争中，我国的旅行社，尤其是中小型企业，如果不能及时改变经营理念、更新观念，找到自己的定位，那么将处于更加不利的竞争地势。

旅行社建设信息化系统有以下几个优势：

首先，通过信息化管理可以实现管理层对员工工作更精准的管理和控制。利用推进信息化建设的契机，使用旅行社内部管理软件将旅行社的财务管理、产品采购和产品销售等各种业务环节和部门，利用系统的制约特性减少员工在这些环节上的"暗箱操作"。

其次，信息化系统为管理者进行企业决策提供了量化依据。管理者可以通过信息化系统对客户、产品、财务进行统计分析，找出薄弱环节，预测市场走向，从而做出科学的决策。

最后，信息化系统可以提高办公效率。通过内部管理软件再造旅行社业务流程，摈弃了原来低效且重复的环节，从而大大地提高了企业的办公效率。

除此之外，通过信息化管理还可以达到减少办公耗材、降低经营成本、利于员工沟通交流、树立企业品牌、提高知名度的目的。

三、中国的旅行社信息化建设的历程

旅行社是利用规模效应而产生的较低成本和建立服务与产品的差异性来提高企业的竞争力的。旅游信息化，可将"食、住、行、游、购、娱"等诸多信息组合起来，形成旅游产品，销售给游客。这个过程中，在游客真正实施旅游之前，旅游企业间、旅游企业与游客间的信息流和资金流涉及较多，物流运输较少，这些特征很适合用电子商务的方式去实现。电子商务的低成本、支付电子化、信息高效传递、宣传覆盖面广等特性必将大大提高传统旅游企业的工作效率。

我国旅行社信息化建设的脚步是先由内部再到外部逐步实现的。同时，根据旅行社规模的大小和业务范围的区分，许多旅行社往往也会通过不同的信息化平台或手段实现企业的信息化管理。

（一）业务系统

旅行社的信息化历程大都是从内部业务管理方面开始的。旅行社管理系统如旅游易、天港城、金棕榈早已在各旅行社尤其大社发挥重要作用。目前国内信息化应用较成功的旅行社包括广东中旅、上海春秋、中青旅、上海国旅等，这些旅行社多实施了旅行社 BPR 管理系统、订房订票系统、客户关系管理系统等。还有一些特殊的小型系统，针对地接、购物等几个旅行社经营上关键的控制环节，做出来的小型功能模块管理软件，如地接通。通过这些类似于 OA 的系统，旅行社可以规范有序地完成计调线路上线、前台销售查询、团队操作、财务审批、资源存档等一系列旅行社业务流程。

（二）公司网页

2005 年前后，在大规模的一轮网站建设的热潮中，旅行社纷纷建立起了功能简单的公司网页，展示型的网站主要包括 Flash 首页、旅行社简介、线路介绍等板块，主要的目的是在售前可以借助网上主页和电子邮件在市场上进行宣传，游客可借助网上搜索工具快速找到需要的旅游产品信息。公司网页对每个旅行社来说都是必不可少的，是一个对外的窗口，对于推出自己的品牌和企业文化意义重大。这个时期的旅行社网站跟旅行社内部的业务系统是两套并行的系统，两套系统之间没有实现自动对接。旅行社的信息和网站的信息需要业务员通过内部系统进行交流对接以后，由网络部门进行上传。传统旅行社都是首先使用内部业务系统，再另外搭建网站的。很多没有能力进行内部业务系统升级的旅行社，都存在内、外两套系统并行操作的繁复运作。

2010 年以后出现了基于网络架构下开发的旅行社管理系统，如天港城、金棕榈。旅行社同行间的分销系统、分销平台等也在市场上纷纷出现。这些新开发的管理系统，则是基于建设好企业网站为目的，然后倒过来整合旅行社内部管理系统的。网站的功能也日益强大，在网站上实现了电子商务功能模块，网上订购、网上支付、产品分销，还可以实现旅游产品模拟体验，售后的信息反馈更及时，可以对消费者的行为进行有效分析。

（三）第三方平台

对于没有自身优势资源和产品的小型旅行社，因局限于没有足够的人手和成本去建立和维护公司网页，则可借助第三方平台去构建属于自己的网页，诸如携程、途牛、去哪儿、同程等均已通过自身的用户优势，开通了供应商平台和零售平台。借助其零售平台，旅行社可便捷高效地采购所需线路产品，然后将注册后所生成的专属于自己的网页通过自己的渠道宣传出去，顾客可方便地浏览、咨询及最终完成交易。虽然成本低、操作便捷，但没有自己的独特性，仅仅成为这些大平台的供应商，旅行社无法向真正的旅游者展示自己的差异化品牌，导致了更加惨烈的价格战，从平台内部迅速扩展至各个平台之间。

（四）自媒体营销

从博客、微博到微信，尤其是微信营销已成为简单有效的新时代销售方式，被称为微商。各大旅行社都已普遍建立自己的微信公众号，在手机客户端建立网页，销售线路产品。有的则直接与公司网页后台链接，更新了网页，也相应更新了微信网页；作为旅行社员工，尤其是销售人员，则利用微信朋友圈转发公司线路产品给身边的亲朋好友，实行全民营销。事实证明，这种方式对于中小旅行社来说，可以用最低成本达到最大销售效益。

（五）多平台综合整合系统

近期市场新推出的一个四网合一软件，可以将旅行社的官网、微信微网、易信微网、手机客户端 App 用一个操作后台统一管理，快速、方便打通新时代所有销售渠道。利用日渐成熟的网络自营销的技术手段，中小旅行社获得了与大型 OTA 相同的技术支持，使得旅游消费者真正回归到旅游服务体验上来，中小旅行社能够比较好地实现和满足消费者的本地化、特色化、精细化、个性化的旅游需求，中小旅行社品牌、服务的差异化的价值就能得到彰显。

四、旅行社信息化建设的战略方向

（一）专业化

专业化战略是指企业通过从事符合自身资源条件与能力的某一领域的生产经营业务来谋求其不断发展。其优势在于：企业可集中各种资源优势于最熟悉的业务领域，从而开发培育出具有竞争力的产品；便于企业整合战略的运作，实现规模化生产，取得行业内的成本优势，使企业品牌与产品有机融合。从竞争的角度看，目前线上线下竞争激烈、游客需求越来越高，旅行社业务的专业化能够以更高的效率，为某一狭窄的战略对象服务，从而在较广阔的竞争范围内超过对手，可使企业赢利的潜力超过行业内的普遍水平。这种战略最适合目前众多的中小旅行社，也是得以持久生存的必然选择。

（二）集团化

旅游企业信息化管理模式中的集团化是一种产业集聚形式。依靠旅游业信息化、网络化基础，中小企业可以分阶段推进，实现产业集聚，逐步建成信息化管理战略联盟，构建旅游企业的战略航母。

产业集聚是产业发展演化过程中一种非常现实的经济地理现象，它是指由一定数量的企业共同组成的产业在一定地域范围内的地理集中，它可以是某种特定产业及其相关支撑产业或属于不同类型产业的集中。在旅游产品与服务方面，其特性和生产、消费的高度同一性，使得有协作意愿的旅行社在"食、住、行、游、购、娱"六要素方面，在同一个经营目的下集合成为可能，从而提升区域旅游竞争力，促进区域旅游的发展。这种集聚效应的发展，随着市场经济的不断深入，旅游产业必将表现出不同程度的一体化态势，并逐渐打破行政区划的界限，实现连横资源的重新整合和区域旅游功能要素的配套，向构建区域旅游圈的目标迅速跟进。

（三）合作化

旅游企业与新兴的旅游信息化服务公司合作化经营，考虑与新兴旅游网站构建战略联盟。以向 E-commerce 中的一种 B2C（Business to Customers）模式发展为目标，实现 Internet 与旅游企业传统资源的整合，以达到优势互补，并以此为起点，最终实现真正的 B2C 模式的在线预订、网上支付和物流配送的电子商务，这样一来，旅游企业不仅要利用网络进行电子营销，而且，要依据自身的市场定位，考虑进行电子商务。选择一个实力强大、信用良好的或者发展潜力巨大的旅游网站合作，这是我国旅行社信息化建设的又一战略选择。

【知识链接】

OTA 与 OTS

Online Travel Agency 简称 OTA，是指在线旅行社 / 在线旅游代理商。Online Travel Service 简称 OTS，是指在线旅游服务提供商。

事实上，中国的旅行业是从旅行服务（TS）起家的，中国国旅、中旅、青旅在他们的公司名称上（英文名称）都有 Travel Service。改革开放初期大家都是做入境游接待业务，到了发展阶段大家开始做出境游组团等业务，但总体上是以做团队旅游（Tour Group）业务为主，虽然也有单项服务，包括订房、订票等，但都是一种补充。后来，做单项服务的在线旅游 OTA 开始起家，携程从订酒店开始，进而订机票，而后是做自由行和休闲度假游。但是在线旅行中介 OTA 与在线旅行服务 OTS 还是有着许多本质区别的（也有相近之处）。

1. 不同点

（1）业务内容：OTA 是单项产品的代订预订，OTS 是多项旅游产品的组合打包；

（2）品质控制：OTA 代订的酒店和机票、门票等产品品质已经固化，而 OTS 提供的旅行服务，有行程安排、导游领队接待、团队游客管理等，品质是在旅游产品生产消费过程中才能把控的，难度远远大于单项产品，从而被投诉就多；

（3）组织构架和人员构成：OTA 主要是营销人员和运营服务人员，而 OTS 主要是旅行服务的计调人员 OP、产品设计的旅行顾问或者旅游咨询师以及导游领队、门店营销人员；

（4）产品单价和毛利：OTA 的单项旅行产品客单价（几百上千）和代理佣金毛利 2‰~5‰低，并且同质化强，容易造成价格竞争，OTS 的跟团游或者是个性化定制团队产品客单价高（几千至几万）、毛利高（5%~18%），有一定的品牌认知差异化，锦江品牌、春秋品牌与一般旅行社的品牌还是有差异；

（5）服务人群：OTA 多数是商旅客户或者是年轻人"85 后""90 后"等，OTS 服务客户多数是观光游、休闲度假游以及"60 后""70 后"等。当然还可以细化出更多的不同；

（6）技术创新：OTA 的多数创业者都是有计算机或者理科基因，所以在新技术应用方面和投入方面比较超前，OTS 相对而言，在技术应用方面多数选择比较成熟的技术，并且选择第三方技术服务承担开发和运营，提高效率。

2. 相同点

（1）在线化：无论 OTA 和 OTS 都是以在线化为业务运营的基础，两者都重视信息技术在旅行服务和中介业务中的应用；

（2）业务领域：两者都属于旅行业的业务。中国旅行业经过 20 年的在线化发展，OTA 和 OTS 在技术方面都有长足的进步，但同质化的竞争过于激烈，而差异化、品质化的发展还是有待精耕细作。在 OTA 当中比较典型的代表企业有：去哪儿、淘宝、同程、八爪鱼、驴妈妈等，OTS 中的典型代表有：锦江、春秋、中青旅、众信、中妇女等。携程是全能发展的，有 OTA，也有携程自己品牌的旅行服务，甚至有高端定制的鸿鹄逸游 OTS，而途牛是 OTS 的公共营销分销平台，同时也有牛人专线，也属 OTS 一类。所以，于敦德经常讲"客单价理论"等。

无论市场竞争多激烈，也不管企业规模有多大，企业发展生存之道，还是要正确定位、扬长避短，以"低成本、高效率"提供高附加值的差异化服务。

目前的 OTA 均为简单标准化的单项服务产品为主（如订房、订票的携程、114），再加上部分简单标准化的旅行社团线路产品（如途牛、同程）。OTA 提供的简单、标准的单项服务使得旅游市场向散客化高速演进。

利用网络技术，完全脱离旅行社，沿着把单项标准服务做到极致化的道路演进，网络公司旅行社化，形成了 OTA。网络技术的出现并催生出来的 OTA 经过多年残酷野蛮地侵占传统旅行社业务范围，已经破坏了旅游行业一直以来的业务加成报价体系（成本＋利润）和业务代理体系，迫使旅游业务透明化。OTA 的业务标准化程度高，可复制性极高，大量资本的涌入，催生了大量的 OTA，这些 OTA 为了生存和抢占市场，可利用的手段并不多，最直接有效的就是展开价格战，然后出现大量退出和兼并。同程网、去哪儿网、村游网、号码百事通、旅游百事通、驴妈妈旅游网、携程网、百酷网、8264、出游客旅游网、乐途旅游网、欣欣旅游网、芒果网、艺龙网、搜旅网、途牛旅游网和易游天下、快乐 e 行旅行网、驼羊旅游网等数十家较大型的 OTA，如今已经开始了最后的兼并重组战役，携程兼并艺龙，同程网与途牛网的风投、股东高度重合，BAT 等网络巨头身影或隐或现。

旅行者的旅游个性化需求被 OTA 极度简化为标准的机票预订和酒店预订的差旅行为。阳光旅行网更是将旅游六要素完全拆分，由旅行者自行组合选择，旅游者组合的要素是否合理、行程编排是否符合实际情况和旅行者真正需求，目前的无人化智能技术尚未实现。

毕竟旅游服务是一种人体服务和体验服务，整合旅行社资源，利用网络技术，沿着旅行社业务网络化的道路演进，为旅行者提供全面极致的产品和服务，就形成了 OTS。真正贴合旅游者旅游目的的，都是长期从事旅行社业务的大型旅行社，例如，广之旅、南湖、众信、恺撒、中旅总社、中国国旅、锦江旅游、中青旅、春秋等的 OTS。所谓的 OTS（在线旅游服务商）其实就是传统的旅行社对于网络技术的熟练掌握后，更好地利用网络技术来保证团队的运行、招徕客人，给消费者提供更好、更快、更低成本的旅游服务。

旅游消费者的消费目的是旅游服务的体验，基于这个需求本质的判断，我们认为日后 OTA、OTS 的演进将会为相互融合的综合旅游服务商。建设企业信息化的过程中，旅行社企业应该提高认识、加强领导，加大推进力度企业信息化进程，编制旅行社信息化建设规划，明确建设目标和主要任务；建立信息主管制度，大力开展业务人员信息技术应用培训；加大旅行社信息化投资，有力推进信息化进程；切实提高旅行社信息化工程基础设施投资效益；加强信息网络安全管理，增强信息化安全意识。

（资料来源：http://blog.sina.com.cn/s/blog_9f9e739f0102vtam.html.）

五、信息化技术在旅行社中的具体应用

（一）ERP 系统

旅行社 ERP 管理系统可以全面涵盖大中型旅行社的业务应用，包括单团管理、散团收客、地接订房订车、团队安排、派车排程、签证操作等业务功能，实现全球范围内的无纸化办公，配备电子传真、电子邮件、短消息等电子商务协同工具，甚至可以集成 google 电子地图（行程图）、msn 消息引擎、WAP、3G 等智能终端（图 7.1）。

系统管理	自我管理	散拼中心	单团中心	操作中心	签证中心	财务中心
系统配置管理	个人基本信息	计划制定	新增询价	操作团队查询	待做签证客人名单	团队应收
系统功能管理	用户密码修改	计划审批	成团进度表	按酒店查找团	我的签证任务	团队应付
公司管理	个人事件查看	计划发布	跟单情况	传真清单查询	自然团列表	新增应收
部门管理	便签协作消息	计划取消	询价列表	我的订房任务	送签团列表	新增应付
系统用户管理	内部通讯录	散团收客	————	我的订车任务	签证属性配置	待审核酒店核算单
系统角色管理	————	客户通知		我的导游安排任务	签证录入方案	刷卡酒店查询
系统菜单权限管理	————	询价下单		我的购物店任务单	签证类型维护	流水账审核
系统页面控制权限	————	散拼团列表		待审核的团队订房	签证分类人群	审核酒店费用查询
系统性能监控	————	————		订房统计	签证资料字典	收付款账户维护
销售大区管理	————	————		发传真	签证资料分类	币种汇率设置
系统帮助	————	————		————	团队签证进度字典	付款方式设置
应用图片设置	————	————		————	签证进度状态字典	原始单据维护
————	————	————		————	————	————
————	————	————		————	————	————

资源中心	客户中心	成本管理	系统基础设置	推广中心	统计中心	————
酒店供应商	销售负责客户	签证费成本维护	报价不含字典维护	发邮件	单团报价成单率统计	
交通供应商	新增渠道客户	公务成本维护	旅游国家设置	邮件群发	区域-单团统计	
航空公司	客户信息管理	邀请函成本维护	国内省份设置	短信群发	客户-单团统计	
机票代理供应商	客户沟通情况	油轮成本维护	旅游城市设置	————	年度客户排行	
餐饮供应商	客户VIP维护	景点门票成本维护	订房进度字典维护	————	客户交易统计	
导游供应商	客户区域维护	专业翻译成本维护	酒店-星级字典维护	————	客户基础统计	
景点供应商	客户资信维护	保险成本维护	酒店-客户房型维护	————	客户新增统计	
地接社供应商	客户星级维护	————	巴士-用车性质字典	————	区域-客户单团统计	
公务供应商	客户类别维护	————	交通-乘车类型字典	————	销售-客户单团统计	
使领馆供应商	客户信息列表	————	早餐-餐厅字典维护	————	————	
媒体供应商	联系人信息列表	————	午餐-餐厅字典维护	————	————	
自费节目维护	————	————	晚餐-餐厅字典维护	————	————	
————	————	————	导游-服务类型字典	————	————	
————	————	————	导游-导游类型字典	————	————	

图 7.1　大中型旅行社 ERP 管理系统功能菜单（部分）

（二）旅游目的地信息系统（Destination Information System）

旅游目的地信息系统（DIS）是近年来迅速发展起来的一种新的旅游信息传播方式，它采用计算机网络技术，将旅游目的地的各类旅游信息按照一定的规则储存于数据库内，并通过与相关部门的计算机联网实现旅游信息与旅游业发展动态的同步变化，从而为旅游者的旅游决策和实际旅程提供了一条更方便、更快捷和更准确的信息渠道，同时也为旅游经营者提供了一种更为有效的信息传播途径。

旅游目的地的信息系统通常是由旅游目的地国家或地区的各级旅游组织部门组织开发的，因为他们的主要职能便是宣传目的地形象、展示目的地魅力、广泛招徕旅游者。旅游目的地旅游组织部门传统的信息传播方式有三种：一是邮寄文字材料或声像材料；二是在主要旅游客源国或地区设立驻外机构；三是在全国范围设立旅游问讯处（Visitor Information Office）。但是，随着世界旅游市场竞争的不断加剧，特别是随着世界旅游的市场格局逐步从以团体旅游为主转化为以散客旅游为主，旅游者对旅游信息提出了前所未有的要求，传统的信息传播方式越来越无法满足旅游者对旅游目的地信息全面、系统、快捷、准确和动态的要求，旅游目的地信息系统遂应运而生，并迅速成为旅游目的地国家或地区旅游组织部门间重要的竞争手段。

（三）客户关系管理系统（Customer relationship management）

客户关系管理系统是以客户数据的管理为核心，利用信息科学技术，实现市场营销、销售、服务等活动自动化，并建立一个客户信息的收集、管理、分析、利用的系统，帮助企业实现以客户为中心的管理模式。客户关系管理既是一种管理理念，又是一种软件技术。客户关系管理，是一种以"客户关系一对一理论"为基础，旨在改善企业与客户之间关系的新型管理机制。客户关系管理的定义是：企业为提高核心竞争力，利用相应的信息技术以及互联网技术来协调企业与顾客间在销售、营销和服务上的交互，从而提升其管理方式，向客户提供创新式、个性化的客户交互和服务的过程，其最终目标是吸引新客户、保留老客户以及将已有的客户转为忠实客户，增加市场份额。

（四）微信小程序

据腾讯旗下的企鹅智酷发布的《2018微信用户＆生态研究报告》显示，截至2018年4月，微信全球共计10.4亿活跃用户，近一年来带动的直接信息消费达1742.5亿元。流量决定着红利，尤其是在当今互联网高速发展的时代，各行各业都在积极地进行着引流方式的探索。旅游行业是一个不断发展的行业，像大型的OTA，如携程、同程、去哪儿等都在第一时间上线了自己的小程序，对于中小型阶段的旅行社来说，一款具备社交裂变营销功能的小程序同样能帮助其在移动领域获取更多盈利。第一，微信内容易于传播。旅游行业本身就具备超强的社交以及内容属性。很多时候，游客看到一篇深有感触的游记，发现了一张特价机票，都会有想分享的冲动。第二，用户体验度良好。旅游行业的小程序符合了小程序的特点，快捷，轻便，用户用完就走，没有多余的广告推送，也没有复杂的功能，对于每年出游 1~2 次的游客来说，小程序非常契合此种需求。第三，获客成本大大降低。旅游单价较高，因此旅行社的获客成本也相应很高。高昂的开发和推广成本，再加上旅游业务的低频天然属性，在用户量未达到一定量级之时，开发 App 已经变得越来越不划算。对于旅游业的创业公司来说，不确定是否要用自己有限的资源来开发一个真正的 App 之时，可以从小程序开始测试，以此获得足够多的回应和用户数据。

（五）微店

目前，许多电子商务公司或网络科技公司为适应旅行社信息化管理和电子商务运营的需要，已经开发了许多的旅行社电子商务运营类 App。微店就是一款 App，有手机端和 PC 端两种版本，和淘宝类似，都能支持展示商品并在线实现交易。微店是免费的，而且上手非常容易，下载安装完成后，根据要求一步一步地进行验证，绑定好旅行社经营者的账户即可。微店不仅可以支持同行与分销商一键更改产品联系方式后转发与分享，如转发微信好友与分享至朋友圈等；还支持产品自定义，如打开产品后，自动跳转至相关的产品宣传页面；支持一键拨打电话等。

（六）OA 办公系统

大型旅行社往往还使用旅行社 OA 办公系统，将产品、客户、订单、财务、数据等多维度的经营和管理信息、数据纳入进去。许多大型旅行社 OA 办公系统包括客户关系管理、人事管理、系统管理、业务操作、财务管理、售后服务、文档管理、合同管理、内部邮件、个人桌面（便签、记事本、个人日程、部门日程）、日常工作管理等功能不太烦琐的小型系统，能够实现将旅行社日常工作变成网络无纸化办公。

案例 7-2

旅行社微信电商平台上线

随着微信的普及，越来越多的旅行社在现有电商网站的基础上，开发微信应用，展示、销售自己的产品。而对于没有电商网站的旅行社来说，建设一套基于微信的电商平台则成了当下最迫切的需求。

香港中旅科技有限公司顺应市场趋势，2015年设计了一套针对旅行社的微信电商平台，采用的是国外领先的响应式网站技术，即同一套电商页面，既可以在微信端展示，又可以在PC端展示，页面会随着屏幕的大小自动调整为最佳展示状态。游客可以在微信电商平台上自主完成产品查找、下订单、产品支付等环节。旅行社员工在平台上进行产品制作、产品发布、财务管理、客户管理、供应商管理、领队/导游管理以及统计分析。平台附带的微名片功能，能够统计任何一款产品的点击率，以及点击率由哪个员工或客户带来，真真正正把旅行社的每个员工、每个既有客户都变为了产品宣传、销售的一员。乐巴厘作为一家专做东南亚旅游产品的旅行社，当时成了旅行社微信电商平台的首家用户。

案例点评：越来越多的电子商务公司和网络科技公司在开发各种各样的旅行社电子商务营销平台或软件。旅行社如果不能独立开发自己的电子商务平台，完全可以根据自身的经营特点和优势，找相关网络科技公司个性化定制自己企业需要的平台或软件。尤其是微信使用越来越频繁，微商经营也越来越获得客户接受和认可的今天，旅行社可以尝试用不同的电商运营渠道来实现企业的运营和销售。

本章小结

旅游信息化通过对信息技术的运用来改变传统的旅游生产、分配和消费的机制，以信息化的发展来优化旅游经济的运作，实现旅游经济的快速增长。信息化已经成为旅游行业内部各个环节联系的纽带，不管是对旅游管理部门，还是对旅游的企业，或是对旅游者而言，有效地获取旅游信息，以辅助科学的决策，都显得特别的重要。

本章主要论述了信息技术对旅行社业的影响，旅游信息化在旅游业中的主要体现，以及旅游电子商务的概念与优势、分类与模式。同时，拓展介绍了智慧旅游的概念，智慧旅游系统及技术支撑，拓宽了读者对旅游信息化应用的认识。进一步介绍了旅行社信息技术管理的定义、重要性，中国旅行社信息化建设的历程和旅行社信息化建设的发展战略选择以及信息技术在旅行社管理中的具体应用。

思考练习

1.为什么说旅游业最适合开展电子商务？

2.分析旅游大数据对旅旅行社管理与经验有什么作用？

3.智慧旅游对旅游业发展有哪些促进作用？

4. 旅行社信息化建设需要关注哪些问题?

5. 信息化技术在旅行社管理中有哪些具体的应用?

参考文献

1. 闫震娇. 信息化与旅游产业发展 [J]. 全国商情(经济理论研究), 2016 (6): 62-63.

2. 余扬. 潘春辉. 旅游电子商务 [M]. 北京: 旅游教育出版社, 2015.

3. 杜江. 戴斌. 旅行社管理比较研究 [M]. 北京: 旅游教育出版社, 2006.

4. 陆均良. 杨铭奎, 等. 旅游信息化管理 [M]. 北京: 中国人民大学出版社, 2010.

5. 申松姿. 旅游管理信息化发展策略的若干思考 [J]. 中国管理信息化, 2017 (22): 150-151.

6. 陈涛, 徐晓林, 吴余龙. 智慧旅游——互联网背景下的现代旅游业发展之道 [M]. 北京: 电子工业出版社, 2012.

7. 郑亚琴, 胡成杰. 携程和春秋旅游电子商务模式比较 [J]. 安庆师范学院学报(社会科学版), 2011, 30 (4): 48-51.

8. 林德荣, 郭晓琳. 旅游电子商务研究述评 [J]. 旅游学刊, 2008, 23 (12): 87-92.

9. 姜珊娜. 浅析信息化背景下旅游服务业的产业转型 [J]. 农村经济与科技, 2016, 27 (20): 62-63.

10. 杜江. 旅行社经营管理 [M]. 北京: 旅游教育出版社, 2006.

11. 张道顺. 现代旅行社管理手册 [M]. 北京: 旅游教育出版社, 2006.

12. 杨雷, 戴卫东. 旅行社经营与管理 [M]. 北京: 电子工业出版社, 2008.

第八章
旅行社业发展趋势与危机管理

🔍【案例导入】

"双十一"破亿，遨游网率先撞线在线旅游亿元俱乐部

2019年购物狂欢盛宴"双十一"落下帷幕，各大电商都在紧锣密鼓地整理着售卖数据。记者了解到，在旅游行业的"双十一"网络大战中，阿里旅行独占鳌头，和前几年在线旅游"双十一"景象略有不同，今年取而代之的则是中青旅遨游网、上海众信国旅、上海不夜城国旅等综合能力非常强的实力商家积极参与阿里旅行"双十一"并主动宣传、造势，这与天猫及淘宝旅行的大力扶持有密不可分的关系。其中，中青旅遨游网"双十一"遨游网主站及天猫旗舰店当天成交总金额突破1亿元，强势迈入"双十一"亿元在线旅游服务商俱乐部。翻看2018年的数据，记者发现，中青旅遨游网今年交易额较去年"双十一"呈双倍增长，在淘宝旅行度假旅游线路类目销售额稳居前列，已成为最受欢迎的在线旅游服务商。

案例点评： 在过去传统消费习惯中，"双十一"购买旅游产品似乎是天方夜谭，但近几年不但成为现实，更是每年各大旅游OTA商家重点竞争的战场。"双十一"仍如中国的互联网经济发展曲线一样，在最初价格战硝烟过后，更多还是要靠产品与服务突围而出。

第一节　旅行社业发展趋势

近些年社会与旅游行业都在思考，旅游行业的改变是如何促成的，这实际上是伴随着互联网化对于旅游市场的作用与用户决策顺序发生改变形成的结果。而随着旅行

社线上与线下的不断融合，新零售带来的思维与模式创新正在不断打破渠道边界，线上线下界限将更加模糊，整体行业对于资源整合的调整、产品的创新与升级、服务流程再造与标准化的调整，包括营销推广上的创新都将促进旅行社行业下一步的发展，而在"后疫情"时代的旅游活动，随着旅游市场竞争格局发生变化，结构进一步优化与调整，也必将迎来一次新的旅行社行业方向性调整与发展契机。

一、旅行社业互联网化发展趋势

（一）旅游互联网的内在驱动

1. 成本的提高

无论是传统旅行社还是新兴互联网旅游商家，仍然会把线下门店作为商业布局和进行产品分销的一个核心举措，无论是传统旅行社还是新兴的互联网旅游商家，进行线下门店开店布局的初衷更多是大型旅行社进行门店升级，再布局与本公司 O2O 模式即线上线下的互联互通进行完整全渠道流程的完全打通，（如中青旅）或是互联网旅游商家基于 OTA 旅游在线平台通过对产品要素与资源的收割重新进行线下布局与规模扩张，意在重点打造对客服务体验，这一旅游最重要环节的落地（如携程、同程等）都会面临成本的提高。尤其是门店构建选址的升级以及逐年攀升的房租费用都会是对于旅行社成本上不得不关注的痛点。

2. 地理区域限制

旅游产品早已成为全民消费产品，不分地域、不分年龄甚至不分贫富。而绝大多数的线下门店只能辐射周边商圈社区，无法扩散触及更多、更广的客户群体，互联网更好地打破了地域的限制，可以迅速扩散到全国甚至全球，这是旅行社做互联网的关键动力。例如，一家北京旅行社企业的发展愿景，绝对不仅仅希望自己只局限于北京市场或者华北市场，若要实现更广阔的全国化市场布局，或打破市场边际需要，"互联网"这一工具可提供有力的支持。

3. 提升行业效率

互联网的效率在当下全球经济中的作用已被大家所认可，而国内互联网思维更是已经在旅游行业中进行了大量的传导甚至是颠覆，大大小小的旅行社企业无论规模还是过去的企业背景，都会更多尝试运用互联网思维思考自己的企业价值，以及更核心的企业如何为用户创造价值。旅游企业开始不断通过运用互联网手段提升产品研发、操作、销售效率以及企业与企业间的沟通效率。这从根本上解决了"传统旅行社企业效率相对低下"的问题。互联网作为工具的推动，始终都会把着力点放在解决效率提升方面，未来互联网对于旅行社行业的提升也应该是涵盖方方面面、没有死角的，这样对于旅行社企业在运营效益与运行管理中都是大有裨益的，而移动互联网的进步更加推进了这一进程的前进速度。

（二）旅游互联网的外在驱动

1. 旅游产品契合性

旅游产品作为感受体验类产品的特殊性，决定了它不会像实体产品有库存与囤货问题，更多是通过对于旅游目的地以及旅游产品的展示对用户进行宣传、传播，进而激发客户需求影响其购买行为。从展示形式上天然契合互联网的卖图、卖脸的初始销售传播方式，而随着旅游作为刚性需求在我国不断成为不同消费人群关注热点后，旅游产品的复杂性信息传递与接受触达与同一旅游产品多地出发，也更是被互联网加速推进打破了地域限制。

2. 资源整合能力推进用户体验

前文提到，我国旅行社行业的发展从最开始的信息逆差壁垒到目前逐渐打破这一信息逆差壁垒的关键，是互联网对于旅游行业各个要素的资源整合能力，而互联网思维的本质是平台、聚合、共享，通过互联网对旅游产品各个链条上的资源整合；如大交通飞机、住宿酒店以及目的地玩乐等碎片化产品的整合聚合，加速渠道和资源的一体化。

对于消费者而言，随着越来越普及的移动端互联网，大家在世界各地随时随地都可以共享互联网资源整合后的红利。例如，客户明晚于日本准备启程回国，因为个人原因需要预订一辆商务车为全家接驳从当地酒店到机场或者在旖旎的印度洋毛里求斯海岛，临时兴起希望前往当地名胜鹿岛进行水上项目与挥杆高尔夫，都可以通过动动手指予以实现。正是互联网推动的资源整合实现了这种客户便捷，把曾经的不可能、无法实现变成了现在的几秒钟弹指一挥的良好客户体验。

3. 用户行为变化

随着我国互联网经济的高速发展，毫不夸张地说很多曾经互联网消费的绝缘体，如中老年人都可随着指间跳动触碰完成互联网产品的消费，更不要说从"70后"到"90后"这一承载着当下消费市场的核心人群，可以想象未来还有"00后"甚至更下一代应用互联网寻找企业和他们感兴趣的产品以及资讯，可以说用户的行为发生了根本性转变是旅游互联网的外部驱动形成的关键。

➡【小贴士】

互联网也好，移动互联网也罢，都是旅行社行业为实现更好运作的商业模式，无论是 WAP 还是当下更普遍应用的各种手机 App，包括微信、微博、抖音、淘宝、小红书等不同平台，不同旅行社企业都在不断探索不同的品牌产品所适合展示、销售的平台与运营方式以及什么样的服务模式流程与交互方式更加适合。以上所有的论述，不是说传统的线下方式将步入夕阳末路，当下以及未来线下都在积极探索更加适合自己的对客交互模式与服务销售方式；如何充分发挥线下服务与体验的优势是行业的课题，更核心的是无论怎样变化，行业都要充分依托几十年积累沉淀的资源采购网络、产品研发整合服务标准流程、产品操作优势，也许未来，旅游行业没有传统线下和互联网企业，大家都是在用互联网思维创造客户价值从而实现企业价值，在旅游互联网如此大的背景之下，行业的焦点永远是找到自己的优势与定位，利用互联网工具，打通线上与线下的边界与渠道隔阂，用心做好产品与服务，将用户价值与企业价值双向最大化，从而营造出更加良好的旅游市场生态环境。

二、互联网作用下的新零售

（一）互联网思维应用旅行社行业

互联网时代与传统企业时代最大的不同是，驱动方向与角色的不同，简单来说互联网时代的思维方向是用户驱动企业，而传统企业时代则是企业驱动用户。这既是思维模式的变革，更是创造产业链上的改变。究其根本，实际上折射出一种思考方式的不同，而这种不同的思考方式也渗透在产品与服务营销等方面。随着互联网的演变，消费方式促进甚至倒逼互联网企业要更多从满足用户需求向尝试引导激发客户发现自我需求改变，这样的改变是对原有用户思维与企业运营思维的一种颠覆改变。我们印象中的传统企业通常是以我为主，生产产品后配之以相应营销宣传推向市场。伴随着互联网的发展，用户获取产品信息与内容越来越呈碎片化、多元化及丰富化，用户的自主意识越来越强，原有的生产管理与商业逻辑发生了根本性的转变，需要更多关注客户需求和消费行为特点。

（二）新零售重构人、货、场模型

无论新旧商业模式如何发展、促进甚至颠覆，核心主体的人、货、场并没有发生变更，但其在底层的内部核心部分已经经过刷新被赋予了新的内涵定义，在新零售时代，旅行社业的发展需要重构人、货、场的模型内涵与关系。以下对人、货、场进行简单的分析。

（1）人：当下旅行社行业中人的概念，更多泛指旅行社内部工作人员，如销售、计调以及消费者，当然也会有一些企业尤其是在线旅游企业会把人更多定义为新人即新用户。当然一切更多所指都是现在我们称谓的流量，流量是一切的核心源泉。找到人、找到对的人，就是获取更多流量，决定更高销售额，甚至是重复购买的关键。而旅游作为相对低频次的消费产品，老客户可以贡献更多重复消费，而开发成本更高的新用户，却又拥有更多在流量上的可能性。新老用户的流量，关键永远是基于需求，选择对的货。

（2）货：货的新趋势是在不断匹配用户需求与市场变量以及我国当下大环境的升级，是旅行社能够持续创新发展的关键；当下基于对新中产人群服务品质的追求，尤其是更侧重人格化、小众化与品位化的旅游产品研发与升级正在不断加快脚步进行；这也是更多在线旅游企业定义的"新货"。

（3）场：场的新格局除了传统旅游线下门店因流量的减少，而在选址与导流上更加强调与大型商圈进行客户流量的导流互补与服务体验向新零售方向升级之外，也更加注重于互联网作为工具化手段，以平台载体不断优化客户体验和渠道的拓宽与广度。继续以中青旅为例，中青旅经过近些年持续调整，线上和线下平台已经实现了资源整合，门店能够为用户提供价格透明的优质产品和高品质服务。线上也拥有更丰富于同行业的不同服务销售渠道，如呼叫中心、遨游网站与第三方平台（淘宝、马蜂窝等）、订制等渠道，与传统旅行社门店和OTA的线下门店相比，中青旅"线上＋线下"的模式，可以让用户获取信息和选购产品时有更加立体化的体验。线上线下既各自发挥优势，也可在对客服务时形成合力。

综上我们可以看到，作为新零售而言，最核心的本质还是要利用线上线下各自的优势去做服务组合与升级。以"人"的需求为核心，深刻剖析新零售环境变化升级下"货"的新发展与"场"的新格局。如广之旅董事长、总裁朱少东认为"人、货、场"的整体重构，将使得旅行社行业更好地去理解"用户"，更好地去打造"产品和服务"，更优地去升级"渠道与体验场景"，进而更从容地拥抱新零售时代的种种精彩。

三、传统旅行社集团化发展趋势

（一）整合内部资源，加速模式优化与运营创新

大型传统旅行社集团由于企业基因与行业积淀等原因，在行业内往往都是横向发展，通过各板块不同旅游产业链业务相互带动，共同促进形成连环效应，以规模化、产业化带动本企业发展，再利用本企业在行业内成熟操作模式积累、品牌影响力、相对稳定的客户群体和完善的渠道布局，形成叠加的强强联合效应和强有力的旅游主业孵化功能。

也许这些大型传统旅游集团并不像小而精公司那样可以成为在某些旅游专项市场的"单项冠军"，他们更多将是竞逐完整旅游产业链团体领域的佼佼者。这些传统意义

上的行业龙头企业，在发展的历史过程中，最先注重的仍是规模的扩张与营业收入的增长（即普遍意义的销售额），而随着企业的发展、组织架构的优化与战略的调整，往往会重新审视市场，经过理性判断后实行资源配置的再升级优化与整合，并更加注重实际成本收益，而非单纯的营业额。这体现了大规模旅行社集团在行业中的引领作用率先实现理性转型，这种"重产出去泡沫"的背后说明传统的旅游市场龙头企业正在不断利用组织框架与战略的调整，通过形式的创新，打破原有模式与框架，为行业优化布局，提升企业价值与社会责任感。

案例 8-1 »

中青旅的"4+3"发展战略

中青旅的 4+3 发展战略以"景区投资、酒店运营、会展整合营销、互联网+"旅行社业务这四大核心板块为基础，理性分析市场发展，围绕人的价值，在原有板块基础上大力拓展旅游＋康养、旅游＋教育、旅游＋体育三大战略领域，而在"初心"的旅行社板块，近些年也是通过遨游网的互联网模式带动传统旅游，以互联网作为线上工具提升旅游供应运营链、尝试对于客群进行人群标签化的用户运营、BI 数据趋势运营，通过对内容运营尝试流量变现、利用品牌运营实现用户心智，以及会员运营加强客户黏性与复购。一系列举措与应用的目标是希望形成一系列人、货、场运营模型体系，实现规模与效益的双向发展。

案例评析：以中青旅为代表的传统大型旅行社，没有躺在历史车轮上倦怠，而是继续以不断创新进取的姿态，审视市场，依靠自己本身的行业链条布局优势，始终在适应与引领市场的道路上进行模式的优化创新与运营思路的调整。

（二）旅行社价值与旅游产品服务的本质正在加速度回归

互联网旅游对于传统旅行社的冲击最早显现于 2014 年，行业在经历了一系列阵痛后也在不断调整变革、与时俱进，与互联网逐步结合，利用互联网工具提升行业效率，从而满足用户价值继而实现企业价值，成为行业共同思考的课题。

从课题转化为结果，更多的传统旅行社集团选择了由渠道向平台转型，过去这些行业的领头羊更多是占据在渠道的顶端，以品牌与规模实现在市场的占比与规模以及收益。如本书前面章节所提到的，在传统旅行社行业被互联网冲击，失去了之前最宝贵的信息壁垒后，大家以最快速度实现了转型，无论是中青旅"互联网＋旅游"的遨游网还是国旅的"国旅在线",都是秉承着自建自有在线平台覆盖自营旅游产品(全品类、全线路)结合代理同行优质旅游产品的思路,而在发展过程中包括恺撒旅游、众信旅游这些由组团社、供应商发展起来的旅游行业新兴标杆旅行社企业,大家都把焦点重新聚焦到了产品与服务上。

1. 匠心与专业是传统旅行社集团的优势根基,也是行业每一名参与者始终要追求的立身之本

经历过互联网风暴后的传统旅行社行业经过理性分析,再次认识到,无论行业业态如何变化,市场运营方式手段如何调整,自身还是要发挥利用好传统优势,自身的优势还是源于其在行业内多年积淀下的专业人员资本以及规范化的运营流程,只是这些优势仍需锤炼和再造,人才永远是企业的财富。随着旅游市场的发展,旅游产品也逐渐呈精细化和复杂化发展,如何让一次旅游变得更简单是企业与用户共同希望的,而传统旅行社企业不同于规模较小同行的简单直接"翻牌""包桌""挂靠"模式,更多基于自身的细化市场、重塑流程,走专业化道路,通过产品研发人员与操作人员对于产品不断的匠心打磨,始终迎合市场不同人群的细分需求。例如,旅游+体育产品,绝不是简单的在行程中包含了带旅游者观看一场欧洲豪门的足球赛事,观摩球员训练或购买一些球队纪念品;旅游研学产品,也不会仅仅是带领孩子们在目的地参加一些富有教育意义的活动,这些细化主题旅游产品是需要靠专业的体育人才与教育人才,真正把教育与体育定向目的地解构,带入用户的旅游元素并进行专业化运作,以便能够给客户一个更好的旅游体验。这是传统旅行社集团具备的先天优势,未来谁先建立起别人难以效仿的产品研发思路与方式,就能在获客渠道上占有一片新的商业模式高地。

而这些传统旅行社集团对于不同的销售渠道工作人员也都会进行丰富、立体、专业化的培训,这些旅行社集团不同销售渠道工作人员既不是客服也不是单一的销售,他们是活跃在用户身边的旅游顾问或专家,他们的存在可以更好地解决客户在选择产品、了解目的地和办理各种旅游产品要素的最后一公里"送行者",是让旅游变得更简单的传递者,起到桥梁与纽带的作用。未来传统旅行社集团的各链条工作人员将在专业化道路与细分市场上继续加权自身的优势,而旅行社企业与员工的关系,从单纯的雇佣关系也将转向"平台+个人"的关系,互联网时代让每个个体都有爆发的空间,公司与个人可以实现相互赋能。

对待旅游产品的匠心、对待市场的用心以及对待客户的专心,是行业整体与个体共同追寻的运营服务观念。这种观念也诠释着,旅行社价值与旅游产品服务的本质正在上演加速回归的良性趋势。

2. 旅游产品更趋向于深度订制及整合后的单品

近些年随着旅游人群的自主意识与自助能力越来越强,旅游需求的多元化、个性化也不断被市场上推陈出新的自由行产品所满足，让市场上一度认为自由行将取代传统的参团游产品，而参团游的一些短板，也会被一些业内人士与旅游者不断放大。理性分析后，我们用发展的眼光去看这两种旅游的出行方式与产品业态会发现，两者关系不是非此即彼的，两者都存在由出行方式引发的不同短板。自由行对于旅游者来说是存在门槛的，只是在当下我国高速的经济发展与旅游人群快速递增的数据下掩盖了这一门槛，这一门槛甚至与出行者本身的年龄、学历没有绝对关系，而是时间成本、经济成本、出行人群共同作用下的门槛。而参团游的短板无须赘言，约束与束缚似乎已经成了人们对于参团游的刻板印象。诚然这是与之前市场上的部分参团产品的质量有关，唯短期价格导向，即为了展示给消费者的价格而忽略体验与实际产品品质，导致了很长一段时间以来人们把"廉价、走马观花、肤浅、过时、进店"定义为参团游的关键词。

参团游与自由行在未来会发挥两种旅游方式各自的优势与潜能，相互借鉴、相互促进，参团游在与时俱进的大研发思路下会变得更加有弹性、多元化与深度化，也可呈现出爆款（大众经典产品）、品质（品质升级产品）、私家游（慢品漫游、深度重体验）等不同形式的参团游产品；而自由行更多地依靠于旅行社的技术能力、整合资源与加强采购能力，做到更多的直采资源（与航空公司及酒店直接采购，做到一手资源拿到更好价格）以及利用敏锐的市场嗅觉设计出市场前瞻性产品，而不单单是一个"机票＋酒店"与目的地玩乐产品的打包组合，既要做到价格有优势，更要做到匠心的产品设计，最终朝着可以捕获用户的旅游选择、节约客户时间成本以及提供客户更为关注的安全保障方向前行，这些都是旅行社未来在自由行产品研发方面的趋势与追求。

如何做到被用户所需要，是旅行社在做自由行产品时，需要提前想到的，而互联网打破旅游市场的信息差堡垒是让"资源与价格"更加透明，近些年越来越多的用户变得更加智慧的原因也是逐步利用互联网，直接触达各类在线平台，如"携程""去哪儿"甚至直接通过航空公司与酒店官网进行预订。旅行社最大的优势在于资源的整合，虽然有一些资源已随着信息化、互联网化被打破壁垒，但仍然有一些资源是无法被打破或者说是可以与互联网共同联动合力完成的，如一些特定国家类的签证、旅游目的地当地玩乐类型产品以及目的地交通与当地租赁车辆等产品。旅行社将会借助自身在资源以及当地的圈子网络，通过大批量采购与整合资源，实现分销，单项产品虽然看似不如传统出境产品带来的收益高，但如果可以配之以良好的互联网运营手段与营销推广方式，并实现集约型大规模的采购甚至是当地开发资源，也可以实现利润空间的激增。

单项旅游产品另一种潜在的价值，还是在日益凸显的获取客户难，新增流量缓慢的时代，可以单项产品带动打开客户购买旅游产品的另一种盈利模式并为旅行社企业储备更多客户资源与潜在流量。

四、行业其他发展趋势

（一）批发商、供应商向服务商转型升级

1. 从信息差到性价比的转移

本书已多次提到，我国旅游市场的发展是伴随经济的发展与不断打破信息差壁垒推动的进程，在消费者用户获取信息越来越快捷的今天，之前靠价格战迅速占据市场的批发商、供应商，将要继续寻找新的战略高地，而无论怎样发展，高性价比资源组成的产品一定是行业发展趋势，更是批发商在资源采购与配置上会下功夫的首要环节，除了行业一直认同的直采模式之外，会加速以批发商、供应商为代表的资源方与当地景区、机票、酒店的投资并购以及其他多元化合作方式。

2. 打通上下游批发商向全产业链条布局

旅游业界曾有"得机票者得天下"的论调，也不乏"酒店是旅行的担当"这样的结论，并且市场上也充斥着大大小小的在单一目的地存在绝对优势的批发商，而在"互联网+""旅游+"等一系列行业新思路的引导下，越来越多的批发商通过调整发展战略，向全产业链布局。例如，众信旅游经过三年时间布局，已成为国内领先的出境批发商与服务商，携程更是凭借着其强有力的技术与资源优势在业内始终占据着技术与资源整合领先者的地位，近些年更是通过对线下的收割与一系列投资拓展实现了其全旅游生态圈的业务拓展，进一步巩固了其在旅游与商旅以及单项类业务的领先地位。太多的案例都在论证，未来无论是传统批发商的机票、酒店和目的地服务，还是"鼠标＋水泥"的互联网加一、二线城市旅游基建类要素的方式，都在通过自己的方式，利用投资开发、并购整合、框架调整打通上下游关系，形成自身体系下的大旅游生态圈作业模式，这样的转型，更多通过形成业务与产业结构的闭环一体化来实现业务的连环效应，进而利用对各要素的业务赋能拉动流量、提升产品类型的覆盖，从而实现本身的平台化爆破与渠道激增，在市场上产生更大的占有率与规模增长。

3. 批发与零售长时间并存

近两年旅游市场的理智回归与用户习惯的改变，越来越多曾经的批发商、供应商转向了 C 端，即传统意义的直客、散客市场，利润的摊薄与行业生存环境的变化是这一转变的核心原因，而很多在外行人眼中并不知名的旅行社，其实早已是大众购买旅游产品的重要提供者，只是呈现给消费者的是他们在不同供应商与服务商转换时，易被忽略掉原有的制造方的身份。这是源于我们所说的 B2B 模式向 B2C 模式的转化，此模式未来会长期共存，相互贡献智慧、贡献力量，这是未来的发展趋势，当然这种批发与零售的双向发展，也是另一个角度上的适应互联网在线旅游发展的手段。前店后

厂的方式，对于资源方来说，更有利于企业的稳定与收益，对于消费者市场上选择更好性价比的产品也是另一种方式的补充。

（二）新媒体对行业营销推广的趋势

互联网深入人们生活的方方面面后，更加需要与之相适应匹配的新媒体介入，为各行业达到助力宣传、营销推广赋能的作用。旅游业作为感受体验类产品，以及前文所述的旅行社价值回归脚步越来越快，更会享受到各种新媒体带来的营销推广红利。

1. 由内容衍生的论坛与"种草经济"依然具有强势发展空间

伴随着旅游与互联网相互的作用与发展，人们越来越习惯应用互联网进行攻略与旅游信息的查询，尤其是近些年兴起的"种草经济"，在旅游社区论坛中也进行了迅速的转化，在新的互联网时代，提倡和要求人人皆媒体、人人皆营销，作为未来旅游行业从业人员，无论身处哪一个岗位，都要懂得新媒体传播与扩散，每一个人都是自己所属旅行社价值与产品的传播者和扩散器。

【知识链接】

何为旅游行业中的"种草"？

种草，并不是指普遍意义的栽花种草，而是泛指旅游者或旅游行业人士把旅游目的地与产品的推荐转移到互联网上，通过在公众号、视频、抖音、小红书等平台上发布各类与旅游有关的图文视频，实现制造、提炼、捕捉旅游需求人群的关注点与兴趣点，让更多的人喜欢的一个过程。

目前"种草经济"已经渗透到我们生活的方方面面，旅游更是"种草经济"未来发展的一块具有巨大潜力的蛋糕，对于热门目的地、新兴目的地、当地玩乐项目甚至签证办理、目的地票券交通等旅游重点要素的办理体验环节，都将是"种草经济"需要继续深挖与开拓的重点。随着未来越来越多的"90后""00后"成为旅游市场消费的核心人群，"种草经济"这种将日常消费、生活百科、旅游信息与互联网社交结合的方式，通过与互联网的分享与被认同以及标签化、网红化、社会化结合的方式，将越来越成熟与被大家接纳，进而成为消费者一种新的消费选择方式，而玩法也将不断升级与创新，最终形成旅游企业的拔草收益，更多的旅游社企业将学会与利用抖音、小红书等平台推出自己的网红、直播"达人"，从而实现突破原有人传人的传统销售模式，形成新的销售场景转化。

但由于旅游产品非实体属性、体验性强以及决策周期长等特性与种草之后带来迅速的升温网红化后，旅游者的满意度落差与网红后的衰退再出发升级，是"种草经济"需要更加理性和智慧的改善提高点。

2. 精准客户画像后细分平台客户人群，建立新的传播矩阵

在营销推广行业经常会讨论一个问题，即如何构建提升自己新的传播能力？这个问题最简单的答案应该是结合自身产品建立新的传播矩阵，通过新的传播矩阵将自己推广传播的内容与自己的产品品牌进行高度的结合，并制造新的用户行为习惯概念，也就是互联网行业经常提到的培养客户心智。回归到旅游行业，首先要基于自身公司品牌与产品的实际情况，提炼产品核心价值点，并分析自己客户的共性特点，以不断改进产品，更加精准地找到目标客户群体进行投放，也就是业内常说的进行客户画像，之后则是上文提到的搭建好自己的营销矩阵。因为在当下的时代，每个人都有每个人的圈子，"圈子文化"使企业的目标人群客户使用了不同的传播平台。目前，微信仍然占据人们通信社交的绝对首选，微信公众号最高热度虽然有所消退，但也依然利用其受众黏合度高的优势承载着品牌形象传播与产品营销推广以及受众客户维护的作用，尤其是微信用户端在当下国内社会占据绝对社交垄断地位下，其私域流量的贡献是任何行业、任何企业都无法忽略的，并希望更好利用以及为增加更多流量与复购进行进一步深挖的。除此以外，其他平台需要更加细分。例如，门户类的论坛（如贴吧）更适合特定人群通过话题提升关注与流量；微博更多为"90后"通过粉丝互动、短期话题引爆、信息发布实现其作为发声平台的作用；抖音多为全民化偏年轻群体的视频娱乐创造与记录；快手虽同为短视频类平台，理论上则更偏草根与二线城市；知乎更偏高端人群进行精准学术性分享与互动；女性群体及宝妈人群更偏向小红书，还有许多新媒体网络平台，在此不再一一举例，只是希望说明目标人群的重要性，营销推广的道路更要遵循"路不怕远，一定要对"这一理念。

确定了营销推广目标人群，还要更多围绕自身的业务需求、品牌理念与产品特性，才能搭建起新的营销矩阵。目前旅游行业在应用新媒体营销推广方面，微信依然是基础和首选，但未来一定会突破微信，利用不同的平台与渠道传播，并植入特点形成新的多元化传播的推广体系。如同本书前面所提到的，旅游市场的变化更多是用户决策顺序发生了改变，而造成用户决策顺序发生变化，其中关键的环节则是用户接受信息的渠道发生了变化。

3. 沉浸式旅游是下一步营销推广的关注点

根据国务院应对新冠肺炎疫情联防联控机制的新闻发布会上的数据显示，2020年春运期间全国铁路退票1.15亿张，民航免费退票超2000万张，预计春运40天客流量同比下降45%。2020年年初新冠疫情打破中国社会的方方面面，在疫情的打击下，任何行业都没有赢家，旅游行业更是受灾最严重的行业，如何在灾难危机中自救，成了线上、线下各个旅游企业所思考的头号问题。经过思考与分析后，行业得出结论，旅游需求并没有因为疫情而消失，人们反而因为疫情被困顿之后，对于旅游出行变得更加渴望和迫切，行业中走在营销推广前列的领头羊企业，利用人们宅在家的憋闷产生出"高山仰止，景行行止。虽不能至，然心向往之"的心态，结合近两年兴起的直播带货模式，大力发展"云旅游"，利用对于目的地、景点、娱乐活动、酒店的直播互动方式实现沉浸式直播推广。旅游行业的直播与传统电商快消品、游戏类简单场景直播不同的是，旅游类直播在当地、景区、酒店需要更多实景直播，这种沉浸式在收到更好的直播效果与观感体验的同时，更对旅行社企业直播的技术能力与在目的地、景区等资源方的资源调动能力是一种比较大的挑战，而应对这类资源调动挑战不但是旅行社企业的擅长，更是资源方所乐于的主动展示，以便更好地吸引目光关注，获得宣传的大好机会。如何把沉浸式云旅游做出特点，做到趣味性、潮流性、体验性与沉浸性相结合，基于科技技术、文化内涵、内容创新、模式拓展方面的不断演化升级，是每一个旅游企业能够在未来营销赛道超车领先的关键因素；也是保证这种沉浸式体验，"云旅游"可以始终跟上市场与消费者的需求的核心；更是对于丰富优化产业结构的调整，以更好形成新的产业动能最根本的原动力。"云旅游"的发展与普及，是技术、旅游需求和疫情特殊时期共同作用、相互促进的结果，疫情是暂时的，但沉浸式、"云旅游"会随着 5G、VR、AR 等新技术的发展，将更加快捷、方便、简单、高频，形象带入式的推广方式将在未来成为年轻人维护的作用。

➔ 【小贴士】

目前，微博、微信与社区、种草方式在营销推广方面依然强势，直播带货更是势头凶猛、后来居上。旅游永远是承载着人们对于美好生活品质追求的载体，而自己生活所在地与（希望）去往目的地的差异性更是人们急切向往与乐于体验的，这都为新媒体尤其是种草类、直播带货类的新媒体方式提供了很好的生存土壤。新媒体所谓的"新"，永远只是在时间上的相对概念，永远都会有相对于所处时代的更新的媒体，今天我们所谓的新媒体，也许在未来某一天也会被时代所摒弃成为"旧"媒体。作为旅游营销推广，我们更多的是要掌握人们对于旅游需求不同的变化规律并了解他的走向，通过与产品精准结合，融合品牌理念并在适合时机推出市场抢人眼球，任何事物唯有抓住本质，在不断变化的时代中找到适应的玩法并进行需求细分与产品解构再匹配，才是我们追求的营销推广的工作之道。

五、不断健全的规范化与旅游文明推进进程

近些年旅游行业的快速发展也暴露出许多问题，尤其是在互联网对于旅游的带动下，互联网旅游的规范问题也更加凸显，甚至一度出现各种旅游乱象丛生的局面，而在旅游成为人们休闲生活常态化方式后，也在因为素质与文明没有及时匹配旅游这一最美好的生活方式而令全社会与旅游行业陷入尴尬。无论是旅游行业历史遗留问题还是互联网带动下出现的衍生问题，都会随着党和国家对于旅游市场不断加强的监管、法律法规的健全，以及市场从业者和参与者不断加强的法律意识、规范意识、服务意识和自觉文明意识而逐步得到改善与解决。

（一）党和政府高度重视、法律法规先行

为保证旅游者和旅游经营者的合法权益，规范旅游市场秩序，促进旅游业持续健康发展（引自《旅游法》总则第一条），党和国家一直高度重视快速发展的旅游行业，自 2013 年颁布并实施《旅游法》以来，分别于 2016 年与 2018 年进行了修订，两次的修订既体现出了党和国家相关部门对于旅游行业与参者旅游消费者的重视，更表明党和国家针对目前旅游业发展中的突出问题有着深刻的理解与充分的认识，《旅游法》的不断修订完善是为重点保护旅游者的合法权益，规范旅游经营活动，确立的主要制度和行为规范有较强的操作性，未来随着市场行业的变化，《旅游法》也必将不断做出及时、精准的补充调整，法律法规的不断完善对促进旅游业持续健康发展提供了必要的法律保障。而在几次修订之后，更是在社会进行了广泛的宣传与教育宣导，各级政府及旅游主管部门也都时刻依法履行职责、严格执法，为保障法律的有效实施做好了充分的保障工作与监督执法作用。

（二）业内人士共建规范有序的旅游市场

法律法规是推进社会一切运行的根本保证，对于《旅游法》而言，更多为规范市场、保证消费者合法权益，而《旅游法》的法律法规作用绝不仅仅停留在解决旅游争议的依归保障。《旅游法》的存在应该是作为对于行业提升改善的指引，而不可能是万能灵药，《旅游法》等一系列法律法规的作用旨在引领相关部门以及行业内所有参与者作为标准化参照的依归，随着进一步对各类旅游服务标准与合同的不断更新与约束，深化对于消费者权益的保障，无论是上游的景区、机票、酒店资源方，还是作为组织方的旅游服务商与批发商，大家正逐步在《旅游法》等法律法规的指引下，努力共建透明的、规范的、健康的、良性的旅游市场。未来将会呈现出各级政府单位与行业参与者规划在前，在市场化运行机制下以法制化作为指引，以匠心、诚心做好旅游产品

每一个链条服务的良好旅游经营环境，未来旅游市场的纠纷"差评"一定会逐渐减少，由行业内共同营造出更加良好的旅游生态环境。

（三）社会文明的进步促成旅游文明进程

随着旅游走进千家万户的生活，每当传统旅游旺季时，在自由行、参团、亲子游、自驾游等各种旅游形式的推动下，越来越多的人走出了家门抵达了很多曾经遥不可及的"远方"，而当国人在以不同方式享受假期、愉悦身心时，在离开这些美丽的远方名胜后，往往会散落造成与美景名胜毫不相称的一地鸡毛。与此相伴的更多是我们自身的反思、失望甚至是来自其他国家人民对于我国印象的误解与恶评。在全球化大背景的今天，这些不文明的陋习严重影响了我国作为礼仪之邦的大国形象与风采，近些年党和国家以及社会各界也在不断思考与改善旅游中的不文明现象，并取得了一定的成效。

造成不文明现象的根本原因还是意识的建立与习惯的养成，这种不自觉的忽视与公众良俗的养成，除了靠大量的正向倡导与宣传曝光的舆论环境、建立以及强化法律法规对于文明旅游的监督作用之外，更多的还是要通过培育和践行社会主义核心价值观，加强全民思想道德建设，注重对全民在个人品德、社会公德等方面的培养和教育，树立健全的荣辱观和是非观，并通过旅行社行业发挥下游出口端作用，对消费者做好引导提示，可形成在全社会全民中间的懂礼、自觉、文明的旅游习惯。可喜的是，近些年通过全社会的努力，文明旅游风气正在逐步形成，在宣传引导与法律法规共同推动的大背景下，社会文明的进步在不断促成旅游文明的前进，越来越多的人不但养成良好的出行习惯，也都在旅游的过程中充当模范样板作用，在全社会形成了一种"文明旅游靠大家，你我受益带动他"的新风尚，文明旅游已经成为旅游发展中大家共同的新约定与新时尚，不分年龄、地域与文化差异。

第二节　旅行社风险管理

即使没有新冠肺炎疫情，当下以及未来的旅游市场，一定也仍将是复杂多变与充满竞争的，而脆弱性与敏感性更是旅行社行业长久以来不得不面对的问题，无论是在旅行社企业经营管理中的稍有不慎，还是遇到行业变化与世界局势变化，都会对旅行社企业产生致命性打击，行业中每年都会有人掉队甚至是出局，其中不乏曾经的行业明星与风光一时的弄潮儿。旅行社风险管理与提升对于行业内既是一个常变常新的课题，更是一个不得不面对的根本性难题。

一、人力资源的管理

人的作用对于企业的价值是不言而喻的，没有优秀的员工就没有卓越的企业，卓越的企业更需要有能力、肯作为、有担当的员工，而对于旅行社行业来讲，人的价值与人才危机也正在成为各家企业亟待解决的头号难题。

（一）旅行社人员队伍的现状

1. 入职门槛相对较低与行业对人的综合能力逐渐提高的矛盾

旅游行业长久以来的经营模式导致了行业中入门门槛比较低的现象，尤其是在传统占多数的小型旅行社企业中更为明显，无论是经营者还是从业者似乎都不存在太高的门槛，即可进入行业。甚至一度给外界造成旅行社行业的从业者并不需要太高学历与专业技能，谁都可以上手的认知，而经营者也会因为看到行业的发展红利与前景，凭借一时的热忱扯旗开干，在这种背景下经营者多不是科班出身，而是凭借着一些资源和资本，迅速召集人马撸起袖子开起了旅行社。

追根溯源，这可能都是源于那个曾经的"一张桌子、一部电话和一部传真"一个旅行社的招牌就挂起来的年代，而如今这种简单粗放的小作坊式旅行社正在与我们不断远去。尤其是在进入快速发展与高速竞争的旅游行业新时代，越来越多的旅行社注意到人才对于自身的发展作用，尤其是当旅行社的服务属性需要靠人对于产品的研发与顾问式服务来展现的时代，不论旅行社的资质与规模，都正在践行人才是发展的基础，也是发展的上限这一企业管理定论。

2. 成长的缓慢与绩效产出的矛盾

意识到人才对于旅行社发展的重要性是旅行社发展的前提，而如何让人成为人才，则需要经历漫长的培养打磨过程。每一行业都具有其独特的行业专业性，但旅游行业因为涉及的食、住、行、游、购、娱与世界各个旅游目的地的方方面面，甚至是行业内外包罗万象的很多常识性以及延展性、纵深性，让旅游行业的从业人员成长呈现缓慢态势，尤其是越来越多的旅行社意识到，靠专业与服务做大品牌、赢得口碑、扩大规模的当下，一名旅行社的从业人员是需要具备全领域、多功能的全技能人才。例如，一家出境旅行社的计调人员，既要懂全世界几十个主要旅游目的地国家常规线路的风土人情、游玩特色，也要懂得各个国家的签证办理常识、审核逻辑与标准，更要懂得各个目的地的资源情况以及研发思路与报价方法，除此之外，互联网时代所要求的营销推广方式与运营游玩理念更是必不可少的技能环节。

以上种种仅是一个旅游行业的新人最开始需要经历的简单概要式培训，随着学习的深入，对于学习能力、理解能力、总结能力、思考能力、处理问题能力都将是一个更高层次的要求，若完全做到独立操作，严格意义上可能需要一年甚至更长时间。显然，在竞争与发展如此激烈快速的旅游市场，这样的时间是不现实的，在现实的压力下，旅行社企业会释放出更多停留在基础入门层面的员工，这些未能达到独立操作全流程能力的员工，也会迫于收入的压力希望尽快独立上岗完成全流程操作，而以上的风险则会因为操作能力与经验无法达到对客标准与要求，为之后的对客服务甚至是客户在当地旅游过程中遇到问题，造成很大的服务隐患。

3. 工作综合压力与收入预期的矛盾

旅游行业常常戏言"旅游从业者是操着卖命的心，挣着卖白菜的钱"，虽是戏言，但的确折射出旅游行业的特殊性，即使任何行业都有不易与不足为行外人道的艰辛，但旅游行业因其服务对象所在地域的空间性、时间性、不确定性都会是旅游从业者每天不得不面对的，他们不能因为正在享受和家人的团聚却不及时回复客人，因为哪怕是出行通知单上的一个在专业人员看来简单不过的航班信息都可能会令客户焦急不安。更不能因为现在是午夜熟睡不接远在地球另一边的客户电话，谁也无法确定电话另一边在另一个时区的客户正在焦急地期盼旅行社工作人员帮助他解决什么样的棘手难题。而我们一再说明的旅游行业信息差、壁垒差的逐渐瓦解的背后是行业盈利方式遇到的挑战，还原到每一个从业者身上，是他们工作综合的压力与收入预期所出现的不平衡，这种不平衡往往会导致旅游从业者对于行业的怀疑失望进而会做出不同的选择。

4. 人员流动性与企业用人的矛盾

基于以上原因，旅行社行业的人员流失一直是行业所遇到的困扰，据相关机构测算，其他行业正常的人员流失通常在 5%~10%，而旅游行业人员流失率通常会在 20%以上。人才的流失带来的客户流失、培养成本损耗与人员重置后的再次培养成本对于旅行社的良性运营甚至是生存与发展都提出了很大的挑战。从另一个角度去看，人才的流失如果形成扩散性和连锁性，在当下人人都是自媒体的营销网络时代，更会形成企业在消费者心目中的信心危机，并继续反作用现有团队的员工士气、团队气氛与业务拓展等方面。

（二）旅行社人力资源管理相关建议

1. 严把用人关，合理搭建人才结构

旅行社是集知识性、信息性、专业性于一身的高密度综合服务行业，在旅游业被社会与公众都一致认同看好为朝阳行业的今天，这样的背景既很好地提升了旅游行业整体影响力与吸引力，也使更多的人愿意加入旅游行业中，与行业共同发展成长。这样的趋势对于旅游行业积累人才、发现人才绝对是好现象，但行业中的企业如何理性面对人员大量供给与思考人才结构合理搭建也是需要进一步关注的。

无论是线路计调操作人员还是顾问销售人员，以及其他身处一线的旅游行业人员，企业不能因为是一线人员而忽略专业性与服务意识这些用人最基本的要求。一些旅行社往往由于工作的激增或旺季、活动以及规划运营调整带来的突发情况急需用人，甚至出于用工成本考虑希望廉价用人，对于一线人员往往是"招之即来、挥之即去"抑或理想地希望"招之即来、来之能战、战之能胜"，这些被"形势"所逼的急于用人，虽然可以理解，但长远来看仍然是不可取的。

旅游行业对于人的要求，首先是热爱旅游，这一点看似简单，但却要求从心底热爱旅游，不是单纯的游玩享乐，要真正懂得以一个旅行者的视角审视、规划旅行，并且可以时刻为自己的客户解决各种在旅行中遇到的困难问题。只有具备了这一"初心"与基本的操守品行，才可以结合其他素质，诸如行业专业性、文化底蕴、语言能力、吃苦耐劳等看是否适合这一行业。对于用人，在旅游行业，一定要从过去的高密度集约型用人方式向专业型精准用人转型。

在严把用人关，精准挖掘、培养人才的同时，人才结构的调整也是行业中企业需要共同思考的课题。目前的旅行社行业结构呈现出的一线人员相对过剩，而管理人才分配不均与缺失的问题，尤其是互联网加速旅游行业发展之后，这一问题更为凸显，多数的管理人员都是一线人员"多年媳妇熬成婆"或者是通过资本助力后半路出家的转型方式。诚然，这样的发展路径本身并没有问题，但还原到旅游行业管理人才却折射出行业的用人机制、市场探索与创新以及管理人才培养等诸多问题。这些问题不可能一蹴而就，需要结合政策与自身企业规模与发展战略，做好企业内部的各种培训工作，通过对目标的设立、体系的建立、问题的解决、团队的驱动、队伍的建设、损益的考核这一闭环管理考核结构予以实现，未来的旅行社行业发展是考验企业如何用更短的时间，让更多的管理团队高效发挥效能、充分赋能业务，做到业务发展与管理全局统筹、运营发展与战略布局双向管理发展的旅行社人才发展时代。

2. 培训的重视与对人的再造

企业中的培训是根据员工或岗位工作需要，通过讲解或其他的沟通方式，对员工进行教育，以达到更新知识、技能、理念，提高员工的综合素质，以期影响他们的行为，提升企业的竞争力，促进团队更快、更健康发展的行为活动。随着我国经济与市场化的高速发展，越来越多行业中的企业意识到培训对于员工成长与企业发展的重要性，而在企业培训方面，旅游行业因为种种原因还需进步，诸如中小旅行社企业不重视培训、忽视培训；大中型旅行社企业更重视业务培训，而员工技能类培训与员工发展提升类培训陷入瓶颈的现象。如果从另一角度看培训问题，也一直是在各个行业企业中的一个管理难题，培训成本的投入与培训效果的转化始终是各行各业的企业管理者在不断努力思考攻克的难题。无论从哪一个角度看，培训对于现代企业发展的重要性都是不言而喻的，而越来越多的旅行社企业，也意识到对培训的重视，不但有利于大量人力融入后的人员再造，更是对自身企业的人力资源投资。

在大量人力融入后的旅游行业，需要各个企业对于这些行业新生力量进行培训再造，而培训不单单只停留在某几个单一的目的地产品常识方面，更应该展开多维度的培训内容，让员工在立足本岗位工作的基础上，可以获取对行业发展变化、市场分析、客户画像、营销推广、互联网运营以及更多的个人综合技能类的提升。也许在有些旅行社企业看来，这样的培训方式有些理想化或耗资过大，但如果可以实现搭建自己本企业在培训方面的企业"大学"或"学院"后，则可实现教学相长式的一劳永逸。这种企业内部的"大学"与"学院"更加适合具备一定规模的旅游企业，而中小型旅行社企业则可通过人才体系搭建，从传统的"师父带徒弟"方式到各小而精团队内部成长学院式的分享培训来带动本企业员工的培训提升，以满足员工在个人提升方面的发展诉求。培训的投入永远不会是徒劳，更加用心与规划后的培训，对于员工归属感提升与员工能力增强转化后为企业战斗力的提升，都将在未来某一刻回馈给企业本身。越来越多的旅游企业也正在体验"培训"这一风险最小但收益却不可估量的管理投资方式。

3. 关注企业文化建设与落地

企业文化是企业管理建设中非常重要的环节，既是软植入，更是可以通过润物细无声的传导实现激发员工使命感、归属感、责任感、目标感和成就感的作用。更有很多优秀企业通过企业文化的建设促进了企业凝聚力、向心力、约束力，从而更好地实现企业内部氛围的营造。对于旅行社企业而言，如何做好自身文化的提炼与总结，不能拍脑门、走过场，要以发展的眼光结合本企业经营理念和自身情况，通过专业人才与企业自下而上的结合，利用调研采访、讨论交流、轮廓勾勒、提炼设计、强化宣传等手段实现企业文化的创建。企业文化的创建也许并不难，难的是如何从墙上文件、领导讲话、名家金句植入每一名员工的内心，进而转化为行动，这是企业文化建立之后的下一步重点环节。既要通过不同形式的培训宣导，更要结合典型案例与典型标杆的树立，并配之以仪式感的营造，建立能被更多的员工尤其是逐渐呈年轻化、多元化思维的员工群体所共同接受的企业文化。

4. 重点关注员工的核心诉求

行业要吸引人才，企业要留住人才，除了继续构建良好的行业生态环境之外，还是要了解人才的核心诉求，文化与培训都可以被定义为软性吸引点，在市场经济浪潮与前文所述的旅行社行业特殊压力背景下，更要关注和重视人才的核心诉求，当我们在研究调研了一系列旅游企业人才流失原因后，总结规律不难发现：原因的确纷繁多样，但核心根源还是与欠缺合理的激励机制有关，而激励机制中，薪酬的分配与发展空间更是关键问题。

长期以来旅行社各种岗位不同的工作模式导致的利益分配不同都会造成"不患多寡患不均"的问题，而在员工发展上也会存在发展空间狭小、发展缓慢的现象。未来旅行社行业在薪酬分配方面，既要仍然坚持以业绩产出作为分配机制核心，薪酬重点向盈利创造业绩明星岗位倾斜，更要明白一切岗位都可以用量化衡量产出，真实、客观反馈人的价值来过渡实现。而在员工发展问题上，要在根本上从组织架构设立、管理队伍建设、储备管理人员细分培育与选拔人才机制上打破常规手段，优化选人、用人方式，对于企业内部人员实现有所期、可实现、能上能下的发展空间，为想作为、能作为的员工提供更多、更丰富的发展新模式。

📢【相关阅读】

一场新冠肺炎疫情，让许多行业和人都陷入了困境，让旅游企业掉进了深渊，难以恢复原样，这恐怕将会是一场持久战，截至2020年3月份的数据显示，已经超过上万家旅游企业倒闭了。

新冠肺炎疫情的到来，把旅游中介的春节爆团梦磨灭了，对于许多旅游业的人来讲，春节是旅游的旺季，是赚钱的好机会，毕竟一年旅游旺季不多，如果春节还不能好好赚点钱，那估计今年又得白忙活了，但是计划就是赶不上变化，谁也不知道会来这么场"灾难"，而影响最大的行业就是旅游业。

这场疫情对旅游企业来说，远远超过了它们的承受能力，这可能是有史以来遇到最大的"麻烦"，不仅春节毫无收获，春节后还是要因此问题而在家办公处理售后退款、退货问题，对于复工是期待又期待，但是收到的是旅游局一而再再而三的继续停工通知、停止组织旅游的通知，旅游业的人员可是真的把眼睛望长了都只能窝在家里发毛的那种感觉。

新冠肺炎疫情注定可以载入史册，疫情对于各行业都会产生不同程度的打击，而对旅游业的打击更如灭顶之灾，经常说疫情是一面镜子，这一面镜子折射出旅游行业更多的脆弱与敏感。在无法扭转天灾的情况下，旅游行业要的是静下心来思考，把之前没有解决的运营管理问题在未来更好地解决，努力做到扎好篱笆，做好基础建设，打造好旅行社行业各个环节点的根基，做好结构优化调整，提高盈利能力，让旅行社这座航母，可以尽可能地在风浪中稳固前行，乘风破浪。

二、企业现金流体系的管理

（一）新冠肺炎疫情折射出旅行社的现金流危机

新冠肺炎疫情让旅游行业以外的人也开始意识到，现金流对于旅行社行业的重要性。在此次疫情中，旅行社行业陷入的困境远远不止表面所看到的大量订单退订、缺少客源、没有可以售卖的国内外旅游产品这样简单，高悬在旅行社头顶的现金流压力才是所有旅行社最为困扰的问题。

在人们眼中，旅行社始终是典型的现金流充裕、流水大、轻资产行业，然而现实却是即使没有天灾的疫情，也经常会有运营正常的旅行社企业因为现金流中断出现危机，甚至退出市场。而此次疫情带来的在一年最黄金的春节时段大量订单退订，导致旅行社已提前进行的大量旅游产品资金垫付将面临非常大的现金流压力，可以说这是旅行社行业遇到的前所未有的危机。

（二）我国体制与政策的优势是保证旅游业现金流稳定的基础

在我国，党和国家对旅游行业也始终保持着高度的重视，任何时候都会通过强有力的政策调控手段对行业进行有效的管控与扶持。新冠肺炎疫情发生后，党和国家有关部门迅速针对旅行社行业实施了质保金的暂退政策（《关于暂退部分旅游服务质量保证金支持旅行社应对经营困难的通知》），督促银行为企业进行有效的低息贷款。随后出台的帮扶措施如社保缓交、保障金的退还、房租的适当减免等举措，很好地缓解了当时旅行社现金流压力，可以说正是这一系列举措以及后续各地文化旅游委督导工作挽救了很多濒临清退的旅行社企业，尤其是对于缓解中小微旅行社流动资金的短缺，支付近期的人工、房租等经营成本以及缓解退团、退订等方面的损失，缓解经营困难、避免中小微旅行社倒闭方面，具有非常及时和重要的意义。

（三）构建良性、健康、稳定的现金流体系

虽然党和国家始终是行业强有力的后盾，但绝对不是万能的保护伞，疫情这面镜子，应该让更多旅行社企业明白，构建良性健康的现金流体系是未来旅行社健康稳定发展的重要一环。重新梳理对供应商的管控标准并尝试与供应商在付款期预付款方面建立长效机制以应对危机不可抗力，这样才可以保证双方共同促进旅游整体市场的健康良好经济环境的营造。另外，在内部也要更多理性投放资金资源，做到时刻保持开源节流，减少不必要的开支与投资。需要更多关注的是具有互联网基因的旅游企业，为了短时间扩大企业规模与造势，经常会有类似大量持续并购行为，而这种模式都需

要大量资金支持导致资金承压，大量发债进而高负债、高质押。这样的运营方式对于我们一再提到的健康良性现金流是非常不利的。高负债风险控制与成本管控始终是旅行社企业经营管理中必须关注与提升改善的环节，只有紧密依靠政府的政策并通过行业自我积极调整，梳理出更加适应发展的健康良性现金流体系，并时刻保持清醒、理智、稳健的经营策略才能让更多的旅行社企业长久稳定地发展下去。

📢 **【相关阅读】**

央视网消息：2月26日，国务院联防联控机制就加大力度帮扶住宿、餐饮、文体旅游等受疫情影响严重行业工作情况举行发布会。

文化和旅游部市场管理司司长刘克智在会上表示，疫情发生以来，旅游行业受到严重的影响，旅游企业也面临着经营困境，文化和旅游部高度重视，2月5日印发了相关通知，决定向旅行社暂退部分旅游服务质量保证金，暂退的范围为全国已依法缴纳保证金、领取旅行社业务经营许可证的旅行社，暂退标准是现有缴纳额的80%。各地文化和旅游行政部门按照要求确定了专人专班，建立了工作台账，主要加强与各银行联络，为旅行社提供服务。据统计，全国有3.9万家旅行社，截至2月25日提出暂退质保金的共35200家，占旅行社总数的90%。应退保证金总额达到80亿元人民币，现在已经退还了34.62亿元。从反馈的情况看，暂退保证金的政策有效地舒缓了企业现金流的压力。

三、企业运营生态圈搭建管理

（一）搭建旅游生态圈，让行业发展遇见更多机遇与可能性

本章前文提到的，更多旅行社企业意识到了要进一步发展需要从单一化旅游业务向多元化旅游生态圈转型，而伴随着渠道与资源打通以及产业结构兼并转型，这种产业运营模式思维的变化，带动各种产业形态和新兴渠道的出现，更是如过江之鲫般，给行业带来了很大的生机与发展的更多可能性。

大约从2015年开始，旅行社相关业态上各个链条的参与者，也在不断进行身份的转变与生存方式的变化，如航空公司从单一的供应商转向兼有代理服务商的属性，更有利于研发推广旅游产品。更多的旅行社开始渗透甚至逐步掌握目的地与酒店资源，这种从最开始的试水尝试，到后期的大规模收购并购，也反映出行业内从这种模式调整、渠道变化中看到了更多的资源自主调控能力与更多在产业价值升级中出现的机遇。航空公司、酒店、目的地地接各类主要资源，甚至景区、旅游地产、旅游商业这些曾

经只是链条上不同作战方阵、各自为战的单元要素模块，现在归整到了一个共同的"军队"，为了找到更好的发展模式、商业模式以及盈利模式这一共同目标而共同发力奋战，整合旅游生态圈的过程中，在经历了最初的美好后，行业中在运营过程也遇到了各种发展与试错所必然会出现的问题。问题的出现更多还是基于定位与选择上，而技术的助力也是搭建良性旅游生态圈所必需的产业赋能。

📢 【相关阅读】

控制交通成本，降低对外报价

旅行社企业为何将下一步的发展重心瞄准航空领域？原因很简单，现在的旅游产品过半都是在为机票埋单，圈内人深谙，机票是块硬骨头，旅游报价高不高，机票是最重要的决定因素。举例来讲，如正常暑期7月的埃及8日游团费大约在1万元，其中往返机票就要5000元起。

无论对于游客还是旅行社来说，即使是穷游，"穷"的也只有住宿和餐饮，甚至景区门票，而非交通开销，交通费是最横的，因为前两者的伸缩性较大、可塑性强，住青年旅舍还是住五星级奢华酒店，一晚差价最高可达2000元，但同为经济舱，红眼航班和普通班机的票价相差过千元已经十分难得了。

于是，控制交通成本也就成了降低旅行社对外报价的不二法门，成了某个旅游项目能否充满诱惑力、让人听上去就两眼放光的撒手锏。从某种程度上说，那可真是"谁掌握了制空权，谁就掌握了主动权"。

生存所迫，也是"水到渠成"。如今，旅行社和航空公司携手开通正班旅游直航航线，已然成为我国出境旅游发展的新模式和新机遇。这不仅凸显出旅行社的操作优势，也为直航目的地带来了持续稳定、数量可观、省心省力、形成板块的客流。

（二）主业内核基石的重要性与发展定位的选择

在搭建运营旅游生态圈过程中，不少企业仅仅从形式上追求了大而全的搭建，忽视了框架内核运营的扎实与协同效应的顺畅高效。在发展过程中往往暴露出一加一小于二的窘境。

在未来的旅行社行业发展中，建立大而全的旅游生态圈仍然是大家倡导向往的发展方式，但大而全的前提一定是基于旅行社业态做好自己的主营业务前提下，做好业务板块的整合联动与各产业链的融合共建。在资源整合方面要找到各方资源的适配性与特性，做好统筹与聚焦，并保证企业要持续地为各板块进行充分赋能。另外，所谓的大而全更要结合企业自身特点与发展来看，可以是大而全，更可以是小而精，如何做好互补与真正的内容为王、渠道制胜、运营拉升是考验企业专业化道路上精耕细作的能力，更是发展大而全旅游生态圈所必备的基础。

不断变化丰富的旅游生态圈是充满前景与机遇的，但外部环境也会一直变化与发展，旅游行业要时刻保持理智预判，做好自我的统筹规划与科学共建融创，在提高自身的抗打击能力与适应能力的同时，更好做到内部"基建"的充实，并协调好可以利用的一切有利的、可持续性、健康良性的产业链进行共建、融合、创新。

（三）全方面、多维度的技术创新，助力旅游生态圈的更好搭建运营

近些年我国一直在大力推动的科技创新与互联网产业升级是旅游行业在运营生态圈建设过程中可以更多利用与紧抓的外力手段。尤其是可以更多利用国家技术创新扶持政策与旅游业更好地结合，基于当下旅游行业尤其是在线旅游的内部运行规律与用户习惯，着力促进旅游技术的产业升级与创新，以及旅游大数据体系的进一步搭建，是旅游产业运营生态圈下一步发展得更好的助力赋能手段。

技术的创新应用在当今旅游业内运营发展体现在了方方面面，小到对客户需求的精细化提炼与对客户人群重视的支持建设，如行业内多家旅行社在定制游不断成为市场用户关注热点之时，利用对于自身网站"定制频道"的打造，更好地提炼汇聚客户需求，实现销售机会兑现与客户画像收集的最大化；利用定制游这个关注热点，还有企业将技术的重点对准了自身定制平台的提升与聚拢联动更多行业内具有定制优势的同行公司，以更好辅助提升定制师在行程制定与编辑上的工作效率与缩短客户决策时间并提升自身平台盈利能力与资源整合能力，刚刚谈到的技术创新更多是从小处着眼，立足于本企业与特定业务需求的发展，而技术创新所谓的助力大战略发展，我们可以看到更多的行业内旅行社越来越重视大数据、个人征信与"直连"技术这些核心技术的开发与应用，如马蜂窝利用大数据为个性化交易提供指导；在个人征信技术方面，阿里飞猪则通过芝麻信用简化签证办理和酒店入住等流程；而"直连"技术方面，通过供应商与用户直接对接，解决了长久以来旅游业在信息传递与沟通中的痛点、鸿沟，对于提升行业运营效率，减少人工成本都具有非常大的改善与提高作用，如携程旅游与汉莎航空达成系统直连。另外，随着人工智能开始逐渐在各行业尝试推进，助力各行业发展，一些旅游业敢于尝试创新的企业，也相继在人工智能、智能机器学习等方面试水，目前可以看到的仅仅是人工智能在对客服务、智能化办理签证等相对基础的业务场景下进行产能辐射，相信随着人工智能技术的开发与普遍应用，也会给予旅游业更多智慧与技术的贡献以及赋能助力。

四、企业异业拓展的管理

（一）围绕单链条做多元化的异业化合作，欠缺有效闭环体系

在全社会各行业都在进行跨界与整合的今天，异业合作与相关行业区块链的融合所带来的共享资源在这个共享经济的时代更是被各行业发展到了极致，而旅行社行业因为行业的不断升级以及客户消费需求的升级变化，也在不断尝试跨界、跨行业的合作。在之前的各大旅行社无论是线下的与便利店、咖啡、箱包、外币兑换还是线上的互联网金融、银行等异业合作都曾红极一时，并可以为企业持续地实现资源共享，在不增加更多成本的前提下，提升资源利用率与利用双方客户资源实现导流的作用。而伴随着最初的"谁能整合更多的资源，谁就是赢家"这一句行业经营名言被大家争相效仿后，经过2020年年初的疫情，旅游行业受到史无前例的打击后，我们发现，原来旅游行业的异业合作之路仍然没有能够为行业提供太多的帮助与支持。诚然，疫情之下没有一个行业能够幸免，但我们看到的更多是旅游行业员工依然通过微信朋友圈或一些互联网平台带货，靠刷屏来实现疫情下的艰难度日。这种艰难更加凸显旅游行业的脆弱以及行业仍然是在围绕一条链条在做多元化与异业合作，欠缺一个有效的闭环体系。

（二）以发展眼光深挖主营业务市场价值，打破合作行业边界，进行人才共融与智慧借鉴，享受异业拓展红利

旅游行业未来的异业合作，无论怎样演变，万变不离其宗的仍然是要立足于自己的初心与根本的旅游行业基础建设发展，要继续深挖自己行业内部与公司内部的资源整合潜力、提升运营能力、强化抗风险能力、拓展渠道联动实力，从本质上提升自己的品牌竞争优势与服务差异化能力的同时深挖主营业务的市场价值，寻求剖析可利用、可合作的异业行业优势、客群价值，努力通过对不同行业作业方式、运营方法、市场规律、盈利模式的探索与总结甚至是试错，不断尝试打破行业边界，通过对不同市场的摸索与沉淀，找到与自己更加适合、匹配的行业，进行新型业态孕育与人才培养互融，以行业融合、智慧借鉴、人才共融推进业态创新，构建出具有自身商业壁垒优势的异业拓展合作新模式。

在经历新冠肺炎疫情重新洗牌后的旅游行业，对于异业拓展与共享合作一定会更加理智与智慧，在带有发展眼光与制定出长效发展机制后，相信会在各行业加速发展的变革期与关键时期，找准自己定位，明确自身商业需求，审视判断可与对方共享哪些资源，以及更为核心的对方渠道与客户是否适合本企业自身以及能为本企业与员工带来哪些长效的增值回报与客群、人脉积累从而实现可多次分销的模式。参照以上思

路，互联网生活、金融、教育，甚至保险、新农村建设都可以作为一种异业合作、旅游＋的尝试方向，无论与哪个行业进行跨界异业合作，都要努力从传统的人与人的销售产品与"中介式"服务盈利方式转化为通过技术系统与体验店结合的闭环，实现人对多的可分销的高利润、跨界多元化与旅游主业多元化结合的异业合作方式。在市场与旅游行业以及异业拓展合作伙伴三方不断适应与发展下，才可以逐渐实现满足消费者需求与为企业创造效益的目标，从而让旅游业与所合作的各行业真正可以享受异业拓展合作后带来的丰收红利。

本章小结

本章立足当下旅行社行业发展与变化，以互联网作为切入点，从产品、销售、营销推广、用户行为与市场参与者不同维度人群展望分析了未来旅行社行业的发展趋势。并结合旅行社行业在运营管理中存在的风险点进行了分析并给予合理化建议，以使读者以发展的眼光看待旅行社行业在发展中存在的问题与改善提升空间。

思考练习

1. 互联网对于旅行社行业发展所起到的推动作用有哪些？

2. 简述线下门店在未来行业中扮演的地位与发展方向。

3. 传统参团产品与自由行产品应如何发挥各自产品优势？

4. 新媒体还有哪些方式可以推动旅行社进行宣传推广？

5. 对于逐渐呈年轻化群体的旅行社从业人员，从旅行社经营者角度来说应如何调动团队，保持团队积极向上稳定前行？

6. 在不可抗力发生情况下，以旅行社经营管理角度应如何应对？

7. 异业合作还可加入哪些行业以达到双方互惠共赢？

参考文献

1. 关于新媒体的 6 个思考 . http：//www.woshipm.com/operate/352145.html.

2. 旅行社价值正在回归 . http：//globaltraveler.cn/info.aspx?id=23168&typeid=9.

3. 人人都是产品经理 . http：//www.woshipm.com/.

4. 种草经济 . http：//www.360doc.com/content/19/0610/00/7272492_841431446.shtml.

5. 技术创新推进全域旅游发展 . http：//news.sina.com.cn/o/2017-08-04/doc-ifyiswpt5344067.shtml.

6. 深一度 旅游跨界互融时代，如何实现共赢 . https：//baijiahao.baidu.com/s?id=1616563308736697158&wfr=spider&for=pc.

项目策划：段向民
责任编辑：武　洋
责任印制：孙颖慧
封面设计：武爱听

图书在版编目（CIP）数据

旅行社管理 / 马瑛，张志伟主编 ； 黄宇，鞠萍，郭
婷婷副主编. -- 北京 ：中国旅游出版社，2022.3
　中国旅游业普通高等教育应用型规划教材
　ISBN 978-7-5032-6471-9

　Ⅰ．①旅… Ⅱ．①马… ②张… ③黄… ④鞠… ⑤郭
… Ⅲ．①旅行社－企业管理－高等学校－教材 Ⅳ.
①F590.63

中国版本图书馆CIP数据核字(2022)第024357号

书　　　名：旅行社管理

作　　　者：马瑛　张志伟　主编

　　　　　　黄宇　鞠萍　郭婷婷　副主编

出版发行：中国旅游出版社

　　　　　（北京静安东里6号　邮编：100028）

　　　　　http://www.cttp.net.cn　E-mail:cttp@mct.gov.cn

　　　　　营销中心电话：010-57377108，010-57377109

　　　　　读者服务部电话：010-57377151

排　　　版：北京旅教文化传播有限公司

经　　　销：全国各地新华书店

印　　　刷：北京工商事务印刷有限公司

版　　　次：2022年3月第1版　2022年3月第1次印刷

开　　　本：787毫米×1092毫米　1/16

印　　　张：12

字　　　数：234千

定　　　价：36.80元

ＩＳＢＮ　978-7-5032-6471-9